W0058896

Theodor Kissel
Kaiser zwischen
Genie und Wahn

Theodor Kissel

# Kaiser zwischen Genie und Wahn

## Caligula, Nero, Elagabal

Artemis & Winkler

Bibliographische Information Der Deutschen Bibliothek

Die Deutsche Bibliothek verzeichnet diese Publikation
in der Deutschen Nationalbibliographie; detaillierte bibliographische Daten
sind im Internet unter http//dnb.ddb.de abrufbar.


© 2006 Patmos Verlag GmbH & Co. KG
Artemis & Winkler Verlag, Düsseldorf
Alle Rechte vorbehalten.
Printed in Germany
ISBN 3-538-07233-7
www.patmos.de

# INHALT

# VORWORT

»Es hat noch keinen großen
Geist ohne eine Beimischung
von Wahnsinn gegeben.«

SENECA

Die vorliegende Studie über die römischen Kaiser Caligula, Nero und Elagabal ist das Resultat einer langjährigen Beschäftigung mit diesen drei Herrschergestalten. Als ›schlechte Kaiser‹ und ›Schurken auf dem Caesarenthron‹ gingen sie in die Geschichte ein, galten gar als pathologische Fälle im Purpur. Doch waren sie wirklich so diabolisch und abgrundtief schlecht, wie einige antike Autoren behaupteten, zudem mental derangiert? Oder steckte vielleicht hinter den oft bizarr oder abnorm wirkenden Handlungen der kaiserlichen Protagonisten ein tieferer Sinn, der im Kontext ihrer Zeit verständlich wird? Hatte ihr ›Wahnsinn‹ am Ende etwa Methode? Antworten auf all diese Fragen versucht das vorliegende Buch zu geben.

Dieses hat viele Helfer, denen ich zu Dank verpflichtet bin: Herrn Professor Dr. Leonard Schumacher für seine erfrischenden Kommentare und die ›institutionelle Logistik‹ am Seminar für Alte Geschichte der Johannes Gutenberg-Universität Mainz; meinen beiden Kollegen Dr. phil. habil. Gerhard Horsmann und Dr. phil. habil. Oliver Stoll für ihren fachmännischen Rat; meiner langjährigen Kommilitonin Jasmin Föhrenbach und meinem Freund und ehemaligen Studienkollegen Dr. Axel Riehl für ihre akribische Durchsicht des Manuskripts und konstruktive Kritik und natürlich meiner Frau Heike, die so manchen Abend allein zubrachte, während ihr Mann über den ›verrückten Kaisern‹ brütete.

Sörgenloch, im Mai 2006

# EINLEITUNG

Die antike Weltmacht Rom hat im Laufe ihrer Geschichte unterschiedliche Charaktere hervorgebracht. Fünf Jahrhunderte lang, von 27 v. Chr. bis 476 n. Chr., regierten das römische Weltreich kühle Taktiker im Geschäft der Macht wie Augustus, umsichtige Konsolidierer wie der Flavier Vespasian, ›kalte Krieger‹ und Eroberernaturen wie Trajan, gebildete Schöngeister und Philosophen wie Hadrian und Marc Aurel, energische Reformatoren wie Aurelian, nüchterne Reorganisatoren wie Diokletian, Visionäre wie Konstantin und Rechtsbeflissene wie Iustinian. Sie alle sind zu überzeitlichen Chiffren geworden, haben einen festen Platz im kulturellen Gedächtnis des christlichen Abendlandes. Daneben gab es aber auch einige Herren des Imperiums, die sich besonders negativ ins kollektive Gedächtnis der Nachwelt eingebrannt haben. Dilettanten, Despoten und Größenwahnsinnige, wie Caligula (37–41 n. Chr.), Nero (54–68 n. Chr.) und Elagabal (218–222 n. Chr.). Alle drei verkörpern den Typus des irrationalen, sprunghaften und unberechenbaren Autokraten, die Willkür in Person. Caligula wurde zum Prototyp des Cäsarenwahnsinns, gleichsam einer Berufskrankheit der Monarchen, erhoben; Nero stilisierte man zum grausamen, egoman wirkenden Künstler-Kaiser; Elagabal schließlich galt den Zeitgenossen als fleischgewordene Verkommenheit, als völlig entarteter weibischer Bizarrling, dessen religiöser Eifer an den Grundfesten des römischen Staates rüttelte.

## Die literarische Konstruktion eines schlechten Kaisers

Woher rührt dieses vornehmlich negative Bild, und auf wen geht es zurück? Die schlechte Presse, welche unsere drei Protagonisten genießen, ist größtenteils bestimmt von jener Gesellschaftsgruppe, die unter ihrer Regierung am meisten gelitten hatte: den Senatoren. Ein objektives Urteil angesichts dieser senatorischen Meinungshoheit zu fällen, ist nicht einfach, zumal es keine anderen Quellen zu diesen schillernden Gestalten gibt. So sind wir zweitausend Jahre nach den geschichtlichen Ereignissen immer noch Gefangene jenes Meinungsbildes, das uns die antiken Autoren in ihren vielfach tendenziösen Schriften vermittelt haben. Immer noch trinken viele ihrer modernen Biographen aus der vergifteten Quelle, welche die antiken Schriftsteller aus ihrer Feder hervorsprudeln ließen. Von Tacitus (55–120 n. Chr.), Roms großem Geschichtsschreiber, stammt der Satz: »Des Tiberius und Gaius wie des Claudius und Neros Taten sind zu ihren Lebzeiten aus Furcht verfälscht, nach ihrem Tod in frischem Haß (*recentibus odiis*) niedergeschrieben worden« (*Annales* 1,1,2). Furcht und Haß kennzeichneten demnach die senatorische Geschichtsschreibung und nicht objektive Berichterstattung, wenngleich Tacitus im Vorwort zu seinem Werk vorgibt, selbst die Ereignisse *sine ira et studio*, also »ohne Haß und Eifer«, wiederzugeben.

In ihrem Bemühen, die drei Kaiser in einem möglichst schlechten Licht darzustellen, schöpften die senatorischen Geschichtsschreiber aus zweifelhaften Quellen, gaben Stadtklatsch und Gerüchte unreflektiert wieder, unterschlugen Informationen und rissen Ereignisse sinnentstellend aus dem Zusammenhang. Ferner bedienten sie sich literarischer Topoi, klischeehafter Bilder, um die verhaßten Kaiser nachträglich als Tyrannen, ja Geisteskranke zu diffamieren. Diese Topoi sind allerdings mitunter derart dick aufgetragen, daß sie zu berechtigtem Zweifel Anlaß geben. Denn es handelt sich immer nur um ein Bild der Herrscher. Nun sagen aber Bilder bekanntlich oft mehr über diejenigen aus, die sie schaffen, als über jene, die sie darstellen.

## Die Macht der Bilder

Das vorliegende Buch möchte keineswegs die drei Protagonisten reinwaschen oder eine moralische Lanze für vermeintlich historische Bösewichte brechen, dafür haben diese kaiserlichen Schurken auch objektiv sicherlich viel zu viel auf dem Kerbholz. Andererseits gilt es aber dem feindlichen *spin-doctoring* einer tendenziös gefärbten Geschichtsschreibung entgegenzutreten, die bei der Nachwelt auf fruchtbaren Boden stieß – in historischen Romanen, Dramen, Opern, Filmen, aber auch in der Forschung. Von der antiken Geschichtsschreibung zu Prototypen des Antikaisers stigmatisiert, haben zahlreiche moderne Gelehrte dieses Kainsmal der Verdammnis unreflektiert übernommen. Breite Unterstützung haben sie dabei von der Filmindustrie erhalten: In den aufwendig ausgestatteten Sandalenfilmen aus der Traumfabrik Hollywood wurden nicht selten bestehende Klischees noch ins Absurde gesteigert. Monumentalfilme wie »Quo vadis«, der Caesaren-Porno »Caligula« oder das Arenenspektakel »Gladiator« werfen ein bezeichnendes Licht auf die Art und Weise, wie bewegte Bilder Botschaften transportieren und ein vorgefaßtes, oftmals falsches Meinungsbild verfestigen.

Caligula, Nero und Elagabal waren sicherlich keine Heiligen, im Gegenteil. Unzählige Male sprengten sie die Grenzen des moralisch Zumutbaren und verletzten gesellschaftliche Tabus. Zügellos ausschweifend, unmäßig geltungssüchtig und über alle Maßen egoman brachen sie mit hergebrachten Verhaltensweisen, mißachteten geltende Normen des sozialen Zusammenlebens und pervertierten das Natürliche ins Widernatürliche. Vor allem aber erfüllten sie mit ihrem nonkonformen Verhalten nicht die Rollenerwartungen, die man gemeinhin an einen ›guten‹ Princeps wie Augustus oder Trajan stellte. Geisteskrank waren sie deshalb aber noch lange nicht.

Um ein ausgewogeneres Bild von den angeblich pathologischen Fällen Caligula, Nero und Elagabal zu gewinnen und deren Verhaltensweisen besser verstehen zu können, gilt es auch das soziale Umfeld, in dem sie groß geworden sind, zu beleuchten und das geistige und kulturelle Leben dieser Zeit stärker in den Blick zu nehmen. Denn so mancher Charakterfehler und manche Persönlichkeitsstörung waren den Kaisern nicht in die Wiege gelegt, wie Sueton mitunter seinen Lesern einzureden versucht, sondern hausgemacht, d. h. systembedingt. Man muß kein Pathologe sein, um zu der Einsicht zu gelangen, daß die Kindheit eines Caligula, Nero oder Elagabal alles andere als humanitätsfördernd war. Zwietracht, Haß und Mord, ein Leben in ständiger Angst am Kaiserhof, all das konnte nicht spurlos an einem Kind vorübergehen. In einem solchen Milieu aufzuwachsen, war einer normalen kindlichen Entwicklung höchst abträglich, ließ unweigerlich charakterliche Deformationen zurück.

Verhaltensweisen, wie etwa Neros Hinwendung zu Kunst und Musik, Caligulas leidenschaftliche Begeisterung für Wagenrennen oder Elagabals ›religiöser Fundamentalismus‹ kann man im Grunde nur auf der Folie der jeweiligen Zeit richtig verstehen – als Resultat einer vorherrschenden Modeerscheinung bzw. des Zeitgeistes.

# CALIGULA – ›CAESARENWAHNSINN‹ MIT SYSTEM

»Caligula war derjenige Kaiser, der demonstrierte,
was höchste Laster an der höchsten Stelle
bewirken können.« (SENECA, *ad Helviam* 10,4)

Abb. 1 Caligula (12–41 n. Chr.)

»Caligula war außerordentlich groß, sehr bleich, recht korpulent, Nacken und Schenkel hingegen waren sehr zart, Augen und Schläfen lagen tief in einer Höhlung; er hatte eine weite und finstere Stirn, kaum Haare, gar keine in der Gegend des Scheitels, am restlichen Körper war er stark behaart [...]. Sein Gesicht war von Natur aus schon abstoßend und häßlich [...]. Körperlich und seelisch war er gesundheitlich nicht stabil. Als Junge litt er an Epilepsie, als junger Mann war er mit der Einschränkung fähig, Strapazen zu ertragen, daß es manchmal vorkam, daß er plötzlich abbaute und folglich nicht mehr weitergehen, stehen, kaum noch Kräfte sammeln und sich kaum aufrecht halten konnte. Die schwache seelische Konstitution hatte er auch selbst bemerkt; er dachte auch daran, sich zurückzuziehen und die Krankheit seines Geistes heilen zu lassen. Man glaubt, seine Gattin Caesonia habe ihm einen Liebestrank verabreicht, der zwar als Heilmittel gedacht gewesen sei, ihn aber erst recht wahnsinnig gemacht habe« (Sueton, *Caligula* 50,1–2).

Über den römischen Kaiser Gaius, der Nachwelt besser bekannt unter seinem Spitznamen Caligula, »das Stiefelchen«, weiß die römische Geschichtsschreibung wenig Gutes zu berichten. Im Gegenteil, sie belegte diesen Herrscher aus dem iulisch-claudischen Kaiserhaus mit allen nur erdenklichen negativen Eigenschaften. Nach Lesart der antiken Quellen war er der Prototyp des wollüstigen, sexbesessenen Perverslings, der allen Obszönitäten bis hin zur Inzucht hemmungslos frönte. Sein Liebesleben stand unter dem Zeichen der Abwechslung, dem Verlangen nach ständiger Steigerung der Sinnesreize. Er verkehrte mit den Damen der Senatoren wie mit den Huren Roms. Immer wieder werden sadistische Grausamkeit, schamlose Libido, moralische Verkommenheit und dekadente Schwelgerei als typische Eigenschaften Caligulas herausgestellt.

## Literarische Konstruktion einer Bestie

Kübelweise goß die antike Geschichtsschreibung Unrat über Caligula aus. Keine Perversion, die man ihm nicht unterstellte. Schaudernd beschrieben antike Autoren, wozu seine grausame, zu jeder Art von Lastern neigende Natur fähig war: Senatoren und ihre Angehörigen ließ er gnadenlos verfolgen und ergötzte sich obendrein an deren Folterungen; er unterhielt zu seinen Schwestern ein inzestuöses Verhältnis; trieb es mit den Ehefrauen und Söhnen der Senatoren; verfütterte Gefangene an Raubtiere; köpfte, vierteilte oder ersäufte Gegner und Freunde; richtete auf dem Palatin ein Bordell ein; aß Spinat mit Blattgold, trank in Essig aufgelöste Perlen und badete in Parfüm; ließ sich als Gott verehren und wollte zu guter Letzt sein Pferd zum Konsul machen.

Der stoische Philosoph L. Annaeus Seneca (4 v. – 65 n. Chr.), der die Regierung Caligulas hautnah miterlebte, konnte sich dessen Grausamkeiten nur mit der »Krankheit seines Geistes« erklären. Dieses Urteil – vom moralisch-ethischen Standpunkt eines Philosophen aus getroffen – wurde alsbald zum politischen Selbstläufer. Schnell wurde der Kaiser zum pathologischen Fall erklärt. Dem flavischen Hofdichter Statius (gest. 95 n. Chr.) erschien er als ein »vom Wahnsinn Getriebener«, der römische Geschichtsschreiber Tacitus (55–120 n. Chr.) bescheinigte ihm »geistige Verwirrung« und seinem Biographen Sueton (70–140 n. Chr.), der ein knappes Jahrhundert nach dem Tod des Kaisers zur Feder griff, galt Caligula als der Wahnsinnige schlechthin: Ein Kaiser, der vor dem Spiegel Grimassen einstudierte, um furchteinflößend zu wirken, und dem »Volk nur einen einzigen

Hals« wünschte, um ihn mit einem Schlag durchtrennen zu können, mußte nach seinem Dafürhalten verrückt sein.

Viele namhafte Gelehrte sind seinem Urteil gefolgt: Für Theodor Mommsen (1817–1903) war Caligula »halb wahnsinnig, halb blödsinnig« und Leopold von Ranke (1795–1886) sprach von seiner »Manie, […] ein Gott sein zu wollen«. Cäsarenwahnsinn lautete auch die Diagnose, die der deutsche Historiker und spätere Friedensnobelpreisträger Ludwig Quidde in seiner 1894 verfaßten, letztlich auf den deutschen Kaiser Wilhelm II. gemünzten »Studie über römischen Cäsarenwahnsinn« stellte. Quiddes Urteil über Caligula hat noch heute größtenteils Bestand. Selbst die jüngere Forschung kolportiert dieses Negativbild des wahnsinnigen Kaisers. In der jüngsten Caligula-Biographie von Ferrill (1991) wird er schlichtweg als »crazy« bezeichnet und im neuesten Forschungsbericht von Yavetz (1996) wird ihm »imperial madness« attestiert.

Der englische Schauspieler Malcolm McDowell bediente in dem 1979 erschienenen Sandalenporno »Caligula« das gängige Klischee, das von diesem Kaiser existiert: die Vorstellung eines durch und durch degenerierten, vom Wahnsinn gezeichneten Perverslings mit Hang zu sexuellen und sadistischen Exzessen. Aber war Caligula wirklich der verrückte Despot, das entartete Monster, als das er uns in Film und Literatur begegnet? Und woher rührt dieses durchweg schlechte Meinungsbild? Vor allem aber, war er wirklich wahnsinnig?

### Das ›System Augustus‹

Über mehrere Jahrhunderte wurde das römische Gemeinwesen, die *res publica Romana*, von einem aristokratischen Herrschaftskollektiv von jeweils Gleichen geleitet – und das sehr erfolgreich. Eine aus ihren Reihen stammende Doppelspitze von jährlich wechselnden Beamten (lat.: *consules*) teilte sich in einer Art Rotationsprinzip die Macht. Doch dann, als die Republik zur Herrin der Welt geworden war, erhoben sich im 1. Jahrhundert v. Chr. ihre Generäle, hervorragende Einzelpersönlichkeiten wie C. Marius, L. Cornelius Sulla, Cn. Pompeius oder C. Iulius Caesar, die nach der alleinigen Herrschaft strebten. Indem sie Macht akkumulierten und zum persönlichen Vorteil instrumentalisierten, stellten sie sich über ihre aristokratischen Standesgenossen. Tacitus hatte diese Entwicklung in seinen um 100 n. Chr. niedergeschriebenen »Historien« wie folgt beschrieben: »Die alte, den Menschen längst eingewurzelte Gier nach der Macht mußte gleichzeitig mit der Vergrößerung des Reiches anwachsen, mit ihr eigentlich erst zum Ausbruch kommen. War doch nur unter bescheidenen Verhältnissen Gleichheit untereinander leicht zu bewahren«.

Das alte System bäumte sich noch einmal auf, um dem von Tacitus beklagten Verlust der Gleichheit entgegenzuwirken, zuletzt im Falle Caesars, der am Ende seines Lebens hellenistischen Gottkönigen näher stand als seinen eigenen Standesgenossen. Doch am Ende war die römische Adelsrepublik ein Anachronismus, eingeholt von den realpolitischen Gegebenheiten eines Weltreichs. Diese zu berücksichtigen und den veränderten strukturpolitischen Rahmenbedingungen anzupassen, blieb dem letzten aus der Reihe der ›republikanischen Individualisten‹ vorbehalten, Octavian, dem Adoptivsohn Caesars und späteren Kaiser Augustus. Auch er ein Einzelner unter vermeintlich Gleichen, der jedoch um ein Vieles ›gleicher‹ und erfolgreicher war als alle seine Standesgenossen. Gestützt auf das Heer, Geldmittel und Klientelen hatte er sich in einem verlustreichen Bürgerkrieg zum Alleinherrscher über eine marode gewordene Adelsrepublik aufgeschwungen, die schließlich auf dem Schlachtfeld von Actium 31 v. Chr. zu Grabe getragen wurde. Ein Militärdespot, dessen Machtstellung auf einer außerordentlichen, faktisch militärdiktatorischen Gewalt beruhte, die in der republikanischen Verfassung eigentlich nur in Notfällen, und das nur zeitlich befristet, vorgesehen war. Einige der adelsstolzen Familien Roms, deren Vorfahren einst das Weltreich gegründet hatten, konnten den Machtverlust nur schwer verwinden. Denn mit einem Male besaßen die Regeln, nach denen sie die Macht unter sich aufgeteilt hatten, keine Geltung mehr.

Da die Herrschaft eines Einzelnen jedoch mit der Tradition des republikanischen Pluralismus nicht vereinbar war, also gegen althergebrachte Verfassungsprinzipien verstieß, mußte eine rechtlich-politische Form gefunden werden, die einerseits den Bruch mit der Vergangenheit – d. h. den Abschied von der Adelsrepublik – für die Senatoren erträglich und andererseits die dauerhafte Vorherrschaft einer herausragenden Einzelpersönlichkeit möglich machte.

## »Scheinbilder der Freiheit«

Um seine politisch exponierte Stellung zu legitimieren, gab Octavian seine Herrschaft als Wiederherstellung der aristokratischen Republik aus, als »Monarchie im republikanischen Gewande«. Er wurde als Alleinherrscher akzeptiert, weil er die republikanischen Formen und die ehrende Gleichbehandlung der Senatoren wiederbelebte. Um jeden Preis sollte der Schein gewahrt werden, daß die Macht gar nicht beim Kaiser liege. Stets war Augustus darauf bedacht, seine Anordnungen als Wünsche der Befehlsempfänger darzustellen. So ließ er sich vom Senat eine Vielzahl magistratischer Befugnisse übertragen, wie etwa die Amtsgewalt eines Volkstribunen (*tribunicia potestas*) oder die eines Heerführers (*imperium proconsulare*), welche die rechtliche Basis für die kaiserliche Befehlsgewalt über die Legionen in den Provinzen bildete. Damit erweckte der Kaiser den Anschein, Mandatsträger des Senats zu sein. In Wirklichkeit besaß er jedoch die alleinige Richtlinienkompetenz in der Politik. Die Bündelung und zeitliche Ausdehnung der ihm übertragenen Kompetenzen führten dazu, daß Augustus die republikanischen *check and balances* der Kollegialität und Annuität (des jährlichen Wechsels der Spitzenämter) aus den Angeln hob. Um seine Alleinherrschaft zu kaschieren, kreierte Augustus den unschuldig klingenden Begriff der *auctoritas*. Was es mit diesem genau auf sich hatte, legte er in seinem Rechenschaftsbericht dar, den er vor seinem Mausoleum auf dem Marsfeld veröffentlichen ließ: »Ich habe«, so charakterisierte er selbst seine staatsrechtliche Stellung, »alle Bürger durch mein persönliches Ansehen (*auctoritas*) überragt, an Rechtsmacht (*potestas*) jedoch nicht mehr besessen als meine jeweiligen magistratischen Kollegen« (*Res gestae Divi Augusti* 34). Die magische Formel, die den Machtanspruch des Einzelnen mit der Tradition der republikanischen Vielzahl versöhnen sollte, war gefunden. Mit dem Begriff der *auctoritas*, einer Art Ansehensmacht, brachte Augustus die Grundlagen seiner Herrschaft auf einen rationalen Nenner. Er galt als *primus inter pares*, als »Erster unter Gleichen«, und bei aller sozialen Hervorhebung als normales Glied der Staatsverwaltung. Allerdings vermochte diese Formulierung den monarchischen Charakter seiner Herrschaft nicht ganz zu verschleiern. Denn jedem Römer war bewußt, wofür der Begriff *auctoritas* hier stand:

Anspruch auf Anerkennung einer singulären Machtfülle, gegründet auf die militärischen Erfolge, die Gefolgschaft aus allen sozialen Schichten und die Rettung des Staates. Es war eine Herrschaft, die nicht Monarchie heißen sollte, aber gleichwohl eine war. So wahrte man eine verfassungsrechtliche Fiktion, die durch die Realität längst nicht mehr gedeckt wurde. Derjenige, der sich als der »Erste« (*princeps*) unter prinzipiell Gleichen bezeichnete, war faktisch ein Monarch, ein Alleinherrscher, und die ›Prinzipatsverfassung‹ wurde von diesem lediglich gewährt.

Augustus besaß genügend Taktgefühl und staatsmännische Weitsicht, um die wahren Machtverhältnisse zu verschweigen. Auf der offiziellen politischen Bühne trat seine Alleinherrschaft aus Rücksicht auf die Befindlichkeiten seiner senatorischen Standesgenossen nicht offen zutage. Niemals ließ er den Eindruck aufkeimen, er stehe über der Senatsaristokratie. In der Öffentlichkeit wie im privaten Bereich ließ er den alteingesessenen Adelsfamilien eine ihrem Rang entsprechende Wertschätzung zukommen und brachte ihnen gebührendem Respekt entgegen. So erhielten sie im Theater oder Zirkus bevorzugte Plätze, und auch bei den kaiserlichen Gastmählern behandelte er sie mit ausgesuchter Höflichkeit.

## Die Entpolitisierung der Aristokratie

So wurde nach außen hin der Schein gewahrt, die Wirklichkeit sah jedoch anders aus: Die alteingesessene römische Nobilität, jener elitäre Kreis angesehener Adelsfamilien, der die Geschicke der Republik jahrhundertelang bestimmt hatte, war entmachtet; ihr politischer Einfluß beruhte auf Augustus' Gnaden. Dieser bestimmte fortan, was wann wo und wie in Rom oder im Reich geschah: Er verfügte über Ämter und Provinzen, war der alleinige Oberbefehlshaber über die Legionen, reklamierte sämtliche Triumphe für sich und riß die Kontrolle über Spiele und Schenkungen eifersüchtig an sich. Es war sein Konterfei, das auf den Münzen prangte, und sein Name, der auf abertausenden Inschriften im gesamten Reich stand. Er allein war Namensgeber von Straßen, Tempeln und Städten.

Um der Stabilität des Staates willen vereinbarte man ein stillschweigendes Abkommen, das jedoch mehr Schein als Sein war. Ein

Konsens, der von allen politischen Akteuren größte Kompromiß-
bereitschaft, aber auch eine gehörige Portion Selbstverleugnung
verlangte. Die Senatoren mußten so tun, als besäßen sie Macht, während der Kaiser diese faktisch ausübte, aber so tat, als besitze er sie
nicht – ein Selbstbetrug, der gleichsam systemstabilisierend war. Vor
diesem Hintergrund wird verständlich, was Tacitus meinte, als er zu
Beginn seiner »Annalen« feststellte, daß Rom unter dem Prinzipat
zum Theater geworden sei.

Aber was passierte, wenn Augustus starb? Waren die ihm persönlich übertragenen Vollmachten einfach auf einen von ihm zu bestim-
menden Nachfolger übertragbar, sprich wie ein dynastisches Erbe
weiterzureichen, oder mußten diese vom Senat neu vergeben werden? Diese Frage stellte sich um so dringender, als Augustus –
zumindest öffentlich – keine eindeutige Entscheidung hinsichtlich
einer Nachfolgeregelung traf. In der Tat war der Prinzipat zu diesem Zeitpunkt noch nicht institutionalisiert. Der Ernstfall trat dann
14 n. Chr. ein, als der greise Kaiser im kampanischen Nola verstarb.

### Die erste allgemeine Verunsicherung

Gleich nach seinem Tod machte sich Unsicherheit breit unter den
Senatoren: Sollten sie lieber den Tod des Augustus betrauern oder
den Regierungsantritt des neuen Kaisers, Tiberius, bejubeln, wie
Tacitus fragt. Aber auch der neue Herrscher wußte nicht so recht, wie
er mit der neuen Situation umgehen sollte, zumal gleich in der ersten
Senatssitzung ungeahnte Schwierigkeiten auftraten. Ausgerechnet
Augustus, der zu Lebzeiten alles nur Erdenkliche getan hatte, um die
Senatoren nicht vor den Kopf zu stoßen, trug nun mit seinem Testa-
ment dazu bei, daß die von ihm so sorgsam verdeckten inneren
Widersprüche des Prinzipats offen zutage traten. Denn indem er
Tiberius zu seinem Nachfolger bestimmte, überging er die für die
Weitergabe des Prinzipats einzig zuständige Institution, den Senat,
und verpflichtete diesen zur formellen Bestätigung des neuen Prin-
ceps. An die Stelle der senatorischen Akklamation war die testa-
mentarische Verfügung getreten – ein erster Schritt auf dem Weg zur
Etablierung dynastischer Strukturen. Damit hatte Augustus seinen
aristokratischen Standesgenossen gezeigt, daß der Prinzipat keine

Abb. 2: Tiberius (42 v. Chr.–37 n. Chr.)

befristete Übergangslösung darstellen sollte, sondern auf Dauer angelegt war. Für den neuen Kaiser eine schwere Hypothek.

Tiberius, von der Entscheidung des Augustus wie vor den Kopf gestoßen, übte zunächst zögerliche Zurückhaltung. Er wolle lieber den Anschein erwecken, vom Senat auserwählt als von einem Greis per Adoption bestellt worden zu sein, berichtet Tacitus. Doch diese aufrichtig gemeinte Rücksichtnahme auf Sensibilitäten der Senatsaristokratie förderte die neuen Abhängigkeitsstrukturen nur noch deutlicher zutage und legte schließlich den Grundstein für das offene Zerwürfnis zwischen Princeps und Senat. Das Problem des Tiberius bestand darin, daß er die doppelbödige Kommunikation durch eine ehrliche ersetzen wollte und die Senatoren seinerseits mit widersinnigen Verhaltensanforderungen konfrontierte: Sie sollten ihn als Kaiser akzeptieren, zugleich aber so tun, als ob sie wie in Zeiten der Republik alle Macht in Händen hätten; der Senat sollte politische Entscheidungen treffen, für die er gar nicht mehr zuständig war.

Wie verunsichert die Senatoren in ihrem Handeln waren, verdeutlicht eine Episode, die sich im Jahre 15 n. Chr. im Senat zugetragen hat. Es wurde dort in Anwesenheit des Kaisers über eine Anklage wegen Majestätsbeleidigung debattiert. Als Tiberius im Laufe der Sitzung unter Eid seine Stimme abgeben wollte und die übrigen Senatoren aufforderte, das gleiche zu tun, fragte ihn Calpurnius Piso: »An welcher Stelle willst du stimmen, Caesar? Wenn als erster, weiß ich, welcher Meinung ich folgen muß; wenn nach allen anderen, dann fürchte ich, ich könnte aus Unwissenheit anderer Meinung sein« (*Annales* 1,74,5). Die Senatoren erwarteten offenbar klare Direktiven für ihre Entscheidungen und verstanden deren Ausbleiben als besonders perfide Prüfung ihrer Loyalität. Diese Unsicherheit schuf ein Klima der Angst, in dem Haß, Neid und Zwietracht gediehen, und schmeichlerische Verstellung die Oberhand gewann – ein idealer Nährboden für Opportunismus und Denunziantentum.

## Die Selbstzerfleischung der Senatoren

Tacitus, ein beredter Zeuge für die Ereignisse im frühen 1. Jahrhundert n. Chr., gibt eine aufschlußreiche Beschreibung von der unsäglichen Atmosphäre, die damals herrschte: »Es war das größte Unheil der Zeit«, schreibt er im sechsten Buch seiner »Annalen«, »daß prominente Senatoren auch ganz niedere Denunziationen verübten, manche in aller Öffentlichkeit, viele insgeheim. Und man hätte nicht unterscheiden können zwischen Fremden und Verwandten, zwischen Freunden und Unbekannten, zwischen einem neuen und einem im Dunkel der Vergangenheit ruhenden Ereignis: gleichviel, ob man auf dem Forum oder beim Gelage und worüber man immer sich unterhielt, man wurde angeklagt, wie eben einer dem anderen zuvorkommen und ihn schleunigst als Angeklagten festlegen wollte, zum Teil, um sich selbst zu retten, in der Mehrzahl, weil sie gleichsam von einer ansteckenden Krankheit befallen waren«.

Überall lauerten Gefahren auf dem glatten Parkett Roms, auf dem man sehr schnell ausrutschen und ins Verderben gerissen werden konnte: Auf dem Forum, in der Arena, in den Thermen, Gasthäusern oder den Bordellen der Stadt. Selbst im heimischen Domizil war das offene Wort gefährlich. Denn nicht selten denunzierten die häuslichen Sklaven ihre eigenen Herren. Ein unbedachtes Wort, und schon war es um einen geschehen. Bereits der kleinste Anlaß genügte, um des Majestätsverbrechens (lat.: *crimen maiestatis*) angeklagt und zum Tode verurteilt zu werden. In seiner Schrift »Über die Wohltaten« berichtet Seneca von einem geradezu grotesken Fall. Es habe unter dem Kaiser Tiberius, heißt es dort, eine häufige, fast allgemeine Raserei des Anklagens gegeben, die schlimmer als jeder Bürgerkrieg die friedliche Bevölkerung aufrieb – »man fing auf, was Betrunkene sagten und womit Spaßvögel ein Witzchen machten; nichts war sicher; jede Gelegenheit zum Wüten war recht, und man wartete gar nicht mehr auf die Folgen für die Angeklagten, da es nur eine einzige gab«. Jede Kritik am Kaiser oder an seinem Regime, jede Kränkung seiner Person oder eines Bildnisses von ihm konnte tödliche Folgen haben. Mitunter nahmen die Anschuldigungen groteske Formen an. Seneca erzählt die Geschichte eines ehemaligen Praetors namens Paulus, der bei einem Gastmahl einen Ring getragen hätte, der das Bild des Tiberius zeigte. Als er zu vorgerückter Stunde das stille Örtchen aufsuchen mußte, sei er sowohl von einem unbekannten Denunzianten als auch von seinem Sklaven beobachtet worden. Der Sklave habe dem Betrunkenen gerade noch rechtzeitig den Ring abgenommen: Als der Denunziant die übrigen Gäste zu Zeugen anrief, das Bildnis des Kaisers sei mit unanständigen Körperteilen in Berührung gekommen, habe der Sklave allen gezeigt, daß sich der Ring in seiner Hand befand. Schnell war man mit dem Vorwurf der Majestätsbeleidigung bei der Hand. So galt es zum Beispiel schon als ein *crimen maiestatis*, wenn ein Freier einer Prostituierten als Liebeslohn für ein Schäferstündchen eine Münze mit dem Konterfei des Tiberius anbot. In diese ›verrückte‹ Welt wurde Caligula am 31. August 12 n. Chr. geboren.

### Frühe Kindheit

Man muß nicht Psychologe sein, um zu ermessen, daß eine schwere Jugend sichtbare Spuren bei einem Erwachsenen hinterläßt. Und Caligulas Kindheit und Jugend waren alles andere als normal. Die Welt, in der er aufwuchs, war eine Welt voller Intrigen und Ränkespiele. Schrankenloser Opportunismus und eine bis an die Selbstverleugnung grenzende Unterwürfigkeit gegenüber dem Kaiser prägten das Verhalten seiner Umwelt.

Caligula erblickte im zwanzig Kilometer südlich von Rom gelegenen Antium das Licht der Welt. Die ehemals volskische Stadt an der Küste Latiums, das heutige Porto d'Anzio, galt seit dem 1. Jahrhundert v. Chr. als beliebte Sommerfrische der römischen Nobilität. Seit Augustus verbrachten dort nahezu alle Herrscher des ersten nachchristlichen Jahrhunderts einen Teil des Jahres, vornehmlich in den Sommermonaten, in denen die heiße Schwüle drückend auf der Hauptstadt lastet. Die Küstenregion bot mit der ständig wehenden Meeresbrise angenehme Kühle und Erfrischung, ein erholsames Klima, das die Großstädter zu schätzen wußten. Entspannung fanden dort auch die Damen des römischen Kaiserhauses, die sich bevorzugt in der End-

phase der Schwangerschaft in Antium aufhielten, um dort in Ruhe
der Niederkunft entgegenzusehen.
Hierher hatte sich im Sommer des
Jahres 12 n.Chr. Agrippina die
Ältere zusammen mit ihrem Ge-
mahl Germanicus zurückgezogen.

Am 31. August brachte sie
schließlich einen gesunden Jungen
zur Welt, der den Namen Gaius erhielt, in Anlehnung an Agrippinas
verstorbenen Bruder Gaius Caesar,
der von Augustus als Nachfolger vorgesehen gewesen war.

Beide Elternteile des kleinen
Gaius waren hochrangige Mitglieder
des iulisch-claudischen Kaiserhauses. Der Vater, der populäre Reichs-
feldherr Germanicus und Adoptivsohn des Kaisers Tiberius, war so
etwas wie eine antike Kultfigur, dem
die Herzen der Römer scharenweise
zuflogen. Vor allem beim Heer war
der Hoffnungsträger des Reiches
äußerst beliebt. Die Mutter, Agrippina die Ältere, war keine geringere
als die leibhaftige Enkelin des Kaisers Augustus. Beide galten als das
Traumpaar des Imperiums, Germanicus großgewachsen, dynamisch
und erfolgreich, Agrippina anmutig,
charmant und von edelstem Geblüt.
Zeit, um das junge Familienglück zu
genießen, blieb den Eltern nicht,

Abb. 3: Agrippina die Ältere
(14 v.Chr.–33 n. Chr.)

Abb. 4 Germanicus
(15 v.Chr.–19 n.Chr.)

denn auf Germanicus warteten neue Aufgaben im fernen Germanien,
wohin ihn der greise Augustus im Jahre 13 n.Chr. beorderte, als Kommandeur der Rheinlegionen.

## Das »Stiefelchen«

Agrippina begleitete ihren Mann an den Rhein, zusammen mit dem einjährigen Gaius. Alle drei lebten nun zusammen im Legionslager von Köln. In der rauhen Welt des militärischen Alltagslebens, fernab von Rom, erreichte sie im Jahr darauf die Nachricht vom Tod des Augustus, der am 23. September 14 n. Chr. verstorben war. Das Ableben des Kaisers löste bei den Soldaten der Rheinarmeen Unruhen aus. Beharrlich forderten sie Verbesserungen ihrer Lebensumstände, die Situation drohte zu eskalieren. Germanicus gelang es nur unter größten Mühen, durch Zugeständnisse an die Legionen und mit Hinweis auf seine schwangere Frau und seinen zweijährigen Sohn Gaius, eine Ausweitung zur Meuterei zu verhindern. Den kleinen Gaius nannten die Soldaten im Heerlager liebevoll Caligula, »Soldatenstiefelchen« (von lat.: *caligae* für die Soldatenschuhe), weil ihn seine Eltern in eine Miniaturuniform gesteckt hatten. Beide, Mutter und Sohn, hatten bei den Rheinarmeen einen guten Leumund. Der »kleine Soldat« Gaius, weil er für die Soldaten so etwas wie ein Maskottchen war, und seine Mutter, weil sie im Heerlager als ›gute Seele‹ galt, sich fürsorglich um die Verwundeten kümmerte und ihnen Trost zusprach. Es gibt nicht wenige Stimmen, die besagen, daß Agrippina und der kleine Gaius einen wesentlichen Anteil an der friedlichen Beilegung der Meuterei hatten.

## Tod im Orient

Dem neuen Kaiser Tiberius war die Beliebtheit, die Germanicus bei den Soldaten genoß, ein Dorn im Auge. Vor allem deren Ansinnen, Germanicus zum Kaiser machen zu wollen, hatte Tiberius mit Argwohn erfüllt. Auch mißfiel ihm die Rolle, die die selbstbewußte Agrippina im Heerlager spielte. Eine Frau hatte dort seiner Ansicht nach nichts zu suchen. Germanicus wurde nach Rom zurückbeordert, wo er am 26. Mai 17 n. Chr. einen spektakulären Triumph feierte. »Der Glanz des Zuges wurde erhöht durch die herrliche Gestalt des Feldherrn und den mit seinen fünf Kindern besetzten Triumphwagen«, schreibt Tacitus in den »Annalen«. Ein stolzer Tag für die Augustus-Enkelin, aber auch für den kleinen Gaius. Noch im gleichen Jahr reiste er mit seinen Eltern in den Orient, wo er erneut in die rauhe Welt des Heerlagers eintauchte. Doch nur für kurze Zeit, denn 19 n. Chr. verstarb sein Vater völlig überraschend. Wahnwitzige Gerüchte machten die Runde, daß der mißtrauische Kaiser und Livia, die Gattin des Augustus, hinter dem Mordkomplott steckten. Schwarze Magie sei im Spiel gewesen und eine Giftmischerin, die der Statthalter von Syrien, Gnaeus Calpurnius Piso, ein Freund des Tiberius, beauftragt hatte.

Der frühe Tod des Vaters war für den kleinen Gaius ein schwerer Schicksalsschlag. Dabei war es noch gar nicht lange her gewesen, daß der Knabe neben seinem Vater auf dem Triumphwagen gestanden und die Ovationen des Volkes entgegengenommen hatte. Jetzt mußte er im Trauerzug neben den Klageweibern herschreiten. Doch es kam noch schlimmer.

## Das System frißt seine Kinder

Schon bald nach dem Tod seines Vaters wurde Caligula in die Machtkämpfe des augusteischen Hauses verstrickt. Hinter den Kulissen des Kaiserpalastes war zwischen den beiden Linien des iulisch-claudischen Kaiserhauses ein erbitterter Kampf um das Erbe der Macht entbrannt. Lachender Dritter war der mächtige Prätorianerpräfekt Sejan, dem Tiberius bereits früh die täglichen Staatsgeschäfte übertragen hatte. Abwechselnd intrigierte er einmal gegen die iulische, dann gegen die claudische Familie. Beide Lager, hoffnungslos zerstritten, ließen den Prätorianerpräfekten gewähren, da jede Schwächung der einen Partei von der anderen mit Genugtuung registriert wurde. Hilflos mußte Caligula mitansehen, wie Sejan gegen seine Mutter intrigierte und selbst seine beiden älteren Brüder, Nero (nicht zu verwechseln mit dem späteren Kaiser) und Drusus III. gegeneinander aufbrachte.

Tiberius, mit der Umsetzung des augusteischen Herrschaftssystems überfordert, zog sich 27 n. Chr. resigniert nach Capri zurück. Jetzt war der Weg frei für Sejan, der schon bald zum finalen Schlag gegen die Familie des Germanicus ausholte. Agrippina und ihr ältester Sohn Nero wurden unter Arrest gestellt. Jäh wurde der fünfzehnjährige Caligula aus seinem familiären Umfeld gerissen und dem Haushalt seiner vierundachtzigjährigen Urgroßmutter Livia

Abb. 5: Agrippina die Ältere
(14 v.–33 n. Chr.)

überantwortet. Als die alte Dame zwei Jahre später starb, war für Caligula wieder ein Tapetenwechsel angesagt. Fortan lebte er zusammen mit seinen Schwestern im Hause seiner Großmutter Antonia Minor, einer Tochter aus der Verbindung zwischen der Augustus-Schwester Octavia und dem Triumvirn Marcus Antonius.

Durch den Tod der Livia hatte Agrippina eine gewichtige Fürsprecherin verloren. Sie wurde wenige Monate danach auf die Insel Pandateria verbannt, wo sie 33 n. Chr. Selbstmord beging. Das gleiche Ende hatte sich drei Jahre zuvor ihr Sohn Nero auf der Insel Pontia bereitet. Jetzt legte sich auch die Schlinge um den Hals des Drusus III. Er wurde bald darauf in ein Verlies auf dem Palatin gesperrt, wo er 33 n. Chr. elendig verhungerte. Von den männlichen Nachkommen der einst kinderreichen Familie des Germanicus war jetzt nur noch Caligula übrig. Innerhalb von sechs Jahren war es Sejan gelungen, die Kaiserfamilie beinahe gänzlich auszulöschen. Und selbst das mittlerweile zu einem Mann gereifte »Stiefelchen« geriet nun ins Visier des sinistren Prätorianerpräfekten. Doch da wurde Caligula gegen Ende des Jahres 30 n. Chr. völlig überraschend von Tiberius auf die Insel Capri beordert. Dem Achtzehnjährigen rettete dies das Leben.

## Labyrinth der Angst

Doch für den Sohn des Germanicus war damit noch keine Entwarnung gegeben. Beim greisen Kaiser auf Capri lauerten neue Gefahren. Dort lebten in der engsten Umgebung des Kaisers Personen, die maßgeblich an den Verfolgungen der Germanicus-Familie beteiligt gewesen waren. Für sie mußte die Aussicht auf eine Thronfolge Caligulas als bedrohliche Perspektive erscheinen. »Man erprobte an ihm alle nur erdenklichen Intrigen, suchte ihn aus sich herauszulocken und zu Beschwerden hinzureißen«, berichtet Sueton über die perfiden Methoden seiner Gegner. Doch Caligula lieferte ihnen keine Handhabe: Auch im noch so intimen Rahmen hielt er sich bedeckt, redete allenfalls dem Kaiser nach dem Mund, denn die Wände auf Capri hatten Augen und Ohren.

Möglichkeiten, sich zu verplappern, gab es zuhauf: In heiterer nächtlicher Runde, wenn zu vorgerückter Stunde Gott Bacchus sein Unwesen trieb und so manch einem Stockfisch auf recht wundersame Weise die Zunge löste, oder bei den berüchtigten Gruppensexparties des Kaisers. Da konnte es gelegentlich schon einmal vorkommen, daß der Verstand leicht in tiefere Regionen der Toga rutschte. Tiberius schien auf seine alten Tage all das nachholen zu wollen, was ihm in jüngeren Jahren verwehrt geblieben war. Um seine voyeuristischen Phantasien auszuleben, schrieb Sueton, »ließ er sich in der Abgeschiedenheit von Capri« einen Raum mit Polstern einrichten als Ort für heimliche Lustbarkeiten. Von überallher ließ er Scharen von Mädchen und Strichjungen und Leute mit Ideen für ungeheuerliche Formen des Beischlafs zusammenbringen, die er ›Schlaffärsche‹ nannte. Sie sollten es dort, in Dreierensembles verschlungen, in seiner Gegenwart abwechselnd untereinander treiben, damit er durch Voyeurismus seine erlahmten Lenden stimulieren könne. Die überall verteilten Liegeräume verzierte er mit Gemälden und Plastiken, die frivolste Bilder und Liebespositionen darstellten.

Sueton zieht hier wieder alle Register seines literarischen ›Könnens‹, greift tief in den Zettelkasten der Polemik. Für ihn ist Tiberius nichts weiter als ein geiler alter Bock, der sich daran ergötzte, wie sich seine berüchtigten, »Fischlein« genannten jugendlichen Lustobjekte bei Gruppensexorgien in den Bassins der kaiserlichen Grotten vergnügten. An dem jungen Caligula, der immerhin sechs Jahre in diesem Sodom und Gomorrha verbrachte, dürfte dies nicht spurlos vorübergegangen sein.

## Überlebensstrategien eines Leidgeprüften

Um sich nicht hoffnungslos im Intrigengeflecht der Macht auf Capri zu verfangen, bedurfte es demnach besonderer Fähigkeiten: Unterwürfigkeit bis zur Selbstverleugnung, sophistischer Doppelzüngigkeit und macchiavellistischer Verstellungskunst. Caligula besaß alle drei dieser Qualitäten, traurige Hinterlassenschaften einer traumatischen Kindheit. Diese lehrte ihn schon früh, gegen alles und jeden mißtrauisch zu sein, eigene Gefühle zu unterdrücken und sie vor der Außenwelt verborgen zu halten. Er legte eine erstaunliche emotionale Kälte an den Tag. »Nicht einen Mucks«, so Tacitus, »hat er bei der Verurteilung seiner Mutter und dem Sturz seiner Brüder von sich gegeben.« Mit unglaublicher Verstellungskunst hielt er allen Versuchungen stand, sein Inneres nach außen zu kehren. Caligula war zudem ein begnadeter Künstler der Anpassung. »Welche Stimmung sich Tiberius auch an einem Tag zugelegt haben mochte«, so noch einmal Tacitus, »Caligula zeigte die gleiche Haltung, verwendete nicht wesentlich verschiedene Ausdrücke.« Eine Rückversicherung, die ihm im Notfall das Leben retten konnte, da er ja nur den Kaiser zitiert hatte. Alles in allem zeigte er sich gegenüber seinem Großvater derart unterwürfig, daß man von ihm behauptete, niemand zuvor habe je einen besseren Sklaven abgegeben als er.

Dem hochbetagten Tiberius allerdings konnte Caligula trotz aller Verstellungskunst kein X für ein U vormachen. Mehrfach hatte er vorausschauend bemerkt, daß Gaius zu seinem und aller Untergang geschaffen sei. Er, Tiberius, erziehe dem römischen Volk eine Natter, dem Erdkreis aber einen Phaethon (Sohn des Sonnengottes Helios, der beim Versuch, den Wagen seines Vaters zu fahren, die Kontrolle verlor, zur Erde stürzte und diese verbrannte).

## Die Machtergreifung

Sechs Jahre verbrachte Caligula in der Höhle des Löwen auf Capri, sechs Jahre im Zentrum der Macht, umgeben von ständigen Kabalen und Ränkespielen. Sechs Jahre ein Leben in Angst, beim wetterwendischen Tiberius in Ungnade zu fallen. Doch die Götter schienen endlich Einsicht mit dem Leidgeprüften zu haben. Am 16. März 37 n. Chr. tat der menschenscheue Greis seinen letzten Atemzug. In seinem Testament hatte er als Haupterben seine beiden Enkel, den adoptierten, Gaius Caligula, und den leiblichen, Tiberius Gemellus, eingesetzt. Caligula hatte für diesen Fall Vorsorge getroffen. Mit Hilfe des Prätorianerpräfekten Macro und der bereitwilligen Kooperation führender Senatoren gelang es ihm, einen Staatsstreich durchzuführen. Noch am 16. März ließ sich Caligula von den Prätorianern in Misenum zum Kaiser ausrufen. Zwei Tage später ließ er das Testament des Tiberius vom Senat für ungültig erklären und setzte sich damit allein als Erbe ein. Der einzige Wermutstropfen war jedoch die Adoption des siebzehnjährigen Tiberius Gemellus, die Caligula aus Rücksicht auf die Anhänger des jungen Prinzen vornahm – eine schwere Hypothek, wie sich schon bald herausstellen sollte.

### »Der allerwillkommenste Kaiser«

Die ersten Regierungsjahre des Caligula gaben zu der Hoffnung Anlaß, daß nach dem griesgrämigen Misanthropen von Capri nun ein junger und dynamischer Kaiser die Geschicke Roms lenken würde. Viele sahen in dem fünfundzwanzigjährigen Princeps einen neuen Germanicus. Die Begeisterung, die dem jungen Kaiser bei seiner Thronbesteigung entgegenschlug, kann man noch heute auf einer Inschrift aus dem kleinasiatischen Assos nachlesen. Dort heißt es: »Da die von allen Menschen nach Wunsch erhoffte Thronbesteigung des C. Caesar Germanicus Augustus verkündet ist, die Welt aber kein Maß und Ziel in ihrer Freude gefunden hat, da ferner jede Stadt und jedes Volk sich beeilt

Abb. 6: Caligula (12–41 n. Chr.)

hat, den Gott zu sehen, weil ja das goldene Zeitalter für die Menschheit jetzt angebrochen ist, so beschlossen der Rat, die römischen Kaufleute bei uns und das Volk der Assier, man solle eine Gesandtschaft aus den vornehmsten und besten Römern und Griechen bilden, um ihn aufzusuchen, ihn zu beglückwünschen und ihn zu bitten, er möge der Stadt gedenken und für sie Sorge tragen, so wie er es selbst, als er mit seinem Vater Germanicus zum erstenmal die Provinz betrat, unserer Stadt versprach.« Caligula galt in diesen Tagen als der *exoptatissimus princeps*, »der allerwillkommenste

Kaiser«. Und er schien die in ihn gesetzten Hoffnungen zu erfüllen.

## Ein neuer Augustus?

Uneingeschränkt stellte er sich in die Traditionslinie des Augustus, übte sich in bürgerlicher Bescheidenheit und zollte den althergebrachten Institutionen gebührenden Respekt. Bei seiner Antrittsrede im Senat bot er den Senatoren eine gute Zusammenarbeit an und signalisierte seine Bereitschaft, die Herrschaft mit ihnen zu teilen. Er schmeichelte den ehrwürdigen Vätern, indem er sich, mit seiner Jugend kokettierend, als deren Sohn und Mündel bezeichnete. Die Lehrjahre in der Schule der Verstellung auf Capri trugen erste Früchte: Der jugendliche Kaiser schien die Herzen der Senatoren erobert zu haben. Und Caligula erwies ihnen noch eine weitere Geste seines Entgegenkommens: Er ließ sich seine Erhebung zum Kaiser durch die Prätorianer im kampanischen Misenum ausdrücklich vom Senat bestätigen. Und er wählte nicht den Tag der Prätorianerakklamation (16. März), sondern denjenigen der Senatsbestätigung am 18. März als Tag seines Regierungsbeginns. Das war Balsam auf die geschundenen Seelen der Senatoren. Ebenso großzügig zeigte er sich gegenüber der Bevölkerung: Für ganz Italien erließ er die allgemeine Verkaufssteuer und gab dem Volk von Rom, was es begehrte, Brot und Spiele: Aufwendige und blutige Gladiatorenkämpfe, waghalsige Wagenrennen und aufsehenerregende Seeschlachten.

Verurteilte und Verbannte ließ er begnadigen, Verfahren, die noch aus der Regierungszeit seines Vorgängers anhängig waren, niederschlagen. Vor allem die unsäglichen Majestätsprozesse, die unter Tiberius dem Denunziantenwesen Tür und Tor geöffnet hatten, wurden aufgehoben. Prozeßakten ließ er öffentlich auf dem Forum verbrennen, nicht jedoch ohne sich vorher von jeder eine Abschrift für sein Privatarchiv anfertigen zu lassen. Ferner führte er in Rom wieder Magistratswahlen durch die Volksversammlung ein, ein Grundelement der politischen Ordnung der Republik. Und auch die Meinungsfreiheit, ein Relikt aus republikanischen Tagen, hielt wieder Einzug in Rom. Verbotene Schriften von Regimekritikern durften wieder verbreitet werden. Ein scheinbar liberaler Geist wehte

über Rom. Große Beliebtheit erwarb sich Caligula, als er selbst nach
Pandataria (Ponza), zum Verban-
nungs- und Sterbeort seiner Mutter Agrippina, segelte, deren Asche
nach Rom überführte und diese in
einem feierlichen Akt im Mausoleum des Augustus auf dem Marsfeld, der Grablege der iulisch-claudischen Herrscherfamilie, beisetzen
ließ – ein demonstrativer Akt der
persönlichen Pflichterfüllung gegenüber seinen verstorbenen Verwandten.

Abb. 7: Die drei Schwestern des
Caligula: Agrippina die Jüngere,
Drusilla, Iulia

Alles in allem darf man den Re-
gierungsbeginn Caligulas als geglückt bezeichnen. Der jüdische
Schriftsteller Flavius Josephus, der sicherlich nicht im Rufe steht, ein
glühender Verehrer Caligulas zu sein, zog eine positive Regierungs-
bilanz: »In den ersten beiden Jahren führte Gaius die Regierungsgeschäfte äußerst hochherzig und erwarb sich durch seine Mäßigung
großes Wohlwollen seitens der Römer und der Untertanen.« Doch
es gab auch skeptische Stimmen, wie die Suetons, der das Bemühen
des jungen Kaisers um ein gutes Einvernehmen mit Senat und Volk
auf die »Sucht nach Popularität« zurückführt, wegen der der junge
Kaiser alles getan habe, »um die Begeisterung der Menschen zu ent-
flammen und ihre Gunst zu gewinnen«.

### Bittere Wahrheiten

Schnell war das anfängliche Vertrauenskapital, das die Senatoren in
den neuen Hoffnungsträger investiert hatten, aufgebraucht. Bald
nach seinem Regierungsantritt gab der junge Kaiser die senats-
freundliche Regierungsform des Augustus auf und ging daran, seine
Rolle als Kaiser neu zu definieren. Zunächst glaubte man noch, die
Verhaltensänderung als Nonchalance eines von den praktisch unbe-
grenzten Möglichkeiten seiner Machtstellung offensichtlich über-
wältigten jungen Mannes abtun zu können. Über sein verschwende-

29

risches Hofleben sah man einstweilen großzügig hinweg, aber als der Kaiser in der Folgezeit keine Anstalten zeigte, sein nonkonformes Gebaren zu ändern, machte sich Ernüchterung in den Reihen der Aristokraten breit.

Durch gewaltige Baumaßnahmen und Luxusentfaltung demonstrierte er seine herausgehobene kaiserliche Position und deklassierte die senatorischen Standesgenossen. Der Luxus seiner Gastmähler und seine maßlose Verschwendungssucht verdeutlichten der Aristokratie ihren realen Machtverlust. Zudem entsprach seine unstandesgemäße Leidenschaft für Zirkus, Theater und Pferderennen nicht den aristokratischen Verhaltensnormen. Aber auch im persönlichen Kontakt mit den vornehmen Männern Roms ließ der junge Kaiser den nötigen Respekt vermissen. Häufiger brach er nun mit den herkömmlichen Umgangsformen, verweigerte den hochrangigen Vertretern der römischen Führungsschicht den Begrüßungskuß, der Gleichrangigkeit symbolisierte, und lud verstärkt auch Personen niederen Standes zu den kaiserlichen Gastmählern, wie etwa den berühmten Pantomimen Mnester oder den Wagenlenker Eutychus. Solchen aus der Sicht des Hochadels minderwertigen Kreaturen wies er obendrein bevorzugte Plätze an seiner Tafel zu und überhäufte sie zu allem Übel auch noch mit großzügigen Geschenken. Auf wenig Gegenliebe stieß auch Caligulas Art und Weise, unverblümt Dinge beim Namen zu nennen. Freimütig sagte er seinen adligen Standesgenossen das, was sie insgeheim zwar wußten, aber öffentlich nicht hören wollten – nämlich daß die Macht im Staate ganz allein beim Kaiser lag. Reihenweise überzog er seine Gegner mit beißendem Spott, bürstete sie mit schneidender Schärfe ab – ein Markenzeichen dieses spitzzüngigen Spötters, der für die Schärfe seiner Rhetorik und seinen ätzenden, bisweilen mörderisch-makabren Humor berüchtigt war.

Letzteren bekamen jene Konsuln zu spüren, die ihn in geselliger Runde einmal fragten, worüber er sich amüsiere, woraufhin der Kaiser erwiderte, er sei so frohgemut, weil es nur eines Fingerzeiges von ihm bedürfte, um ihnen die Kehlen durchschneiden zu lassen. Und bei einem ähnlichen Anlaß verstieg er sich zu der Bemerkung, er wünschte sich, daß »das Volk nur einen Hals hätte«. Derartige Äußerungen, selbst im Spaß oder angetrunkenem Zustand scheinbar unbedacht dahingesagt, zeigten den römischen *nobiles*, wes Geistes

Kind der Kaiser wirklich war und wie er seine Position im politischen Machtgefüge verstanden wissen wollte: als absoluter Monarch, der sie zu reinen Befehlsempfängern degradierte.

Schwer zu ertragen war auch, wie der Kaiser mit dem Geld nur so um sich warf. Binnen kürzester Zeit hatte er den Staatsschatz, den ihm Tiberius dank eiserner Sparsamkeit hinterlassen hatte, aufgebraucht – immerhin 3,3 Milliarden Sesterzen.

## Ein Leben im Rausch

Ganz entspannt im Hier und Jetzt genoß der junge Kaiser das Leben in vollen Zügen, schwelgte im Luxus: Er schlürfte in Essig gelöste Perlen, aß Spinat mit Blattgold und badete in Parfüm. Seiner Frau Caesonia schenkte er ein mit kostbaren Perlen besetztes Kleidungsstück, das laut Plinius vierzig Millionen Sesterzen kostete. Ebenso spendabel zeigte er sich bei seinem Lieblingspferd Incitatus, hielt es in luxuriöser Umgebung, gab ihm einen Stall aus Marmor, eine Krippe aus Elfenbein, purpurne Decken und edelsteinbesetztes Zaumzeug. Und bei Diners, zu denen in Incitatus' Namen geladen wurde, reichte man dem kaiserlichen Vierbeiner Hafer vom goldenen Tafelgeschirr.

Vor allem, wenn es um Rennpferde ging, die Caligula ganz besonders am Herzen lagen, gab der Kaiser das Geld mit vollen Händen aus. Seine Begeisterung für Wagenrennen war so groß, daß er sich in seinen Gärten nahe des heutigen Vatikans ein eigenes Stadion bauen ließ, *Gaianum* genannt, in dem er sich selbst als Wagenlenker betätigte. Damit lag er voll im Trend der Zeit. Denn in der Beliebtheitsskala des antiken Freizeitvergnügens rangierten Pferderennen ganz oben. Und der Kaiser teilte die Leidenschaft der Bevölkerung, war prominentester Fan des Rennstalls der »Grünen«, einer Zirkuspartei, deren Wagenlenker in grünen Trikots auftraten.

Ebenso enthusiastisch und verschwenderisch zeigte sich Caligula bei der Abhaltung von öffentlichen Spielen. So veranstaltete er anläßlich des Geburtstags seiner verstorbenen Schwester Drusilla zwei Tage lang prächtige Spiele. Eröffnet wurden diese durch eine feierliche Prozession, bei der ein Standbild der Verstorbenen auf einem von Elefanten gezogenen Wagen in die Arena gebracht wurde. Dann gab er glanzvolle Pferderennen, ließ 500 Bären niedermetzeln und tags darauf die gleiche Anzahl wilder Tiere aus Libyen. Gleichzeitig fanden an vielen Plätzen Roms Wettkämpfe statt, bei denen das Volk kostenlos bewirtet wurde. Und wenn ihm gerade danach war, dann schüttete er das Füllhorn der kaiserlichen Freigebigkeit über den Köpfen der Stadtrömer aus, warf Münzen vom Dach der Iulischen Basilika oder ließ Getreidespenden an die Ärmsten der Armen verteilen.

## Schwimmende Paläste

Caligulas Verschwendungssucht kannte keine Grenzen. Er besaß zahlreiche Paläste und Villen in Kampanien, in denen er sich bevorzugt in den Sommermonaten aufhielt. Hier, in den Gewässern vor der Küste Kampaniens, der Côte d'Azur der Antike, befand sich der Kaiser des öfteren auf Kreuzfahrt, in kaiserlichen Yachten, die mit allem erdenklichen Luxus ausgestattet waren. Ihre Hecks ließ er mit Edelsteinen verzieren und das Oberdeck von Weinranken und Obstbäumen beschatten. Die Schiffe waren so breit, daß sie Raum für Thermen, Säulengänge und Speisesäle boten, schwimmende Paläste für gehobenste Ansprüche.

Die in den Quellen erwähnte Vorliebe Caligulas für Bootsfahrten wurde erstmals im vorigen Jahrhundert archäologisch nachgewiesen. Zwischen 1928 und 1932 fand man im Nemi-See, 25 Kilometer südöstlich von Rom, zwei Prunkbarken des passionierten kaiserlichen Schiffsreisenden. Genauso spektakulär wie die Funde war die Art ihrer Bergung. Denn Roms neuzeitlicher Imperator, Benito Mussolini, hatte kurzerhand befohlen, den See einfach leer pumpen zu lassen. Beide Schiffe sind über siebzig Meter lang, zwanzig Meter breit und mit farbigen Mosaiken ausgelegt. Die Wände sind abwechselnd mit Marmor verkleidet oder mit Gemälden und elfenbeinernen Einlegearbeiten verziert. Der Ausstattungsluxus der Nemi-Schiffe stand den von Sueton beschriebenen maritimen Luxuslinern in nichts nach. Dies belegen vier Säulen aus afrikanischem Marmor sowie eine spiralförmig kannelierte Säule mit einem korinthischen Kapitell, die in der Nähe der Wracks gefunden wurden.

## Gladiatoren zu Wucherpreisen

Den bei weitem größten Teil des kaiserlichen Vermögens verschlang allerdings Caligulas Haus- und Hofhaltung. Diese übertraf den Luxus der aristokratischen Häuser bei weitem. »Mit vollen Händen warf er das Geld hinaus, ließ es aber gleichzeitig voll schmutzigster Habsucht eintreiben«, schrieb Cassius Dio. Denn der Kaiser brauchte Geld für seine Eskapaden, konnte »den Hals nicht voll genug bekommen«. Da sein verschwenderischer Lebensstil Unsummen an Geld verschlang, fand er immer raffiniertere Methoden, an solches zu gelangen. So ließ er zum Beispiel Gladiatoren zu horrenden Preisen an Konsuln oder Prätoren verkaufen, und zwar nicht nur an Kaufwillige. Bei einem dieser Anlässe bewies Caligula seinen Sinn für Situationskomik. Sueton berichtet von dem Fall der Aponius Saturninus, der bei einer Versteigerung auf seinem Sitz eingenickt war. Als Caligula dies sah, mahnte er den Ausrufer, doch nicht den Prätorier dort zu übergehen, der ihm andauernd durch Kopfnicken seinen Zuschlag signalisiere. So wurde die Versteigerung fortgesetzt bis dem Nichtsahnenden dreizehn Gladiatoren für neun Millionen Sesterzen zugesprochen waren – für Saturninus ein böses Erwachen!

## Reichtum vernichtet

Caligula hatte einen riesigen Schuldenberg aufgetürmt. Er brauchte Geld. Dieses nahm er nicht nur von den Lebendigen, sondern auch von den Toten, deren Vermögen er als sein Erbe beschlagnahmte, und wenn ihm das alles zu lange dauerte, dann schreckte er auch vor Mord nicht zurück: »Zahlreichen Personen lauerte er wegen ihres Vermögens auf«, berichtet Cassius Dio. Adlige wurden unter fadenscheinigen Vorwänden vor Gericht gezerrt und zum Tode verurteilt, einige wegen angeblicher Aufstandsversuche, andere wegen mutmaßlicher Anschläge gegen den Kaiser. In Wahrheit gab es aber nur die eine Anklage für Jedermann, und die hieß »reich sein.« Und wenn man keine Anklagepunkte vorbringen konnte, dann erfand man eben welche, selbst wenn sie noch so hanebüchen waren. Titus Rufus etwa mußte sterben, weil man ihm die Bemerkung zum Vorwurf machte, der Senat denke anders, als er rede. Dabei hatte er doch nur das gesagt, was der Kaiser in einer Rede vor den Senatoren in viel schärferer Form vorgebracht hatte. Ein ähnliches Schicksal ereilte den Praetor Iunius Priscus, der ebenfalls wegen seines angeblichen Reichtums sterben mußte. Als Caligula jedoch erfuhr, daß dieser in Wirklichkeit gar nicht so vermögend gewesen war, verstieg er sich zu der zynischen Bemerkung: »Er hat mich getäuscht, und sein Tod hatte keinen Zweck; er hätte am Leben bleiben können.« Einen reichen Verwandten ließ er in seinem Palast verhungern, um sich seines Vermögens zu bemächtigen, wie Seneca schreibt.

## Kopulationssteuer zur Sanierung der Staatsfinanzen

Der Kaiser zeigte sich fürwahr wenig zimperlich, um an Geld zu kommen. Bezeichnend dafür ist eine Episode, die von Cassius Dio wiedergegeben wird. Danach sei dem Kaiser einmal beim Würfelspiel das Geld ausgegangen. Umgehend verlangte er daraufhin nach den Steuerlisten von Gallien und ordnete an, die Reichsten der Provinz hinzurichten. Dann kehrte er zu seinen Mitspielern zurück und sagte: »Ihr spielt hier um ein paar lumpige Denare, während ich inzwischen etwa 150 Millionen Denare eingenommen habe« – doch die Einnahmen deckten bei weitem nicht die Ausgaben des Kaisers. Die Folge war ein immer tieferes Haushaltsdefizit. Dieses versuchte er mit »unerhörten und noch nie dagewesenen Steuern« zu stopfen, wie Sueton feststellte. Seinem Einfallsreichtum waren dabei keine Grenzen gesetzt: Steuern auf Lebensmittel, gerichtliche Streitfälle, auf den Verdienst von Lastträgern und sogar auf den Lohn von Prostituierten habe er erhoben, und überhaupt habe es niemanden gegeben, auf dem nicht irgendeine Abgabe lastete. Geschröpft wurden alle, manche sogar doppelt und dreifach. Bußgelder aller Art wurden dazu systematisch mit dem einen Ziel verhängt, an Geld zu kommen.

Nach mehr als einem Jahr waren die Sympathien, die Caligula bei seinem Regierungsantritt entgegen geschlagen waren, verflogen, der Vertrauensvorschuß aufgebraucht. Zunächst machte man noch gute Miene zum bösen Spiel, doch hinter der Fassade der Willfährigkeit regte sich Unmut gegen den eitlen, verwöhnten jungen Kaiser.

## Im Angesicht des Todes

Dunkle Wolken eines nahenden Zerwürfnisses zogen Ende 37 n. Chr. bedrohlich vom Palatin herauf. Von dort kam die Kunde, daß der Kaiser ernsthaft erkrankt sei. »Hierauf erkrankte er, starb aber nicht«, notierte Cassius Dio. Schon aus dieser lakonischen Bemerkung darf man schließen, daß der Kaiser in Lebensgefahr schwebte. Auch Caligula hatte offensichtlich bereits mit dem Leben abgeschlossen und für den Fall seines Ablebens die von ihm abgöttisch geliebte Schwester Drusilla »zur Erbin seines Vermögens und des Reiches eingesetzt.« Der Ernst der Lage läßt sich ferner auch daran ermessen, daß zahlreiche Menschen vor dem Kaiserpalast Nachtwache hielten. Darunter gab es auch Leute, die für den Fall der Genesung des Kranken öffentlich gelobten, ihr Leben opfern zu wollen. Gelübde und Versprechungen solcher Art hatten unter anderem P. Afranius Potitus und Atanius Secundus gemacht. Man darf wohl annehmen, daß sie ihr Leben nicht so leichtsinnig aufs Spiel gesetzt hätten, wenn sie davon ausgegangen wären, der Kaiser würde wieder genesen. Ohne Zweifel, Caligula schwebte Ende 37 n. Chr. in akuter Lebensgefahr.

Viel ist gerätselt worden über diese Erkrankung. Theorien gibt es zuhauf: Paranoia und Schizophrenie lauten die gängigsten Diagnosen. Doch all die psychopathologischen Beurteilungen bleiben letztlich Spekulation, zumal die antiken Autoren über Verlauf, Dauer und Art der Krankheit nicht viel berichten. Lediglich einer Bemerkung des jüdischen Philosophen Philo von Alexandria ist zu entnehmen, daß sie im Zusammenhang mit Caligulas zügellosem und ausschweifendem Lebenswandel gestanden haben könnte. Ein Übermaß an Speise und Trank, warme Bäder zur Unzeit, d. h. mit vollem Magen, die Einnahme von Brechmitteln nach den Gastmählern, um daraufhin den Magen erneut zu füllen, sowie ein exzessives Sexualleben dürften in kurzer Zeit seine Gesundheit ruiniert haben.

## Verfrühter Abgesang

In Erwartung des bevorstehenden Todes des Kaisers hatten seine beiden engsten Berater, der Prätorianerpräfekt Macro und sein ehemaliger Schwiegervater M. Iunius Silanus, Vorsorge für den Fall seines Ablebens getroffen. Tiberius Gemellus, Caligulas Vetter zweiten Grades, den der Kaiser selbst *nolens volens* zu seinem Nachfolger bestimmt hatte, wurde bedeutet, sich bereitzuhalten. Angesichts der bedrohlichen Lage für das Kaisertum an und für sich ein folgerichtiger Schritt, galt es doch, das dynastische Element des Prinzipats zu wahren und gleichzeitig eventuellen Ansprüchen ambitionierter aristokratischer Prätendenten frühzeitig den Wind aus den Segeln zu nehmen. Der einzige Haken bei der Sache war, daß man die dynastische Nachfolge offensichtlich etwas zu früh in Gang gesetzt hatte und der Kaiser wider alle Erwartung genas. Caligula, aus leidvoller Erfahrung für Ränkespiele am kaiserlichen Hof hoch sensibilisiert, witterte hinter dieser Aktion einen Putsch. Ganz unbegründet scheinen seine Befürchtungen nicht gewesen zu sein, da auch eine Reihe hochrangiger Senatoren, Anhänger des Tiberius Gemellus, dessen Thronfolgebestrebungen unterstützte. Diese Förderung wurde dem Tiberius-Enkel alsbald zum Verhängnis; Caligula ließ ihn Ende 37 n. Chr. ermorden.

Doch zunächst ging der wieder genesene Princeps gegen die vermeintlichen ›Kaisermacher‹ vor. Er handelte konsequent und mit brutaler Härte. Macro und Silanus wurden hingerichtet. Mit ihnen gingen auch deren Helfershelfer in den Tod, frühere Feinde der Germanicus-Familie und Personen, die sich von Caligulas Tod politische Vorteile erhofften. Sie wurden vor Gericht gezerrt und aufgrund von Zeugenaussagen und den zuvor angeblich vernichteten alten Prozeßunterlagen verurteilt. Die Mehrzahl der antiken Autoren mißbilligte das Vorgehen Caligulas aufs schärfste. Dennoch gab es vereinzelt auch Stimmen, die durchaus Verständnis aufbrachten. Zitiert finden sich diese bei dem oben genannten Philo. Dort heißt es, Caligula sei mit seinem entschlossenen Handeln lediglich seinem Vetter zuvorgekommen: Selbsterhaltung also, nicht Mord.

Auf jeden Fall hatte das Verhältnis zwischen Kaiser und Senatoren durch diesen Vorfall Schaden genommen und ließ für die Zukunft nichts Gutes ahnen. Hochrangige Mitglieder des Senats hatten sich an dem Putschversuch – als solcher wurde er von Caligula gedeutet – beteiligt. Jene Senatoren, die von Anfang an auf Tiberius Gemellus als Kaiser gesetzt, ihre wahren Absichten jedoch hinter scheinheiliger Schmeichelei verborgen hatten. Der junge Kaiser war zutiefst in seiner Ehre verletzt: Jetzt, als er mit dem Tode rang, kamen diese Duckmäuser aus der Deckung hervor und probten den Aufstand. Dafür sollten sie büßen. Als erstes richtete sich sein Unmut gegen jene Senatoren, die während seiner Krankheit großmäulig geschworen hatten, ihr Leben zu opfern, wenn er nur gesunde. Damit ihre Ankündigungen nicht bloße Lippenbekenntnisse blieben, zwang er sie todernst, ihre Gelübde einzulösen – mit der zynischen Bemerkung: damit sie nicht meineidig würden.

## Der Kaiser macht ernst

Gelegenheit dazu boten ihm die Senatoren Anfang des Jahres 39 n. Chr. »In jenen Tagen«, so berichtet Cassius Dio, »fanden zahlreiche führende Männer durch Gerichtsurteil den Tod; denn nicht wenige von denen, die aus dem Gefängnis entlassen worden waren, wurden aus denselben Gründen bestraft, deretwegen sie seinerzeit unter Tiberius gefangengehalten worden waren. Und ebenso erging es vielen anderen, die als Gladiatoren endeten. Es gab in der Tat nichts anderes mehr als Mord.« Über die Hintergründe dieser Grausamkeiten hüllt sich der römische Historiograph allerdings wie viele seiner Kollegen der schreibenden Zunft in Schweigen. Die Zeitgenossen kommentierten das Wüten zunächst mit ungläubigem Kopfschütteln. Was war in den vor kurzem noch als »willkommensten Kaiser« frenetisch gefeierten Princeps gefahren? Für die antiken Autoren, die nach dem Tod des Kaisers darangingen, sich ihren aufgestauten Haß auf Caligula von der Seele zu schreiben, war der Fall klar: Caligula, so konstatierten sie, hatte den Verstand verloren. Nach seiner schweren Krankheit sei der Kaiser wie ausgewechselt gewesen, habe sich in herrischer Willkür verloren und neue Maßstäbe in Sachen Grausamkeit und Dekadenz gesetzt. Auffällig beredt und meinungskonform kolportierten sie ihre Sicht der Dinge und trugen damit maßgeblich dazu bei, daß sich ihre Version in den Köpfen der Nachwelt verfestigte – und sie hatten Erfolg: Caligulas Sinneswandel wurde fortan als Resultat seiner schweren Erkrankung angesehen, die ihm die Sinne verwirrt habe. Die Legende vom verrückten Kaiser Caligula war geboren.

## Die Generalabrechnung mit den Senatoren

Caligula ging nach der erneuten Verschwörung nicht einfach zur Tagesordnung über, sondern tat etwas bislang nicht Dagewesenes, ja Unerhörtes: Kraft seiner tribunizischen Amtsgewalt berief er den Senat zu einer besonderen Sitzung ein, um die Senatoren zur Rede zu stellen.

In der Kurie trat der Kaiser vor die Mitglieder des Hohen Hauses und konfrontierte sie mit ihrem Verhalten unter Tiberius. Er sprach Worte, die man in dieser Deutlichkeit noch nie an der altehrwürdigen Stätte vernommen hatte. Cassius Dio, der seine Eindrücke aus einer fast zweihundertjährigen Distanz niedergeschrieben hat, berichtet: »Dann ging der Kaiser auf den Fall eines jeden einzelnen ein, der unter Tiberius sein Leben verloren hatte, und versuchte, wie man jedenfalls meinte, darzulegen, daß die Senatoren selbst am Tode der meisten von ihnen schuld gewesen seien, indem sie die einen anklagten, gegen die anderen Zeugnis ablegten, alle aber verurteilten.« Diesen Vorwurf bekräftigte er durch alte Gerichtsakten, die er in aller Ausführlichkeit von kaiserlichen Freigelassenen verlesen ließ. Manch einen Senator holte bei diesen kompromittierenden Enthüllungen schlagartig die Vergangenheit wieder ein. Mußte er doch mit anhören, wie seine Denunziationen und Anklagen offengelegt wurden von einem Kaiser, der diesen beinahe selbst zum Opfer gefallen wäre. Doch der Kaiser ging noch einen Schritt weiter, denn er hielt ihnen vor, daß dieses Gemenge aus heuchlerischer Unterwürfigkeit, Haß und Verschwörungsbereitschaft nach wie vor ihr Handeln diktiere. In einer fiktiven Rede, die er dem Tiberius in den Mund legte, brachte er die Erfahrungen zum Ausdruck, die schon der alte Kaiser mit dem Senat hatte machen müssen: »Schenke keinem von ihnen deine Zuneigung, und schone auch niemanden! Denn sie hassen dich alle und beten um deinen Tod; und wenn sie dazu imstande sind, werden sie dich ermorden.« Mahnende Worte, die der greise Tiberius in einer Stunde der Besinnung in ähnlicher Form seinem Neffen mit auf den Weg gegeben haben könnte. Worte, mit denen der Kaiser erstmals ein Tabu brach, indem er die kollektive Lüge, die das Verhältnis von Kaiser und Aristokratie seit Augustus erträglich gemacht hatte, zerstörte. Damit hatte Caligula in der Tat das Ende des augusteischen Prinzipats verkündet und jegliche Normalisierung ausgeschlossen. Nach seiner Rede verkündete der Kaiser, daß die Majestätsprozesse wiederaufgenommen würden, und er befahl, seine Anordnungen auf eine Bronzestele zu schreiben, dann verließ er das Senatsgebäude. Wie reagierten die Senatoren auf die Anschuldigungen?

## Schweigen der Lämmer

»Im ersten Moment«, berichtet Cassius Dio, »lähmte sie Schrecken und Niedergeschlagenheit, so daß sie nichts zu sagen noch zu unternehmen vermochten. Doch tags darauf versammelten sie sich wieder und fanden viele Lobesworte für Gaius als den aufrichtigsten und frömmsten Herrscher, ihm herzlich dankbar, daß sie nicht gleich den anderen den Tod gefunden hatten. Und so beschlossen sie, jedes Jahr seiner Menschenfreundlichkeit Opfer darzubringen, an jenem Tag, als er die Rede verlesen hatte.« Mit anderen Worten: Die Senatoren setzten ihr heuchlerisches Gebaren unvermindert fort und taten genau das, wofür sie dieser tags zuvor getadelt hatte. Ihnen blieb aber auch gar keine andere Wahl, als mit sichtbarer Unterwürfigkeit zu reagieren. Insgeheim wurden jedoch Verschwörungen geplant. Die Angst und Unsicherheit, die in ihren Reihen nach dem Wiederaufleben der Majestätsprozesse umging, brachte Verhaltensweisen wieder an den Tag, die längst überwunden schienen.

Caligula ging in der Folgezeit auf Konfrontationskurs: Kraft der schrankenlosen Freiheit, die ihm als Kaiser gegeben war, errichtete er eine Herrschaft des Absurden, mordete, vergewaltigte und demütigte – letzteres mit diabolischem Sarkasmus und einer kräftigen Portion schwarzen Humors. Der zu makabren Scherzen aufgelegte Kaiser fand am Ende Spaß daran, diese aus seiner Sicht devoten Speichellecker von Senatoren, die ihm stets nach dem Munde redeten, zu brüskieren, ja lächerlich zu machen. Und je serviler sich die Senatoren zeigten, desto mehr Verachtung empfand er für sie, für ihre »persische Unterwürfigkeit«. Die Zeit seiner sardonischen Witze brach an.

### Ein Pferd als Konsul

So spielte er mit dem Gedanken, sein Lieblingspferd Incitatus (»Heißsporn«) zum Konsul zu machen. Diese Verrücktheit ist vielleicht seine bekannteste. Tatsächlich diente sie aber nur dazu, Lebensform und Lebensziel der Adligen dem Spott preiszugeben. Caligula ließ seinem heißgeliebten Vierbeiner allen nur erdenklichen Luxus zukommen, ließ ihm goldene Gerstenkörner vorsetzen, einen Stall aus Marmor sowie eine Krippe aus Elfenbein bauen und wies ihm ein prächtiges Haus samt Dienerschaft und kostbarem Mobiliar zu. Und da sich im antiken Rom der sozial-politische Rang eines Adligen mitunter über seine Haushaltung definierte, bekamen die Ausstattung und Auszeichnung eines Pferdes ein besonderes Kolorit. Caligula stellte die Inhaber der höchsten gesellschaftlichen Rangposition auf eine Stufe mit seinem Pferd und gab ihnen unmißverständlich zu erkennen, welchen sozialen Rang er ihnen zubilligte: Ein Pferd im höchsten aristokratischen Amt machte alle Senatoren zu Eseln. So persiflierte der Kaiser die zentralen aristokratischen Lebensinhalte und gab sie mit diesem hintersinnigen Witz der Lächerlichkeit preis. Der Rest war Variation und Eskalation, ein Zurück gab es nicht mehr. Entehrungen im persönlichen Kontakt mit dem Kaiser waren jetzt an der Tagesordnung.

### Luxus als Programm

Im Zuge der Konfrontation mit den Senatoren setzte Caligula Luxus auch als Waffe ein, politisierte ihn. Seit republikanischer Zeit definierte sich die standesbewußte politische Elite Roms über Ruhm, Ehre und Reichtum. Die Zeichen des Wohlstandes stellte man in Rom ostentativ zur Schau, unter anderem im heimischen Domizil, wo der Luxus geradezu zum sozialen Gradmesser eines gesellschaftlichen *rankings* avancierte.

In der Kaiserzeit nahm die Konkurrenz hinsichtlich der materiellen Pracht der adligen Haushaltungen merklich zu. Der Grund dafür lag darin, daß Augustus die römische Führungsschicht entmachtet, d. h. ihnen die Möglichkeiten, politisch Ruhm und Ehre zu erlangen, genommen hatte. Folglich verlagerte die hochgradig auf Rang- und Prestigewettbewerb ausgerichtete politische Elite ihr vormals öffentliches Wetteifern ins Private, auf den häuslichen Luxus. Den Verlust ihrer politischen Macht versuchten sie durch raffiniertes Amusement zu betäuben, wie Tacitus sagt – mit fatalen Folgen. Denn die Senatoren haben in der Zeit von Augustus bis Nero den Tafelluxus in einem solchen Ausmaß betrieben, daß sich einst reiche und berühmte Familien durch ihr Streben nach äußerem Prunk kurzfristig ruinierten. Roms Nomenklatura lebte über ihre Verhältnisse, was kein Wunder war, da ihr zunehmend die materiellen Grundlagen für extravaganten Lebensstil fehlten, seit ihr Augustus die Bereicherungsmöglichkeiten in den Provinzen genommen hatte. Doch Augustus hatte während seiner langen Regierungszeit immerhin wiederverarmten Senatoren finanziell unter die Arme gegriffen. Vor allem aber war er stets darauf bedacht, daß sein eigener Lebensstil nicht den seiner aristokratischen Standesgenossen übertraf. Im Gegenteil, sein Haus auf dem Palatin war ein kleinräumiges und bescheidenes Domizil, dessen Einrichtung sich durch größte Sparsamkeit auszeichnete. In diesem Bereich nahm sich Augustus bewußt zurück, um der von ihm entpolitisierten römischen Führungsschicht nicht auch noch das letzte ihr verbliebene ›Betätigungsfeld‹ streitig zu machen.

## Erniedrigung bei Tisch

Doch hier trat ihnen nun mit Caligula ein übermächtiger Konkurrent entgegen, der über schier unerschöpfliche Geldmittel verfügte. Mit der Nonchalance eines frechen jungen Mannes konfrontierte er die reichen Senatoren mit einem Luxus, der die Pracht ihrer Häuser deklassierte, und führte ihnen dadurch unmißverständlich vor Augen, daß er auch im privaten Bereich über ihnen stand. Damit hatte er die von Augustus bewußt verschleierte hierarchische Realität, den auf scheinbare Gleichrangigkeit bedachten Umgang mit der Senatsaristokratie durchbrochen. Caligulas Verschwendungssucht hatte eindeutig politische Dimensionen. Auch die Umgangsformen im gegenseitigen Miteinander zwischen Kaiser und Aristokratie änderten sich drastisch. Ein ums andere Mal mißachtete er die Etikette, scherte sich nicht um das Zeremoniell im Umgang mit den hochrangigen Senatoren. So ignorierte er die Tischordnung bei den kaiserlichen Gastmählern, die die Rangordnung der geladenen Gäste widerspiegelte.

Bei derartigen Zusammenkünften entpuppte sich der Kaiser als zynischer Spaßvogel, der einen Heidengaudi dabei hatte, die Senatoren mit makabren Scherzen bis ins Mark zu erschrecken und sich an den körperlichen und seelischen Leiden seiner Opfer zu ergötzen. Bei einem dieser Anlässe küßte er den Hals einer hochangesehenen Senatorengattin und kommentierte diese Liebkosung mit den Worten: »So ein schöner Nacken wird vom Rumpf getrennt werden, sobald ich den Befehl dazu gebe.« Einen Senator machte er während eines kaiserlichen Gelages zum Gespött der Tafelrunde, indem er den Versammelten *en detail* pikante Einzelheiten über seine amourösen Abenteuer mit dessen Ehefrau schilderte. Gute Miene zum bösen Spiel mußte auch jener Senator machen, den der Kaiser Sueton zufolge stundenlang hinter seinem Speisesofa nur mit einem Lendenschurz bekleidet stehen ließ. Einem anderen wiederum, dem er das Leben geschenkt hatte und der sich beim Kaiser für diesen Gnadenakt bedanken wollte, erniedrigte er, indem er ihm seinen linken Fuß zum Kuß hinstreckte, wie Seneca haßerfüllt berichtet.

## Das Recht der ersten Nacht

Doch damit nicht genug, der Kaiser wollte auch selbst auf seine Kosten kommen und vernaschte bei solchen Anlässen gleich reihenweise die Ehefrauen der Senatoren. Vorbehaltlos gab er sich seiner scheinbar unstillbaren Libido hin. Bei der Hochzeitsfeier von C. Calpurnius Piso und Livia Orestilla befahl er dem düpierten Ehemann, ihm seine Frau in der Hochzeitsnacht zu überlassen. Und da sich die Römer bei all ihrem Handeln gern auf Präzedenzfälle beriefen, verkündete er anderntags voller Häme, er habe sich Romulus, der bekanntlich die Sabinerinnen raubte, zum Vorbild genommen. Seneca weiß darüber hinaus von einem weiteren, ungleich perfideren Fall zu berichten. In seiner Schrift »Über den Zorn« schildert der Philosoph, wie Caligula den Sohn eines angesehenen Ritters deswegen gefangen hielt, weil ihm sein schmuckes Äußeres und vor allem seine gepflegten Haare ein Ärgernis waren (Caligula soll kahlköpfig gewesen sein). Als der Vater um das Leben seines Sohnes bat, ließ Caligula den Sohn umbringen und zwang hernach den Vater, mit heiterer Miene an einem Bankett teilzunehmen. »Der Kaiser«, so heißt es bei Seneca, »trank ihm zu und ließ ihn dabei überwachen: Der Unglückliche zeigte sich beherrscht, als ob er die Begnadigung seines Sohnes erwirkt hätte – und warum? Er hatte noch einen zweiten.«

Aber der Kaiser trieb seinen Spott mit den vornehmen Adelsfamilien auch in der Öffentlichkeit, entehrte sie vor aller Augen, indem er die traditionellen gesellschaftlichen Hierarchien konterkarierte: So ließ er etwa ihre Statuen von öffentlichen Plätzen beseitigen, beraubte sie ihrer Ehrensitze im Theater und verbot ihnen, ihre alten Rangabzeichen zu tragen. Ferner bevorzugte er in aller Öffentlichkeit Personen wie etwa den berühmten Pantomimen Mnester, die in ihrem offiziellen Rang meilenweit unter den Senatoren standen, und zerstörte dadurch systematisch die aristokratische Rangordnung. Und wenn ihm gerade danach war, ließ er Senatoren kilometerweit in der Toga neben seinem Reisewagen herlaufen. Wem er seine Gunst entzog, der war ein toter Mann. Er, Gaius Caesar Augustus Germanicus, wie seine offizielle Kaisertitulatur lautete, war alleiniger Herr über Leben und Tod. Er war *princeps a legibus solutus*, ein absoluter, von allen Gesetzen losgelöster Alleinherrscher, der zum Leidwesen seiner Zeitgenossen von dieser Stellung uneingeschränkt Gebrauch machte. Auf besonders augenfällige Weise offenbarte sich die absolute Macht im Senat. Dort hatte der Princeps im Jahre 40 n. Chr. an exponierter Stelle einen erhöhten Sitz erhalten, der die »Superiorität des Kaisers gegenüber dem Senat« unmißverständlich zum Ausdruck brachte, wie der römische Schriftsteller Florus im 2. Jahrhundert n. Chr. zu berichten weiß.

## Die große Verschwörung des Jahres 39 n. Chr.

Das Jahr 39 n. Chr. stand zunächst ganz im Zeichen der Feldzugsvorbereitungen gegen Germanien. Erstmals wollte sich der junge Kaiser auf außenpolitischem Parkett beweisen. Um entsprechend der Familientradition kriegerische Meriten zu sammeln, wählte er eine Region, in der sich bereits sein Vater Germanicus militärisch hervorgetan hatte. Offensichtlich war es für den Sohn des Germanicus eine Prestigefrage und zugleich ein Akt der Pietät gegenüber seinen Vorfahren, eine neue Offensive gegen Germanien zu beginnen. Germanicus war einst in mehreren Feldzügen ins rechtsrheinische Germanien vorgestoßen, hatte 15 n. Chr. sogar die Gebeine der im Teutoburger Wald gefallenen Legionäre beigesetzt, war dann aber von Tiberius abberufen worden. Für den Germanicus-Sohn war es offensichtlich eine Prestigefrage, das Vermächtnis seines Vaters fortzuführen und das, was diesem verwehrt geblieben war, zu Ende zu bringen.

Doch mitten in die Planungen platzte die Nachricht über eine erneute Verschwörung gegen den Kaiser, an der neben hochrangigen Senatoren auch andere Personengruppen beteiligt gewesen sein sollten. Das ganze Ausmaß blieb zunächst im Dunkeln. Ein Heer von Informanten, auf die ganze Stadt verteilt, wurde aktiviert. Spitzel schwärmten aus wie die Vögel in Hitchcocks gleichnamigem Film. Erstaunliches brachten sie zutage, das die Vorstellungskraft des Kaisers bei weitem überstieg. Nicht nur zahlreiche Senatoren waren in das Komplott verstrickt, sondern auch der seit 29 n. Chr. amtierende Statthalter Obergermaniens, Cn. Cornelius Lentulus Gaetulicus, ein enger Vertrauter Sejans. Damit bekam die Lage eine neue Dimension. Denn mit Gaetulicus verfügten die Verschwörer über einen Mann, der mit den vier obergermanischen Legionen eine überaus stattliche Streitmacht gegen den Kaiser in Stellung bringen konnte. Nach und nach wurden weitere Details bekannt. Immer stärker erhärtete sich der Verdacht, daß auch Personen aus dem engsten Umkreis des Kaisers gemeinsame Sache mit den Verschwörern machten. Die Spur führte direkt in den Kaiserpalast. Jetzt gerieten auch Caligulas Schwestern, Agrippina und Livilla, sowie dessen Schwager Lepidus, der Ehemann von Caligulas innig geliebter Schwester Drusilla, ins Visier der Fahnder. Alle drei einte wohl ihre Enttäuschung darüber, daß sie durch die Geburt von Caligulas Tochter Iulia Drusilla dauerhaft von der Thronfolge ausgeschlossen waren.

### ›Blitzkrieg‹ in Germanien

Eile war geboten, denn das Wetterleuchten über dem Himmel Germaniens duldete keinen Aufschub. Ohne erkennbare Vorbereitung

44

verließ Caligula mit einigen Prätorianerkohorten die Stadt, in seinem Gefolge Agrippina, Livilla und Lepidus. Falls sich die Verdachtsmomente gegen seine Verwandten erhärten sollten, war es für den Kaiser überlebenswichtig, diese nicht im Zentrum der Macht zurückzulassen. Damit die Verschwörer keinen Verdacht schöpften, begab sich der Kaiser zunächst nach Umbrien, brach dann aber von dort in einer Blitzaktion nach Germanien auf. Der Überraschungscoup hatte Erfolg. Der völlig verblüffte Gaetulicus wurde in Mainz in Arrest genommen und hingerichtet. Zuvor scheint der abtrünnige Kommandeur aber – ob unter der Folter oder um seinen Kopf zu retten – die Mitverschwörer genannt zu haben, so daß jetzt letzte Zweifel an der Mittäterschaft seiner Verwandten ausgeräumt waren. Lepidus ereilte das gleiche Schicksal wie den obergermanischen Statthalter, Agrippina und Livilla wurden verbannt.

Nach dem niedergeschlagenen Aufstand konnte sich Caligula seinem eigentlichen Ansinnen widmen, dem Feldzug gegen die Germanen. Der Kaiser war an die Wirkungsstätte seiner Eltern zurückgekehrt, dorthin, wo er einst als »Stiefelchen« die Herzen der Legionäre erobert hatte. Doch diesmal schien sich deren Begeisterung in Grenzen zu halten. Schlendrian und Disziplinlosigkeit hatte sich während der langen Statthalterschaft des Gaetulicus in den Heerlagern am Rhein breit gemacht. Nur widerwillig ließen sich daher die an das ruhige Lagerleben gewöhnten Legionäre auf eine gefährliche Militärexpedition ihres Kaisers ein. Diese geriet infolge fehlender Motivation alsbald zur Farce, kam über Bewegungen mit Manövercharakter nicht hinaus. Daß die Soldaten der Rheinarmeen nicht mehr aus dem gleichen Holz geschnitzt waren wie ihre Vorgänger, zeigte sich im Frühjahr 40 n. Chr. an der Kanalküste, wohin sich der Kaiser nach der Niederschlagung des Aufstandes mit einer größeren Heeresstreitmacht begeben hatte. Dort kam es 40 n. Chr. zu einer merkwürdigen Begebenheit.

## Muscheln als Kriegsbeute

Im Frühjahr dieses Jahres war am Strand nahe des heutigen Boulogne eine gewaltige Streitmacht aufmarschiert. Legionen, aus allen Teilen Germaniens zusammengezogen, hatten dort mitsamt einem

Abb. 8: Ansprache des Kaisers vor seinem Heer

stattlichen Belagerungstroß Aufstellung genommen. Nach einer Weile bestieg Caligula eines der am Ufer liegenden Schiffe, fuhr ein stückweit aufs Meer hinaus und kehrte wieder an Land zurück. Dann gab er seinen Truppen den Befehl, Muscheln zu sammeln. Viel ist über diese scheinbar widersinnige Aktion gerätselt worden. Zunächst deuten die erwähnten schwere Belagerungsgeräte und die Truppenstärke darauf hin, daß ein Feldzug größeren Stils kurz vor seiner Ausführung stand – die Invasion Britanniens. Jene nebelumwaberte Insel, auf die der große Ahnherr des iulischen Kaiserhauses, C. Iulius Caesar, bereits zweimal, 55 und 54 v. Chr., übergesetzt hatte. Caligula wollte offensichtlich auf den Spuren seines berühmten Vorfahren wandeln. Die Gelegenheit für eine erfolgreiche Eroberung schien günstig, denn die Quellen berichten von Thronstreitigkeiten im Reich des Britannierkönigs Cynobellinus. Auch habe dessen Sohn Adminius die Insel verlassen und sich Caligula unterworfen.

Doch warum blieb die Landeoperation trotz günstiger Voraussetzungen im Sande stecken und endete, bevor sie überhaupt begonnen hatte, mit Muschelsammeln? Berichte über die Britannienexpedition des Kaisers Claudius im Jahre 43 n. Chr. liefern dafür eine plausible Erklärung. Darin wird berichtet, daß sich die Soldaten anfangs geweigert hätten, sich auf ein derart gefährliches Abenteuer einzulassen, das sie über die Grenzen der Welt hinausführen würde. Ähnliches könnte sich auch zu Beginn des Jahres 40 n. Chr. abgespielt haben: Demnach hätten die Truppen ihrem Kaiser den Gehorsam verweigert. Doch Caligula wäre nicht Caligula gewesen, wenn er nicht auf die Brüskierung seiner kaiserlichen Hoheit durch die Soldaten eine passende Antwort gefunden hätte. Er drehte den Spieß einfach um, beantwortete seine Ehrverletzung mit der ihrigen. Er ließ die Soldaten die Helme abnehmen und Muscheln und anderes Meeresgetier, das die Brandung ans Ufer gespült hatte, einsammeln.

›Roms Adler‹, die die Tapferkeit und Wehrhaftigkeit eines Weltreiches verkörperten, übten sich in wenig mannhafter Tätigkeit. Zieht man hierzu noch in Betracht, daß das lateinische Wort für Muschel, *concha*, auch ein Schimpfwort für die weiblichen Genitalien war, dann bekommt das Ganze einen pikanten Beigeschmack. Das Muschelsammeln am Atlantik war keine Beschäftigungstherapie für die Truppe, sondern eine äußerst entehrende militärische Bestrafungsaktion. Caligula brachte damit unmißverständlich zum Ausdruck, was er von Roms Legionären hielt: Weicheier und Schürzenjäger waren sie, die zu mehr als solchen ›Eroberungen‹ nicht mehr taugten. Um seinen Spott komplett zu machen, belohnte er ihre ›heroische‹ Tat mit einem Geldgeschenk von 400 Sesterzen pro Mann und legte ihnen nahe, ihre ›ruhmvollen‹ Errungenschaften aus dem Ozean als Kriegsbeute beim Triumphzug in Rom zu präsentieren.

So geriet letztlich auch die ins Auge gefaßte Invasion Britanniens zum Mißerfolg. Erzürnt über das Verhalten seiner Truppen, wollte der Kaiser vor seiner Rückreise nach Rom gleich zwei komplette Legionen niedermetzeln lassen, wovon ihn jedoch seine militärischen Berater nach längerem Zureden abbringen konnten. Auch hinter der scheinbar widersinnigen Handlung des Muschelsammelns steckte Kalkül. Hier, wie schon mehrfach bei der Kujonierung der Senatoren, offenbart sich die so charakteristische Mischung aus mephistophelischem Zynismus und unsäglicher Grausamkeit, die Caligulas Biographie wie ein roter Faden durchzieht.

## Die Mißachtung der Senatoren

Nachdem er Germanien den Rücken gekehrt hatte, knöpfte er sich die römische Führungsschicht vor. Diese hatte mit ihrer abermaligen Verschwörung jeden Kredit verspielt. Hatte ihm das illoyale Verhalten der Senatoren während seiner Krankheit die Augen geöffnet, dann war die große Verschwörung des Jahres 39 n. Chr. nur noch der sprichwörtliche Tropfen, der bei Caligula das Geduldsfaß überlaufen ließ. Von diesem Zeitpunkt an lebte der Kaiser in ständiger Furcht vor Attentaten und gleichsam im offenen Kriegszustand mit dem Senat. Dies bekam zuerst eine Delegation zu spüren, die man dem

Kaiser entgegengeschickt hatte. Als die Gesandten in grenzenloser Schmeichelei den Kaiser baten, er möge sich beeilen, nach Rom zu kommen, da der Senat seine Ankunft sehnsüchtig erwarte, griff dieser nach seinem Schwert und schrie aus voller Brust: »Ja, ich werde kommen, ich komme schon, und das da wird mit mir kommen.« Ebenso schickte er die Drohung voraus, daß er künftig für den Senat weder Bürger noch Kaiser sein wolle. Auch Ehrungen durch den Senat würde er künftig nicht mehr annehmen. Ausdrücklich hatte er den Senatoren verboten, ihn – wie sonst bei der Rückkehr eines Kaisers aus dem Felde üblich – vor der Stadt zu begrüßen. Aus dem gleichen Grund nahm er auch davon Abstand, im Triumphzug in Rom einzumarschieren; er wollte sich von dieser scheinheiligen Bande von Heuchlern nicht feiern lassen. Damit kündigte der Kaiser pauschal den gesellschaftlichen Umgang mit seinen aristokratischen Standesgenossen auf. Diese Distanzierung zeigt sich auch in der kaiserlichen Verwaltung am Hofe, wo zunehmend nichtsenatorische Amtsträger herausgehobene Funktionen übernahmen.

Die Verschwörung des Jahres 39 n. Chr. hatte Caligula schmerzlich vor Augen geführt, daß Personen aus seinem engsten Umkreis zu einer ständigen Gefahr wurden. Die Lehre, die er daraus zog, war, daß er denjenigen, denen er am meisten vertraute, künftig zugleich am meisten mißtrauen mußte. Caligula griff nun erstmals verstärkt auf eine Personengruppe zurück, die ihm durch seine Gunst besonders verpflichtet war: kaiserliche Freigelassene, d. h. ehemalige Sklaven des kaiserlichen Haushalts, die wichtige Verwaltungsaufgaben übernahmen. Sie waren alles durch den Kaiser und nichts ohne ihn. Fortan fanden sich in der engsten Umgebung des Princeps keine vornehmen Römer mehr – die kaiserliche Umgebung wurde entaristokratisiert.

Personen geringen Standes zogen nun die Fäden der kaiserlichen Politik, sie waren des Kaisers willige Helfer. Männer wie Gaius Iulius Callistus, die Graue Eminenz hinter den Kulissen der Macht. Ein mächtiger und einflußreicher Mann, der laut Flavius Josephus zu »tyrannengleicher Macht« gelangte. Oder Protogenes, ein finsterer Zeitgenosse, der dem Kaiser »bei seinen schlimmsten Taten als Helfer« diente, wie Cassius Dio sagt. Als Leiter des kaiserlichen Staatssicherheitsdienstes unterhielt er ein Netz von Spitzeln und Informanten, sammelte stapelweise Belastungsmaterial und wurde dadurch zur Schreckensfigur der Aristokraten. Der dritte im Bunde war der ägyptische Sklave Helikon, Caligulas Kammerdiener und Bodyguard, der den Zugang zum Kaiser kontrollierte und ihm bei wichtigen Entscheidungen mit Rat und Tat zur Seite stand.

Wenn nun Caligula auch noch verlauten ließ, er werde dem Senat nicht mehr als Princeps, d. h. als »Erster unter Gleichen« begegnen, so war dies eine unverhohlene Aufkündigung des augusteischen Herrschaftssystems und zugleich die Ankündigung einer Tyrannenherrschaft. Caligula stilisierte sich nun immer deutlicher als ein Monarch, der klar zu erkennen gab, daß er den Senat nicht mehr benötigte. Dieser ›Neue Kurs‹ manifestierte sich alsbald in ungewöhnlichen zeremoniellen Praktiken bei der Inszenierung der kaiserlichen Selbstdarstellung.

### Der Ritt übers Meer

Ein Beispiel dafür ist sein berühmter »Ritt übers Meer«, ein spektakulärer *stunt*, den man später zum Vorwand nahm, die geistige Zurechnungsfähigkeit des Kaisers in Zweifel zu ziehen. Den Anlaß lieferte ein zweitägiges Spektakel, das Caligula im Sommer 40 n. Chr. im Golf von Neapel veranstaltete. Hierzu ließ er zwischen Puteoli und Bauli eine aus zusammengetäuten Schiffen bestehende Pontonbrücke auf einer Länge von fünf Kilometern errichten. Handelsschiffe wurden hierfür beschlagnahmt und viele neue gebaut. Über die Schiffsbrücke ließ er eine aus mehreren Schichten bestehende Straße samt Raststationen anlegen, ähnlich aufwendig konstruiert wie die *via Appia*. Nachdem das Bauwerk fertiggestellt war, legte Caligula den zuvor aus Alexandria geraubten Brustpanzer Alexanders des Großen an, gürtete sich ein Schwert um, nahm einen Schild und bekränzte sich mit Eichenlaub. Dann opferte er Neptun, dem Gott des Meeres, und galoppierte an der Spitze eines großen militärischen Gefolges über die Brücke. Auf der anderen Seite erstürmte er wie bei einem Eroberungszug Puteoli und lagerte dort mit seinem Heer. Tags darauf kehrte der Heerestroß wieder zurück. An seiner Spitze der in eine goldbestickte Tunika gehüllte Kaiser in einem von mehreren Pferden gezogenen Wagen. Dahinter folgte ein langer Zug mit Beutestücken, die Prätorianer, das Heer und weiteres Gefolge. Auf der Mitte der Brücke legte der Zug eine Rast ein. Hier hielt der Kaiser von einer erhöhten Bühne eine Ansprache an das Heer: »Zuerst«, so berichtet Cassius Dio, »rühmte er sich selbst als den Veranlasser gewaltiger Unternehmungen, dann pries er die Soldaten als Männer, die sich Mühen und Gefahren unterzogen hätten, und erwähnte besonders, daß sie zu Fuß über das Meer marschiert seien. Dafür gab er ihnen Geld.« Danach wurde auf der Brücke und an ringsum ankernden Schiffen ein Festgelage abgehalten, das bis tief in die Nacht dauerte. Hierzu ließ er die Brücke, die gesamte Bucht und die umliegenden Berge durch ein Meer von Fackeln taghell erleuchten. Zu guter Letzt gönnte sich der Kaiser einen ganz besonderen Spaß, indem er viele seiner Freunde ins Meer warf und untertauchte – ein Gaudi, das einige mit dem Leben bezahlten. Am Ende dieses merkwürdigen Unternehmens rühmte sich der Kaiser, das Meer zum Land und die Nacht zum Tag gemacht zu haben. Hernach spottete er über die Perserkönige Dareios und Xerxes, da er eine viel größere Strecke als diese über das Meer geritten sei (Dareios hatte 513 v. Chr. den Bosporus, Xerxes 480 v. Chr. den Hellespont auf einer Schiffsbrücke überquert).

Caligulas »Ritt über das Meer«, bei dem er die halbe römische Flotte aufgeboten und sogar die Getreideversorgung Roms in Gefahr gebracht hatte, fand in den antiken Quellen ein geteiltes Echo. Für Flavius Josephus und Seneca war der Fall klar: Der Kaiser muß verrückt gewesen sein. Sueton, der ansonsten mit ähnlichen Anwürfen schnell bei der Hand ist, nennt einen anderen Grund. Seiner Meinung nach habe der exzentrische Kaiser eine zurückliegende Prophezeiung des Astrologen Thrasyllos Lügen strafen wollen, der Tiberius einst versicherte, daß Caligula genausowenig Kaiser werden würde, wie er die Bucht von Baiae zu Pferde überqueren könne.

Den wahren Grund könnte eine Notiz bei Cassius Dio liefern: Caligula habe es für gering erachtet, sich mit den Pferden über das Festland ziehen zu lassen (gemeint war der Triumphzug in Rom, der über das Forum Romanum hinauf zum Kapitol führte), daher habe er über das Meer fahren wollen. Dies könnte eine Anspielung auf die imaginäre Landungsoperation an der Kanalküste sein. Demnach hatte der Kaiser hier im Süden Italiens nachgeholt, was ihm die germanischen Legionen an der Kanalküste verweigert hatten, die triumphale Überquerung des Meeres.

Wenn nun Caligula – und die gesamte Symbolik seiner Handlungen vom Auszug an der Spitze des Heeres über die Rückkehr der siegreichen Truppen bis hin zu den Feierlichkeiten auf der Brücke deutet darauf hin – einen Triumph ›außerhalb‹ Roms und ›unabhängig‹ vom Senat (der diesen gemeinhin genehmigen mußte) feierte, dann setzte er sich einmal mehr über alle gängigen Normen hinweg und demonstrierte auf besonders eindringliche Weise, daß er die Beziehung zu seinen aristokratischen Standesgenossen aufgekündigt hatte – so wie er es vor seiner Rückkehr aus Germanien hatte verkünden lassen.

Ganz ungeniert lebte er nun seine Auffassung des Prinzipats als Form absolutistischer Herrschaft aus, betrachtete Menschen, Provinzen, ja den gesamten Staat als sein Eigentum. Neue zeremonielle Formen wurden eingeführt, die die Aristokraten erniedrigten und ihn selbst über alle andere erhoben. So ließ er sich in der Art der Proskynese, einer am Hof orientalischer Despoten geläufigen Verehrungsform, huldigen, d. h. fußfällig verehren. In der gleichen absolutistischen Grundhaltung wurzelte auch Caligulas Anspruch auf kultische Verehrung.

## Der Kaiser als Gott

»Er beanspruchte für sich eine göttliche Majestät und ließ sich von anderen anbeten«, berichtet Sueton. Dafür wollte Caligula, so der antike Enthüllungsjournalist weiter, aus dem Zeustempel von Olympia eine von Phidias gefertigte Statue des Göttervaters nach Rom bringen und sie als seine eigene Kultstatue umarbeiten lassen. Aber nicht nur sein Abbild, sondern auch seine Person sollte kultisch verehrt werden. Hierzu erweiterte er eigens einen Teil des Palastes auf dem Palatin bis zum Forum hin, wandelte den Castor- und Polluxtempel in eine Vorhalle um und präsentierte sich, zwischen dem göttlichen Bruderpaar stehend, den Besuchern auch in seiner Kleidung als Gott unter Göttern. Seinem lebensgroßen Porträt wurden täglich Opfer dargebracht, darunter so exotische Tiere wie Flamingos, Pfaue, afrikanische Perlhühner und Fasane.

Ja, war er denn völlig übergeschnappt? Sueton zufolge ja, und um seine Behauptung zu untermauern, setzt er noch eins drauf: Caligula sei in der Wahnvorstellung befangen gewesen, mit den Göttern in Kontakt zu stehen: »In Nächten, in denen Luna ihren vollen Umfang erreicht hatte und leuchtete, lud er sie regelmäßig zu Umarmung und Beilager ein; bei Tage plauderte er in einem Vieraugengespräch mit dem Kapitolinischen Iuppiter, einmal flüsterte er ihm etwas ins Ohr und hielt ihm dann seinerseits das Ohr hin, bald unterhielt er sich mit ihm ziemlich laut.«

Suetons denunziatorische Absichten werden jedoch bei Cassius Dio unfreiwillig entlarvt. Der berichtet von einer Begegnung zwischen dem Kaiser und Lucius Vitellius, der als erster Caligula als Gott verehrt hatte, und zwar mit verhülltem Haupt und nach Art der Proskynese. Dabei habe der Kaiser ihn gefragt, ob er denn nicht die Mondgöttin in seiner Nähe sehe, mit der er gerade Zwiesprache halte. Daraufhin senkte Vitellius wie vor Ehrfurcht zitternd die Augen zu Boden und erwiderte mit andachtsvoller Stimme: »Euch Göttern allein, oh Herr, ist es gegeben, einander zu sehen.« Caligula brachte Vitellius mit dieser Frage in eine prekäre Situation und stellte ihn auf die Probe. Offenbar wollte er wissen, wie ernst es diesem mit seiner fußfälligen Verehrung tatsächlich war. Doch Vitellius ließ sich vom Kaiser nicht aufs Glatteis führen und rettete damit sein Leben.

Von Cassius Dio erfahren wir auch, daß die göttlichen Ehrungen »von hochrangigen Senatoren« an Caligula herangetragen wurden, d. h. nicht von oben, sondern von unten initiiert wurden. Dafür spricht auch der Hinweis, daß auf Beschluß des Senats Caligula zu Ehren ein Tempel errichtet und Priester für seinen Kult bestellt worden seien. Ob sie dies aus freien Stücken taten oder auf subtilen Druck des Kaisers, bleibt im Dunkeln.

## Angst essen Seele auf

Der Kaiser hatte den Druck auf die Senatoren erhöht und handelte jetzt frei nach dem Motto: *oderint dum metuant* (»Mögen sie hassen, solange sie Angst haben«). Sklaven, nach römischem Recht als »Sache« angesehen, war es nun erlaubt, ihre Herren anzuzeigen. Und man muß kein Prophet sein, um zu vermuten, daß die oftmals

Geschundenen von diesem Angebot auch reichlich Gebrauch machten. Jetzt waren Roms Aristokraten nicht einmal mehr hinter ihren eigenen vier Wänden sicher. In einem Klima des gegenseitigen Mißtrauens versuchte jeder, auf Kosten des anderen seine Haut zu retten. Mit der Standessolidarität, vormals Kraftquelle der römischen Nobilität, war es dahin. Alte Wunden aus der Zeit des Tiberius brachen wieder auf.

Wie sich die einst homogene Adelsschicht selbst zerfleischte, verdeutlicht eine Episode bei Cassius Dio. Demnach habe Caligula im Senat verkündet, daß er nur noch gegen wenige Mitglieder des Hohen Hauses Groll hege. Eine harmlos klingende Botschaft, mit der er jedoch gezielt den Terror schürte. Als nämlich Protogenes, der bereits erwähnte Vertraute des Kaisers, tags darauf den Senat betrat und die Senatoren zu seiner Begrüßung herbeieilten, habe dieser dem Scribonius Proculus einen finsteren Blick zugeworfen und ihn gefragt: »Auch du willst mich grüßen, wo du doch den Kaiser haßt?« Dieser Vorwurf genügte, um über den Beschuldigten den Bannstrahl des Todes zu fällen. Bedurfte es unter Tiberius hierfür noch opportunistischer Anklagen senatorischer Standesgenossen und der Verurteilung durch den Senat insgesamt, so waren derartige Präliminarien nunmehr überflüssig. Noch im Senat umringten die Senatoren ihren Kollegen, durchbohrten ihn mit Schreibgriffeln und rissen ihn in Stücke. Anschließend wurden seine Körperteile und Eingeweide durch die Straßen geschleift und vor dem Kaiser aufgehäuft.

### Des Gottkaisers irdische Motive

Nun waren göttliche Ehrungen für Irdische im Grunde nichts Ungewöhnliches. Bereits der Ehrenname AUGUSTUS, der »Erhabene«, den die Senatoren dem ersten Princeps als Dank für seine außergewöhnlichen Leistungen für den Staat verliehen hatten, umgab den Kaiser mit einer sakralen Aura und rückte ihn in eine gleichsam übermenschliche Sphäre – so »als ob er schon damals allein durch den Namen vergöttlicht worden wäre«, wie der römische Historiker Florus im 2. Jahrhundert n. Chr. konstatierte. Und im Orient war die göttliche Verehrung von Personen, die durch große Macht und unermeßlichen Reichtum das Menschenübliche übertrafen, ohnehin gang und gäbe. Dort wurden Menschen aus Fleisch und Blut als »Heroen« oder »Götter« bezeichnet und entsprechend auch kultisch verehrt. Lange vor Caligula galten dort römische Kaiser und ihre Familien als göttliche Wesen. Auch Augustus waren göttliche Ehren aus den östlichen Provinzen des Reiches angetragen worden. Doch der erste Princeps lehnte stets dankend ab, da eine sakrale Erhöhung seiner Person nicht mit seinem Konzept einer ›republikanischen Renaissance‹ und der damit verbundenen Gleichbehandlung des Senatorenstandes in Einklang gestanden hätte. Derartige Rücksichten mußte Caligula nun nicht mehr nehmen.

Caligulas göttliche Verehrung wurzelt demnach nicht in einem pathologischen Wahn, wie uns die Quellen oftmals weismachen wollen, sondern war Ausdruck einer Neuausrichtung der politischen Rahmenbedingungen. Denn nach dem, was geschehen war, mußte Caligula die Rolle des Kaisers neu definieren. Der paradoxe Princeps einer imaginären Republik war tot, die darin praktizierten Spielregeln waren obsolet geworden. Der Kaiser wollte und konnte den Schein des »als ob« nicht mehr wahren. Aufleben sollte statt dessen ein absoluter Monarch, ein Gottkönigtum nach hellenistischem Vorbild, wie es auch die Identifikation mit Alexander dem Großen bei Caligulas spektakulärem Ritt übers Meer verdeutlicht. Vor diesem Hintergrund kam es dem Kaiser gerade recht, daß die Senatoren ihm eine quasi göttliche Qualität zuerkannten. Nicht Göttlichkeitswahn, sondern politisches Kalkül steckte hinter Caligulas menschlicher Überhöhung. Denn als Gottkaiser war er der irdischen Sphäre entrückt und somit von den institutionellen Zwängen des augusteischen Systems befreit.

Zudem konnte die Vergöttlichung so etwas wie eine Lebensversicherung sein. Denn wer von den gottesfürchtigen *nobiles* vergreift sich an einem Gott! Doch mißtrauisch, wie Caligula aufgrund seiner Biographie nun einmal war, schloß er noch eine zweite, ungleich weniger ›gewinnbringende‹ Lebensversicherung ab – er brachte sich in den Besitz der Frauen und Kinder der Senatoren. Damit eröffnete Caligula ein weiteres Kapitel seiner Schreckensherrschaft, die seinem Image als menschenverachtendes Ungeheuer – das er sicherlich auch war – Vorschub leistete. Sueton allerdings war dies noch nicht genug, er erfand die Legende vom Luden Caligula, der die vornehmsten

Damen des Reiches auf dem Hügel der Caesaren, dem Palatin, zahlenden Freiern feilbot.

## Puff auf dem Palatin

Zur letzten Demütigung der Aristokratie geriet, daß sie den Launen des Kaisers hoffnungslos ausgeliefert war. Denn die Adligen mußten nicht nur um ihr eigenes Leben, sondern auch um das ihrer Angehörigen bangen – der Kaiser nahm sie alle in Geiselhaft. In diesem Zusammenhang berichtet Sueton, daß Caligula auf dem Palatin ein Bordell eingerichtet habe, in dem Senatorengattinnen und freigeborene Knaben ihre Dienste anboten. Jung und Alt habe er ermuntert, von diesem exklusiven Angebot Gebrauch zu machen, und sie zur Befriedigung ihrer Lust aufgefordert. Sueton reiht diese Begebenheit unter die kaiserlichen Maßnahmen der Geldbeschaffung ein. Tatsächlich aber verbirgt sich hinter der ›Puffgeschichte‹ eine politische Strategie. Wieder widerlegt eine Passage bei Cassius Dio Suetons Darstellung. Dort heißt es, daß in den neu errichteten Räumen nahe des kaiserlichen Palastes »die Frauen der führenden Männer Roms und die Kinder der vornehmen Familien wohnten«. Aber nicht um die fleischlichen Gelüste zahlender Kunden zu befriedigen, sondern als kaiserliches Faustpfand. Die Familienmitglieder der senatorischen Führungsschicht wurden als Geiseln gehalten, interniert auf dem Palatin unter Aufsicht der Prätorianergarde. Damit hatte sich Caligula die Aristokraten handzahm gemacht und jede weitere Verschwörung aus ihren Reihen ausgeschlossen.

So ist auch die von Sueton in die Welt gesetzte haarsträubende Skandalgeschichte vom ›Puff auf dem Palatin‹ ins Reich der Fabel zu verweisen.

## Götterdämmerung auf dem Palatin

Selbst das Ende des angeblich irren Jung-Tyrannen wußten die antiken Geschichtsschreiber zu entstellen, indem sie aus einem geschickt eingefädelten Mordkomplott einen spontanen Senatorenaufstand machten. Tatsächlich aber kamen die Mörder des Kaisers aus seiner engsten Umgebung, dem neuen Machtzentrum am Hof. Denn mittlerweile hatte das rasant um sich greifende Virus des gegenseitigen Mißtrauens auch die inneren Zirkel der Macht infiziert. Ausgerechnet der Oberschurke in Caligulas Kompetenzteam des Terrors, Callistus, bangte um seine Zukunft. Selbst durch eine Denunziation in Mißkredit gebracht, trat er die Flucht nach vorne an. Direkt aus dem Palast organisierte er die Beseitigung seines kaiserlichen Herrn, gewann hierfür die beiden Prätorianerpräfekten und einen willfährigen Handlanger für die Drecksarbeit: den Prätorianertribunen Cassius Chaerea. Dieser grobschlächtige und im Innern seines Wesens einfach strukturierte Mann, einst dem Kaiser sklavisch ergeben, haßte mittlerweile Caligula abgrundtief, weil dieser sich des öfteren über seine hohe Stimme lustig gemacht und seinen spöttischen Reden mit zweideutigen Gesten noch Nachdruck verliehen hatte. Laut Flavius Josephus (37–100 n. Chr.) soll Caligula dem Chaerea in Anspielung auf dessen feminines Wesen mit Worten wie etwa »Venus« oder »Priapus« gekränkt haben. Über die Folgen bemerkte der jüdische Geschichtsschreiber weiter: »So wurde Chaerea bald für alle übrigen Tribunen eine Zielscheibe des Spottes. Denn so oft er die Losung vom Kaiser vorzuzeigen hatte, freuten sie sich schon im voraus, daß sie wieder etwas zu bespötteln bekamen.«

Als Termin für die Mordtat wurden die zwischen 21. und 24. Januar zu Ehren des Augustus abgehaltenen Palatinischen Spiele ins Auge gefaßt. Die Zeit drängte, denn für den 25. Januar war die Abreise des Kaisers nach Alexandria angesetzt. Schließlich gab Callistus den Attentätern für den 24. Januar grünes Licht. Am letzten Tag der Feierlichkeiten waren die Theaterränge auf dem Palatin bis auf den letzten Mann gefüllt. Nachdem die Zuschauer ihre Plätze eingenommen hatten, eröffnete Caligula die Theateraufführungen mit einem Tieropfer. Dann nahm er in seiner Loge Platz, ließ allerlei Naschwerk ins Publikum werfen und verfolgte anschließend angeregt die Darbietungen. Als sich der Kaiser in einer Pause durch einen unterirdischen Gang zum Palast begeben wollte und dabei für einen Augenblick von seinen germanischen Leibwächtern getrennt war, schlugen ihn die Verschwörer in Stücke. Mit ihm starben seine Ehefrau Caesonia und Drusilla, die kleine Tochter des Kaisers. Das, was von Caligula übrig blieb, brachte man heimlich in die Lamischen Gärten auf dem Esquilin. Dort wurde er auf einem in großer Eile errichteten Scheiterhaufen nur

halb verbrannt und das, was übrig blieb, oberflächlich mit Rasen-
stücken abgedeckt. Seine Schwestern ließen nach ihrer Rückkehr aus
der Verbannung die Reste ausgraben, einäschern und beisetzen.
Dem Sadisten auf dem Kaiserthron folgte Claudius der Stotterer, der
Onkel Caligulas.

## Legende eines Irren

Caligulas Bild in der Geschichte geht maßgeblich auf Sueton zurück.
Dessen Andeutungen zu Caligulas Gesundheitszustand haben seitdem zu vielen Spekulationen Anlaß gegeben. Für den mehr als siebzig Jahre nach dem Tod des Kaisers schreibenden Sueton lag der Fall
klar auf der Hand. Er erklärte Caligula zum ›medizinischen‹ Fall und
setzte damit die Idee vom verrückten Kaiser in die Welt. Viele seiner
Kollegen der schreibenden Zunft, wie etwa der aus Bithynien stammende Historiker und Senator Cassius Dio, sind ihm gefolgt.

Bei genauerem Hinsehen relativieren sich jedoch diese Anschuldigungen. Fakt ist: Caligula hat sich in seiner kurzen Regierungszeit
eine Reihe von Verrücktheiten geleistet, geistig eindeutig krank im
pathologischen Sinne war er aber deshalb noch lange nicht. Viele
seiner charakterlichen Defizite, seine unsägliche Grausamkeit und
sein verletzender Zynismus, hatten ihren tieferen Grund – sie waren
durch die gesellschaftlichen Umstände, in denen Caligula aufwuchs,
bedingt. Das frühe Herausgerissenwerden aus dem trauten Fami-
lienverband, das tragische Schicksal seiner Familie und das ständige
Leben in der Angst, selbst ein Opfer des Intrigenspiels am kaiserlichen Hof zu werden, konnten nicht spurlos an ihm vorübergehen.
Der »wahnwitzige Schandbube«, wie ihn Fritz Taeger einmal nannte,
war ein Kind seiner Zeit, gefangen im Räderwerk eines Systems, das
er aus leidvoller Erfahrung zutiefst verachtete. Ein krankes politi
sches System, aus dem er sich nur bedingt befreien konnte.

Der angeblich irre Jung-Kaiser war gewissermaßen das Opfer seiner heikel gewordenen Herrscherrolle. Er erniedrigte die Senatoren,
indem er ihnen die Wahrheit sagte und ihre falschen Komplimente
ernst nahm. Er war nicht irrsinnig, sondern trieb seine Umgebung
zu irrsinnigen Verhaltensweisen. Vieles, was Sueton als Beweis seines
Wahnsinns anführt, wie die Luna-Affäre oder den Ritt über den Golf

von Baiae, findet bei näherer Betrachtung eine einleuchtende Erklärung. Nicht Wahn, sondern Kalkül steckt hinter Caligulas Drohung, sein Lieblingspferd Incitatus zum Konsul zu ernennen.

Und die antiken Autoren? Warum waren sie so eifrig darum bemüht, den Kaiser als psychisch Kranken darzustellen? Vereinfachend könnte man sagen, weil Caligula nicht wollte, wie er gemeinhin sollte; weil er einen Herrschaftsstil an den Tag legte, der von dem des Augustus so grundlegend abwich, einen absolutistischen Herrschaftsstil, der für die politische Elite weder akzeptabel noch vermittelbar war und deshalb »irrsinnig« erscheinen mußte; weil er sich mit seinem nonkonformen Verhalten gegen das bestehende System auflehnte und dieses Schritt für Schritt zu zerschlagen begann. Vor allem aber, weil der ›Zyniker auf dem Thron‹ die alteingesessenen Senatoren ein ums andere Mal mit der Nonchalance eines frechen jungen Mannes bloßgestellt und in aller Öffentlichkeit der Lächerlichkeit preisgegeben hat. Augustus hatte ihnen die Macht genommen, Caligula die Ehre – das verziehen ihm die aristokratischen Senatorenfamilien nicht. Gleich nach seinem Tod rächten sie sich, indem sie »mit frischem Haß« das Bild des Kaisers verzerrten und ihm das Etikett des Wahnsinnigen anhefteten.

# NERO – DER POPSTAR AUF DEM KAISERTHRON

»Nero war von fast mittelgroßer Statur, sein Körper war voller Flecken und stank, sein Haar war hellblond, seine Gesichtszüge eher schön als liebenswürdig, seine Augen blau und sehr schwach, der Nacken übermäßig fett, der Bauch stark hervortretend, die Beine sehr dünn.« (Sueton, *Nero* 51)

Abb. 9 Nero (37–68 n. Chr.)

Neapel, anno 64 n. Chr. In der kampanischen Küstenstadt in Sichtweite des Vesuv herrscht hektische Betriebsamkeit. Über dem Forum steigt ein ohrenbetäubender Lärm auf. Von überall her strömen Menschen in die Stadt; viele von ihnen sind schon seit den frühen Morgenstunden auf den Beinen. Wie ein Lauffeuer hat sich herumgesprochen, daß kein Geringerer als seine Majestät der Kaiser der Stadt seine Aufwartung macht. Und der Grund für sein Erscheinen ist ein ganz besonderer: Er will singen, erstmals vor einem breiten Publikum. Dafür hat er Neapel auserkoren, dessen Einwohner seit Jahrhunderten griechische Gewänder tragen und griechische Feste feiern. Um 730 v. Chr. von griechischen Einwanderern aus Euböa gegründet, ist sie die am meisten hellenisierte Stadt auf italischem Boden. Im Theater von Neapel herrscht reges Treiben. Dicht an dicht drängen sich die Zuschauer auf den vollbesetzten Rängen, halten gespannt Ausschau nach dem kaiserlichen Musikus. Alle wollen sie ihn sehen, Nero Superstar, vor allem aber seiner göttlichen Stimme lauschen. Die Premiere wurde zum Erfolg, der Kaiser zum Star. Tosender Beifall brandete ihm entgegen, als die letzten Klänge der Kithara im Odeon verhallt waren. Der kaiserliche Apollon hatte sich soeben in die Herzen des kunstbeflissenen neapolitanischen Publikums gesungen.

Neapel, Frühjahr 2004. Längst ist über das antike Theater das sprichwörtliche Gras der Geschichte gewachsen. Und auch der Bühnenkaiser ist inzwischen Geschichte. Doch diese hat bekanntlich manch wundersame Überraschung parat. Bei Ausschachtungsarbeiten zum Bau einer U-Bahn stoßen Bauarbeiter auf einen mysteriösen Gegenstand. Archäologen vor Ort, eilig zur Fundstätte gerufen, staunen nicht schlecht angesichts dessen, was die Erde zum Vorschein brachte: einen völlig unversehrten Marmorkopf des jugendlichen Nero in klassischer Schönheit. Beinahe 2000 Jahre nach seinem Bühnendebut im Theater von Neapel ist Nero zurückgekehrt. Hier, wo alles seinen Anfang nahm, wo der singende Kaiser seine Karriere als Entertainer der Massen begann, hat er erneut für Furore gesorgt – als steingewordene Manifestation seiner Jugend. Bereits drei Jahre zuvor hatte der Kaiser von sich reden gemacht, als im wenige Kilometer entfernten Pompeji ein Fresko zutage gefördert wurde, das Nero als strahlend schönen, das antike Saiteninstrument der Kithara spielenden Apollon zeigt. Hier, in der hektischen Handelsstadt am Fuße des Vesuvs, woher seine zweite Frau Poppaea Sabina stammte, feierten ihn Graffiti an den Häuserwänden als kaiserlichen Wohltäter. Daß man in Pompeji Nero offenbar ein gutes Andenken bewahrte und daß in Neapel ein Bildnis des jungen Idealisten die antiken Bilderstürme überdauert hat, könnte ein Indiz dafür sein, daß man dort eines anderen Nero gedachte, eines Nero, der gar nicht dem entspricht, der uns in den Quellen entgegentritt – dem ›Monster‹.

## Inkarnation des Bösen

Das Bild von der Bestie Nero wurde bald nach seinem Tod entwickelt, vornehmlich von der senatorisch dominierten römischen Geschichtsschreibung, die ein reges Interesse an der dunklen Seite Neros zeigte. Gleichsam in paparazzohafter Manier kehrte sie die menschlichen Abgründe des Kaisers hervor, um ihn dann als »Feind des Menschengeschlechts« zu stigmatisieren. Ihr Verdikt überdauerte die

Zeiten – Nero ging in die Geschichtsbücher als größenwahnsinniger Despot ein, der Rom in Schutt und Asche legte, die Christen gnadenlos verfolgte und seine Mutter meuchelte.

Plinius der Ältere, der 79 n. Chr. ein Opfer des Vesuvausbruchs wurde, bezeichnete Nero als »Pestilenz des Erdkreises«. Und um 100 n. Chr. erschien mit dem Werk des römischen Rechtsanwalts Gaius Fannius erstmals ein Weißbuch über seine Verbrechen: eine Liste über den Tod derer, die von Nero verbannt oder hingerichtet worden waren. Die Generalabrechnung mit dem letzten Kaiser aus dem iulisch-claudischen Herrscherhaus erfolgte kurze Zeit später, als die römischen Geschichtsschreiber Tacitus und Sueton zur Feder griffen und den zum Tyrannen entarteten Princeps schufen, die Bestie Nero. In die gleiche Kerbe schlug hundert Jahre später der römische Senator und Geschichtsschreiber Cassius Dio. Sie alle zeichneten das Bild eines grausamen, sich schamlos allen Ausschweifungen hingebenden Despoten, der über seiner künstlerischen Passion die Staatsgeschäfte sträflich vernachlässigte und sich am Ende in tyrannischer Haltlosigkeit verlor. Damit leisteten die antiken Historiographen jenem negativen Meinungsbild Vorschub, das bis in unsere Tage nahezu uneingeschränkt Gültigkeit besitzt: Ihre moralische Verdammung des Herrschers hallt noch bei Theodor Mommsen nach: »Er ist vielleicht der nichtswürdigste Kaiser, der je auf dem römischen Thron gesessen hat, und das will viel sagen«, urteilte der Nestor der deutschen Altertumswissenschaft – »eine feige, unmilitärische Natur«, deren Neigungen »ganz auf das artistisch Dilettantische« gerichtet waren.

## Neros geschichtliche Instrumentalisierung

Der Bannstrahl der Verdammnis, den die antiken Geschichtsschreiber über Neros Haupt gelegt hatten, überdauerte die Zeiten. Im Mittelalter benutzte man seinen Namen, um den politischen Gegner zu verunglimpfen. So verteufelte der Reformpapst Gregor VII. den Salierkaiser Heinrich IV. als »Nero unserer Zeit«. Und ein weiterer Inhaber des Apostolischen Stuhls, Innozenz IV., zieh den Stauferkaiser Friedrich II. einen »zweiten Nero«. Auch in der Neuzeit gehörten Mord, Brandstiftung und Vergewaltigung zum festen Repertoire seiner Vita. Egal, ob bei Erasmus von Rotterdam (1469–1536),

Montesquieu (1689–1755) oder Marquis de Sade (1740–1814): Stets werden sexuelle Obsession, bestialische Grausamkeit und moralische Verkommenheit als typisch neronische Eigenschaften akzentuiert.

Traurige Berühmtheit erlangte der Kaiser nochmals im Nationalsozialismus, als Hitler beim Vormarsch der Roten Armee den Befehl ausgab, die gesamte Infrastruktur auf deutschem Reichsgebiet ohne Rücksicht auf Verluste zu zerstören: Die Order ›verbrannte Erde‹ trug den bezeichnenden Namen »Nero-Befehl«.

Neros Spuren in der Geschichte sind vielfach verwischt, sein Name aber lebt. Dämonisiert, verteufelt oder bewundert wie kein anderer Römer, hat der Bühnenkaiser die Nachwelt in seinen Bann gezogen. Tatsächlich gehört Nero zu den wenigen Gestalten, die sich heute ihren Platz in der kollektiven Erinnerung bewahrt haben. Ein Bekanntheitsgrad, den sich findige Werbestrategen zunutze machten: Die amerikanische Bekleidungsfirma »Munsingwear« warb in den 50er Jahren des zurückliegenden Jahrhunderts mit *Quo Vadis Boxer Shorts*; Marketingspezialisten der Computerindustrie entwickelten Ende des 20. Jahrhunderts eine Software zum ›Brennen‹ von CD-ROM's mit dem traditionsbewußten Namen »Nero burning Rome«, und im mondänen Hotelkomplex des »Caesars Palace« in Las Vegas begrüßt eine Statue des fiedelnden Kaisers die Gäste.

## Sohn berühmter Eltern

Im gleichen Jahr, als Caligula den Thron bestieg, wurde im südlich von Rom gelegenen Antium ein Baby geboren, das den Namen Lucius erhielt. Daß dieses Kind einmal Kaiser werden würde, vermutete zu diesem Zeitpunkt niemand auch nur im entferntesten. Höchstens seine Mutter, die schon damals Großes mit dem kleinen Lucius vorhatte. Es war zwei Tage nach den Iden des Dezember (15. Dezember) anno 37 n. Chr., als Agrippina die Jüngere, Urenkelin des Reichsgründers Augustus und Tochter des populären Reichsfeldherrn Germanicus, ihren Sohn zur Welt brachte: Lucius Domitius Ahenobarbus, den späteren Kaiser Nero. Sein Vater, Gnaeus Domitius Ahenobarbus, war ein Großneffe des Augustus. Der Name dieser angesehenen Adelsfamilie, Ahenobarbus, bedeutete »Bronze-

bart«. Aus einer früheren Generation stammte die Bemerkung, es
sei kein Wunder, daß ihre Bärte
bronzefarben seien, seien doch ihre
Gesichter aus Eisen und ihre Herzen aus Blei. Gnaeus war ein tüch-
tiger Beamter, allerdings mit mas-
siven menschlichen Defiziten. Die
antiken Quellen beschreiben ihn als
eine brutale und skrupellose Person, die an Menschenverachtung
ihresgleichen suchte. Laut Sueton
ließ er einen Freigelassenen nur
deshalb töten, weil dieser sich weigerte, so viel zu trinken, wie er
ihm befohlen hatte. Und auf der
*via Appia* überfuhr er einmal mit
seinem Pferdegespann vorsätzlich
einen kleinen Jungen und tötete
ihn.

Abb. 10: Agrippina die Jüngere
(15–59 n. Chr.)

Von Neros Vater erzählte man sich später, er habe bei der Nachricht
von der Geburt seines Sohnes scherzhaft bemerkt, die Frucht der
›Zusammenarbeit‹ zwischen Agrippina und ihm könne ja nichts
anderes als eine Katastrophe darstellen.

Die Mutter des kleinen Lucius, die damals zweiundzwanzig Jahre
alte Agrippina, war eine der mächtigsten Frauen ihrer Zeit. Als
Schwester des regierenden Kaisers Caligula gehörte sie zu den ein-
flußreichsten Personen in Rom. Tacitus beschreibt sie als überaus
»machtbewußte und machthungrige« Persönlichkeit, in der sich der
politische Anspruch verschiedener Familien bündelte. Und seit der
Geburt ihres Sohnes war ihre Stellung im iulisch-claudischen Kaiserhaus noch gestiegen. Vermochte sie doch voller Stolz von sich zu
sagen, daß sie zu diesem Zeitpunkt den einzigen männlichen Nachkommen nachweisen konnte, der in direkter Linie zu dem Begründer des Prinzipats, Augustus, stand – ein genealogisches Plus, das
ihren Sohn mit einer imperialen Aura umgab. Zudem hatte ihr ein
Astrologe bei Neros Geburt prophezeit, daß dieser einst herr-

schen werde und daß der künftige Kaiser auch seine Mutter töten würde. Doch ungeachtet dieser kapitalen Bedrohung setzte Agrippina alles daran, den positiven Teil dieser Weissagung Wirklichkeit werden zu lassen. »Soll er mich töten, wenn er nur herrscht«, soll sie laut Tacitus gesagt haben.

### Der böse Onkel

Doch zunächst war es um ihre ehrgeizigen Pläne gar nicht gut bestellt. 39 n. Chr. wurde sie wegen der Beteiligung an einer Verschwörung gegen ihren Bruder des Hochverrats angeklagt und in die Verbannung geschickt (vgl. S. 45). Zuvor erfuhr die hochmütige Matrone jedoch noch eine Demütigung: Caligula zwang sie, die Asche ihres hingerichteten Geliebten Lepidus nach Rom zu tragen – makabre Parodie einer historischen Pilgerreise, die ihre Mutter in frommer Absicht mit der Asche des großen Germanicus unternommen hatte. Ferner ließ der erzürnte Kaiser das gesamte Vermögen der Familie der *Ahenobarbi* konfiszieren, ein Schicksalsschlag, von dem sich Neros Vater nicht mehr erholte; er starb im Jahr darauf. Das verwaiste, fast mittellose Kind wurde in die Obhut der Domitia Lepida gegeben, einer Tante väterlicherseits, aus deren Ehe mit

Valerius Messalla Barbatus die kaiserliche Hure Messalina hervorgegangen war. Im Hause dieser schwerreichen, aber für ihre Knauserigkeit bekannten Dame wuchs der Knabe unter ganz einfachen Bedingungen auf, erzogen von einem vormaligen syrischen Tänzer und einem griechischen Friseur namens Anicetus, der später bei der Ermordung der Agrippina traurige Berühmtheit erlangen sollte.

41 n. Chr. besserten sich die Verhältnisse. Denn in Rom herrschte jetzt ein neuer Kaiser, Claudius, der Onkel des ermordeten Caligula. Die-

Abb. 11: Claudius
(10 v. Chr.–54 n. Chr.)

sen oftmals als Witzfigur dargestellten Eigenbrödler hatte die kaiserliche Familie bislang verborgen gehalten, da er keine vorzeigbare Figur abgab: Claudius stotterte nämlich, war wackelig auf den Beinen und sein Kopf zitterte unentwegt. Eine der ersten Amtshandlungen war die Begnadigung und Rehabilitierung seiner Nichte Agrippina. In diesem Zusammenhang erhielt der vierjährige Lucius auch sein väterliches Erbe zurück, das sich Caligula unter den Nagel gerissen hatte.

### Weibliches Alpha-Tier

Agrippina war zurück im Zentrum der Macht und dort gedachte sie künftig auch ein kräftiges Wort mitzureden. Und die Chancen, als Frau am Kaiserhof ›Politik‹ zu machen, standen unter Claudius (41–54 n. Chr.) nicht schlecht, wie die für ihren unbändigen Sexualtrieb berüchtigte Kaisergattin Messalia zeigte. Sie übte in den Jahren 41 bis 49 n. Chr. eine fast unbeschränkte Macht am Hof aus. Dieser schien einer Bühne zu gleichen, auf der vor einem schaudernden Publikum schreckliche Possenspiele aufgeführt wurden: Es ging kaum um politische Fragen, um so mehr um persönliche Affären. Und Frauen, insbesondere Messalina, mischten dabei kräftig mit.

Da Agrippina als Frau in einer patriarchalischen Gesellschaft nicht zur höchsten Macht gelangen konnte, brauchte sie die Hilfe der Männer, und die wußte sie sich – intelligent und schön sie war – zu verschaffen. Sie besaß nicht nur Intelligenz und Schönheit, sondern auch einen unbändigen Willen zur Macht. Um den Anspruch ihres Sohnes geltend machen zu können, bedurfte es einflußreicher Unterstützung. 41 n. Chr. bekam der kleine Lucius, der nun wieder an der Seite seiner Mutter lebte, einen neuen Vater, für Agrippina eine gute Partie. Denn die Heirat mit dem angesehenen und sehr vermögenden ehemaligen Konsul Sallustius Passienus Crispus eröffnete ihr neue Einflußmöglichkeiten. Durch ihren Mann gelangte sie in die höchsten Kreise Roms, lernte an dessen Seite einflußreiche Persönlichkeiten kennen und knüpfte ein personelles Netzwerk. Aber gab sie, in deren Adern ›blaues Blut‹ floß, sich auf Dauer damit zufrieden, eine unter Vielen zu sein? Den Quellen zufolge soll sich die

Augustus-Enkelin bereits nach ihrer Ankunft in Rom ihrem Onkel unzweideutig genähert haben.

Agrippinas politischer Ehrgeiz wurde aufs Neue entfacht, als die untreue Kaiserin Messalina im Jahre 48 n. Chr. ein Opfer ihrer unbändigen Fleischeslust wurde. Der mächtigste Mann des Reiches war nun Witwer. Und wie der Zufall es wollte, Tacitus spricht sarkastisch von »göttlicher Vorsehung«, war auch Agrippina zu diesem Zeitpunkt bereits wieder solo. Mit weiblicher Überzeugungskunst und dank der Fürsprache des einflußreichen Freigelassenen Pallas konnte Agrippina alle ihre Konkurrentinnen ausstechen. Pallas wußte seinem kaiserli-

Abb. 12: Nero als Kind

chen Herrn diese Wahl plausibel zu machen: Eine Frau, die so eng mit dem Haus der Caesaren verbunden war, dürfe man nicht in eine andere Familie einheiraten lassen. Hatte die Realität doch mehrfach gezeigt, daß sich aus Verbindungen mit Frauen des Kaiserhauses Ansprüche auf Herrschaft ableiten ließen und im schlimmsten Fall eigenständige Machtzentren außerhalb der kaiserlichen Familie entstehen konnten. So ebnete der Untergang Messalinas einer anderen, noch viel ehrgeizigeren Frau den Weg zur Macht. Skrupellose Triebhaftigkeit wurde von ebenso skrupelloser Herrschsucht abgelöst.

Am Neujahrstag 49 n. Chr. wurde auf dem Palatin Hochzeit gefeiert, die vierunddreißigjährige Nichte des Kaisers heiratete ihren bald sechzigjährigen Onkel. Galt eine solche Verbindung bis vor kurzem noch wegen ihrer verwandtschaftlichen Nähe als Ehehindernis, so sorgte ein wohlinszenierter Senatsbeschluß für die Aufhebung dieser Regelung. »Die Tochter des Bruders zu heiraten ist erlaubt«, stellte der Jurist Gaius in seinem Lehrbuch fest, »und dies kam auf, als der göttliche Claudius Agrippina, die Tochter seines Bruders, ehelichte« (*Institutiones* 1,62). Diese eigens für das kaiserliche Paar erlassene

Ausnahmeregelung wurde erst 342 n. Chr., unter der Herrschaft des Constantius II., wieder aufgehoben.

Abb. 13: Der jugendliche Nero

Es war ein Tag des Triumphes für Agrippina, doch im Rahmen ihrer Pläne nur ein Zwischenschritt. Konsequent und mit äußerster Rücksichtslosigkeit suchte sie in der Folgezeit ihrem Sohn Lucius den Weg zur Macht zu ebnen. Zunächst galt es, dessen rechtliche und faktische Position in der kaiserlichen Familie zu stärken, um dann ihren Stiefsohn Britannicus aus seiner erheblich günstigeren Position zu verdrängen.

## Seneca – Prinzenerzieher im Philosophenmantel

Zur Ausführung dieses Planes gehörte, daß sie bald nach der Eheschließung mit Claudius die Rückberufung des L. Annaeus Seneca aus Korsika erwirkte, der sich dort seit 41 n. Chr. im Exil befand. Diesem Sproß einer römischen Ritterfamilie aus dem spanischen Cordoba, der wegen eines angeblichen Verhältnisses zu Caligulas Schwester Iulia Livilla in Ungnade gefallen war, hatte Agrippina die Rolle des Lehrmeisters ihres Sohnes zugedacht. »Der Erste unter den Gelehrten«, wie der ältere Plinius den wegen der »Berühmtheit seiner wissenschaftlichen Studien« renommierten Intellektuellen nannte, war wie kein Zweiter für diese Aufgabe prädestiniert. Nicht nur als der überragende Gelehrte und Philosoph seiner Zeit, sondern auch als Pädagoge, der sich bereits in einer Schrift *Über den Zorn* zum heiklen Geschäft der Erziehung geäußert hatte. Sein erlesener Unterricht sollte Nero auf seine künftige Rolle vorbereiten, sollte aus dem Teenager eine gebildete und charakterlich integre Persönlichkeit formen. Ein schwieriges Unterfangen, war doch ein ähnliches Experiment mehr als dreihundert Jahre zuvor schon einmal grandios gescheitert: Bei Aristoteles und Alexander dem Großen. Seneca war sich der Schwierigkeit seiner Aufgabe durchaus bewußt.

Seneca war Anhänger der Stoa, einer um 300 v. Chr. in Athen gegründeten Philosophenschule, die nach dem Ort der Lehrtätigkeit ihres Gründers Zenon (um 336–264 n. Chr.), der *Stoa poikile* (griech.: »bunte Säulenhalle«), benannt wurde. Im Zentrum der Lehre stand eine Ethik, deren höchstes Ziel die Freiheit von positiven und negativen Affekten war. Anders als Sueton, der sich bemüht, das Monströse an Nero durch entsprechende Auffälligkeiten bei seinen Vorfahren zu erklären, war Seneca davon überzeugt, daß ein schlechter Charakter nicht auf schlechte Anlagen, sondern auf schlechte Erziehung zurückzuführen sei. In diesem Sinne machte sich der vierundfünfzigjährige »Lenker der kaiserlichen Jugend«, wie man den Schöngeist im Volksmund auch nannte, ans Werk und versuchte seinen Schüler durch ein anspruchsvolles Unterrichtsprogramm auf seine Führungsrolle vorzubereiten.

Bald nachdem sie Seneca als Neros Lehrer gewonnen hatte, gelang Agrippina ein weiterer wichtiger Schritt in Richtung auf ihre Ziele. Sie überredete Claudius dazu, dem Verlöbnis zwischen seiner damals zehnjährigen Tochter Octavia und Nero zuzustimmen. Octavia war nicht nur die Tochter des Kaisers, sondern, wie ihr Name verriet, väterlicher- und mütterlicherseits die Urenkelin von Augustus' Schwester Octavia. Daß diese bereits im Jahre 41 n. Chr. mit Iunius Silanus Torquatus, einem Ururenkel des Augustus, verlobt worden war, stellte für die skrupellose Kaisergattin kein Hindernis dar. Silanus wurde des Inzests mit seiner Schwester Iunia Calvina angeklagt und zum Selbstmord gezwungen.

## Mobbing im Kaiserhaus

Wenige Monate nach der Berufung Senecas zum Tutor ihres Sohnes gelang es Agrippina, den entscheidungsschwachen Claudius zu überreden, ihren Sohn zu adoptieren, obwohl dieser selbst bereits mit Britannicus einen leiblichen Sohn hatte. Pallas, der schon bei der Anbahnung der Ehe zwischen Claudius und Agrippina wertvolle Dienste geleistet hatte, lieferte auch bei dieser kaiserlichen Entscheidung wichtige Schützenhilfe. Er erinnerte nämlich Claudius an einen berühmten Präzedenzfall für die Adoption eines Stiefsohnes, die des Tiberius durch Augustus. Tiberius war einst seinem Stiefvater auf dem Thron nachgefolgt, und die Anspielung in bezug auf Nero war unmißverständlich. Mit diesem klassischen Zunamen des claudischen Hauses wurde der junge Lucius Domitius Ahenobarbus künftig gerufen; sein offizieller Name lautete fortan: Nero Claudius Caesar Drusus Germanicus. Damit stand Nero rechtlich auf gleicher Stufe mit seinem Adoptivbruder Britannicus, hatte diesem gegenüber aber einen entscheidenden Vorteil: Er war vier Jahre älter als jener und konnte somit die Ehren, die dem Sohn eines Princeps zustanden, früher als Britannicus erhalten. Diesen Altersvorteil wußte Agrippina geschickt zu nutzen. Keine Gelegenheit ließ sie aus, um ihren Sohn in den Vordergrund zu schieben, bei gleichzeitigem Zurückdrängen des Britannicus. Bereits beim sogenannten *Ludus Troiae* im Jahr 47 n. Chr., einem Reiterspiel von Kindern und Halbwüchsigen aus vornehmen Familien, war Agrippina nicht verborgen geblieben, daß ihr Sohn, der Ururenkel des Augustus, mehr Beifall erntete als der leibliche Sohn des Kaisers.

Neros Vorrangstellung manifestierte sich auch auf Inschriften, wo sein Name vor demjenigen seines Stiefbruders rangiert. Und die römischen Münzen porträtierten ausschließlich den älteren der beiden Prinzen. So gelang es Agrippina, der Öffentlichkeit ihren Sohn als potentiellen Thronfolger vorzustellen, nicht nur in Rom, sondern auch in den Provinzen. Soldmünzen, die für die römischen Truppen in Thrakien bestimmt waren, zeigten Nero als »Fürsten der Jugend«. Die Führerschaft der römischen Jugend galt seit Augustus als unmißverständliches Zeichen der beabsichtigten Nachfolgeregelung.

### Stoische Ideale

Während Agrippina mit der Karriereplanung ihres Sohnes beschäftigt war, erteilte Seneca ihm Unterricht. Auf dem Programm standen Grammatik, Rhetorik, Logik, Geometrie, Arithmetik, Musiktheorie und Astronomie. Schon als Knabe malte und bildhauerte er gern, Betätigungsfelder, denen der stoische Philosoph allerdings wenig abzugewinnen vermochte. Anders verhielt es sich dahingegen mit Neros Leidenschaft für Dichtkunst und Gesang, der Seneca weniger skeptisch gegenüberstand. Und auf letzterem Gebiet scheint der junge Prinz wirklich nicht unbegabt gewesen zu sein, rühmt ihn doch sein Mentor als dem Apoll gleich »im Gesang und in der Stimmgewalt.«

Seneca duldete die musischen Neigungen Neros, verwandte daneben allerdings große Mühe darauf, seinem Schützling eine rhetorische Ausbildung angedeihen zu lassen – anscheinend mit mäßigem Erfolg. Berichtet doch Tacitus, ältere Leute hätten festgestellt, daß Nero unter denen, die an die Macht gekommen seien, als erster fremder Eloquenz bedurfte.

Ebensowenig wie mit Rhetorik hatte Nero mit ethisch-moralischen Fragen etwas anzufangen gewußt, obwohl Seneca größte Mühe darauf verwandte, seinem Zögling das philosophische Programm der Milde einzuimpfen – eine Kardinaltugend jedes guten Herrschers. Eigens hierzu verfaßte Seneca den Traktat »Über die Milde«, eine Art Fürstenspiegel für den kaiserlichen Prinzen, in dem er Selbstkontrolle und maßvolles Handeln zur Richtschnur kaiserlichen Waltens erhob. »Nichts ziert einen Herrscher mehr als die Bürgerkrone, die er für seine Milde empfängt«, schrieb er seinem Zögling ins Stammbuch. »Denn durch die Milde schont er das Leben seiner Mitbürger, und dies ist verdienstvoller als alle Kriegstrophäen und Beutestücke.« Eigentlich hätten solche Sätze bei dem im Innern seines Wesens zartbesaiteten jungen Mann auf fruchtbaren Boden stoßen müssen, vielleicht taten sie es anfänglich auch. Denn der allem Militärischen gegenüber abgeneigte Nero verabscheute die Brutalität des Todes, wenngleich ihn später die Angst zum Morden treiben konnte. Als er einmal ein Todesurteil unterzeichnen mußte, soll er ausgerufen haben: »Ich wollte, ich hätte niemals schreiben gelernt.« Doch am Ende fruchteten alle pädagogischen Anstrengungen wenig, da sich Nero für die Philosophie und vor allem für die stoische Beherrschung von Affekten wie Zorn und Trauer nur wenig begeistern konnte. Wie sollte er auch bei seinem affektierten Naturell!

Während Seneca sich bemühte, seinen Zögling nach bestem Vermögen auf seine künftige Rolle vorzubereiten, nahmen die von Agrippina konsequent inszenierten Ereignisse ihren unaufhaltsamen Lauf. Im März 51 n. Chr. wurde Nero formell für volljährig erklärt, noch bevor er vierzehn Jahre alt war, was das Gesetz als frühestmögliches Alter hierfür vorsah. Offenbar konnte es Agrippina mit der Protegierung ihres Sohnes gar nicht schnell genug gehen.

## Agrippinas nützliche Helfer

Zur Realisierung ihrer Pläne benötigte Agrippina die tatkräftige Unterstützung Dritter. Daher hatte sie gleich nach der Heirat mit Claudius begonnen, ein Netzwerk politischer Beziehungen aufzubauen, Seilschaften zu knüpfen und ihr ergebene Personen an die Schaltstellen der Macht zu bringen. Vor allem galt es, die Gruppierung, die sich innerhalb des Palastes im Machtschatten des Kaisers gebildet hatte und in der der Freigelassene Narcissus, der Leiter des kaiserlichen Briefverkehrs, die Fäden zog, zu schwächen. Diese bestand aus ehemaligen Anhängern Messalinas, deren eigene Zukunft aufs Engste verknüpft war mit der Thronanwartschaft des Britannicus.

Ein wichtiger Verbündeter im Kampf um die Macht war der bei Hofe einflußreiche Freigelassene Pallas, der als Sekretär der kaiserlichen Kanzlei über alles, was innerhalb und außerhalb des Palastes passierte, bestens Bescheid wußte. Im verschärften Kompetenzgerangel der konkurrierenden Gewalten am Hofe war diese Graue Eminenz, deren Meinung bei Claudius Gewicht hatte, für Agrippina von unschätzbarem Wert. Konnte sie doch über ihn Einfluß beim Kaiser ausüben. Sie gewann Pallas mit den Waffen einer Frau und machte ihn zu ihrem Geliebten. Denn, wie Tacitus sich ausdrückt, »fand in ihrem Haus nichts Unsittliches statt, außer wenn es ihrer Macht diente«. Im Gegensatz zu Messalina, für die Macht nur ein Mittel war, um ihre fleischlichen Lüste zu befriedigen.

Pallas und Agrippina teilten neben Bett auch politische Ziele, vor allem, wenn es darum ging, Britannicus kaltzustellen. War es doch Pallas gewesen, auf dessen Betreiben hin Britannicus' Mutter Messalina hingerichtet wurde. Nur allzu leicht konnte er sich ausmalen, was mit ihm geschehen würde, wenn der leibliche Sohn des Claudius erst einmal das Szepter in den Händen hielt. Nachdem Agrippina mit der Verpflichtung Senecas zum Erzieher ihres zwölfjährigen Sohnes bereits einen spektakulären Coup gelandet hatte, vermochte sie zwei Jahre später einen weiteren wichtigen Erfolg für sich zu verbuchen. Anfang 51 n. Chr. konnte sie ihren Mann davon überzeugen, die beiden Prätorianerpräfekten, denen sie als Sympathisanten der Messalina mißtraute, zu entlassen und diesen machtvollen Posten mit einer Person ihres Vertrauens zu besetzen, dem aus Gallien stammenden Sextus Afranius Burrus – ein aufrechter, im besten Sinne soldatischer Charakter. Welche herausragende Bedeutung der Garde bei der Erhebung zum Kaiser zukommen konnte, hatte sich spätestens bei Claudius gezeigt.

Abb. 14: Claudius und Agrippina

## Mord vor geladenem Publikum

Das ständige Zurücksetzen des leiblichen Kaisersohnes durch Agrippina rief die Britannicus-Fraktion am Hofe auf den Plan. Immer stärker bedrängten sie den alten Kaiser, der politischen Ausgrenzung seines Kindes nicht länger tatenlos zuzusehen. Agrippina blieben diese Aktivitäten nicht verborgen. Alarmglocken begannen bei ihr zu läuten, als der neunjährige Britannicus bei einem Gastmahl seinen älteren Bruder in einem bewußt kindlichen Affront mit seinem ›bürgerlichen‹ Namen Domitius ansprach. Seit diesem Zeitpunkt war das Verhältnis zwischen den beiden Prinzen angespannt. Ohnehin war Nero nicht gut auf Britannicus zu sprechen gewesen, seit dieser ihn öffentlich brüskiert hatte: Nero, in der Absicht, den etwas unbeholfen wirkenden Jüngling bloßzustellen, hatte nämlich seinen Stiefbruder während eines Gelages am Kaiserhof darum gebeten, ein Lied anzustimmen. Dabei war es zum Eklat gekommen – denn der Schuß ging nach hinten los. Schlagfertig trug Britannicus mit wohlklingender Stimme ein improvisiertes Lied über einen Prinzen vor, der um seine rechtmäßige Herrschaft betrogen worden sei. Für diesen kunstvollen, sein eigenes Schicksal thematisierenden Vortrag erhielt Britannicus vom Publikum großen Beifall. Sehr zum Mißfallen Neros.

Tatsächlich soll der greise Kaiser bereit gewesen sein, den eigenen Sohn, den er so lange wegen des Einflusses der Stiefmutter von jeglicher Zukunftshoffnung ausgeschlossen hatte, stärker in die Nachfolgeüberlegungen einzubeziehen. Die Machtfrage wäre somit für die

72

Zukunft wieder offen gewesen, zumal Britannicus bald seine Volljährigkeit erreichen würde – für Agrippina der politische Supergau, denn damit wären all ihre Bemühungen zunichte gemacht worden. In dieser Situation zeigte sich die ganze Kaltblütigkeit dieser Frau. Ihr Mann mußte beseitigt werden, denn von ihm drohte jetzt die größte Gefahr.

Nach allem, was uns die antiken Quellen erzählen, scheint der Mordplan sorgfältig vorbereitet gewesen zu sein. Denn nicht nur das Attentat selbst, sondern auch die Choreographie für die anschließende Inthronisation Neros bedurfte intensiver Planung. Zunächst wurde Domitia Lepida, jene Tante, die dem verlassenen Neffen einst Zuflucht gewährt hatte, getötet; sie schien eine ernsthafte Konkurrentin werden zu können, wenn es um die Gunst des Nero ging. Dann sorgte Agrippina dafür, daß Narzissus, der Kopf der Britannicus-Fraktion am Hofe, ihr nicht in die Quere kam – er wurde wegen seines schweren Gichtleidens nach Kampanien geschickt, um dort seine Krankheit auszukurieren. Hernach konsultierte sie eine stadtbekannte Giftmischerin, Locusta mit Namen, die einen Todescocktail zubereiten sollte. Nach Abschluß der Vorbereitungen, in die neben Pallas und Burrus auch Seneca eingeweiht waren, ergriff Agrippina die erstbeste Gelegenheit. Während eines Gastmahls, so heißt es, soll sie Claudius ein tödliches Gift in einem Pilzgericht, der Leibspeise des Kaisers, verabreicht haben, woran dieser jämmerlich zugrunde ging. Nero soll später einmal unzweideutig sarkastisch geäußert haben, daß Pilze wahrlich ein göttliches Gericht seien, schließlich hätten sie auch seinen Vater zu einem Gott gemacht. Hierzu muß man wissen, daß die Römer ihre verstorbenen Kaiser zu *Divi*, zu Göttern, erhoben.

Der Tod des Kaisers wurde vorerst geheim gehalten. Man spielte auf Zeit – Zeit, die man benötigte, um Nero den Thron zu sichern. Agrippina war ihrem großen Ziel sehr nahe, nichts durfte mehr in letzter Minute schiefgehen. Zuviel Unkalkuliertes hatte sie in ihrem wechselvollen Leben erfahren, um das Schicksal dem Zufall zu überlassen. Sie, die immer vom Ende her dachte und sich auf keine Rechnung einlassen wollte, deren Ergebnis sie nicht kannte, blieb wachsam bis zum Schluß. Auf keinen Fall durfte die Nachricht vom Tod des Kaisers zu früh nach außen dringen. Wie Tacitus berichtet, verhängte Agrippina zunächst eine Ausgangssperre, ließ sämtliche Palasteingänge durch Wachen abriegeln und die Britannicus-Partei am Hofe unter Arrest stellen. Gleichzeitig galt es, des Testaments, das Claudius hinterlegt hatte, habhaft zu werden. Denn es bestand die Gefahr, daß Claudius in seinen letzten Tagen sein Testament noch zugunsten des Britannicus abgeändert hatte. Tatsächlich wurde dieses niemals in der Öffentlichkeit verlesen und damit dem Verdacht vorgebeugt, daß die Wahl Neros zum Kaiser dem Willen des Vorgängers nicht entsprochen haben könnte. Frappierende Parallelen zu der Thronbesteigung Caligulas tun sich hier auf (vgl. S. 27).

Agrippina hatte ihr Ziel erreicht: Der Nachfolger des Claudius hieß Nero, nicht Britannicus. Überhaupt hatte die Urenkelin des Augustus alle Rekorde gebrochen: Sie war nicht nur die Tochter eines großen Feldherrn, sondern auch die Schwester eines Kaisers, die Gattin eines weiteren und nun die Mutter eines dritten.

## Der Kaiser ist tot, es lebe der Kaiser

Um die Mittagszeit des 13. Oktober 54 n. Chr. öffneten sich die Pforten des Kaiserpalastes. Heraus trat der siebzehnjährige Nero in Begleitung des Prätorianerpräfekten Afranius Burrus. Wie der fleischgewordene weiße Rauch, der den Erfolg bei der Papstwahl verkündet, trat dieser vor die gerade wachhabenden Prätorianer und präsentierte ihnen Nero als den neuen Herrscher. Jubel brandete auf, und als sei es das natürlichste auf der Welt, trugen sie den jungen Mann in einer Sänfte in das Lager der Prätorianer auf dem Viminal-Hügel. Dort hielt Nero eine von Seneca aufgesetzte Rede, in der er jedem Prätorianer die stattliche Summe von 15 000 Sesterzen – immerhin der Sold von fünf Jahren – versprach. Daraufhin riefen sie Nero zum Kaiser aus. Wieder einmal hatte sich gezeigt, daß den Prätorianern eine entscheidende Rolle als Kaisermacher zukam. Zu verdanken hatte Nero das Kaisertum allerdings einzig und allein seiner Mutter, die zielstrebig daraufhin gearbeitet hatte. Nero wußte das, und am Abend des 13. Oktober zeigte er dies ganz deutlich, als er, von den diensttuenden Prätorianern nach der Parole für die Nachtwache gefragt, die Losung *optima mater*, die »beste Mutter«, ausgab.

Im Anschluß an den Erhebungsakt auf dem Viminal begab sich

der frischgebackene Kaiser auf das Forum und machte dem Senat seine Aufwartung. Selbstbewußt trat er vor die Senatoren und formulierte in einer programmatischen Rede die »Gestalt des zukünftigen Kaisertums«, wie Tacitus sich ausdrückt. Wiederum hatte ihm sein geistiger Mentor Seneca die Worte in die Feder diktiert. Neros *ghostwriter* traf offensichtlich den Nerv der Senatoren. Denn was er dem jungen Princeps in den Mund gelegt hatte, fand deren uneingeschränkte Zustimmung: gute Kooperation mit dem Senat, klare Kompetenzabgrenzung zwischen Kaiser und Senat, Behebung der Mißstände in der Rechtssprechung, Beseitigung des von Claudius sattsam geförderten Günstlingswesens, Zusicherung der althergebrachten Befugnisse der Senatoren, Abschaffung bzw. Absenkung der drückendsten Steuern, Zusage einer Jahresrente für mittellos gewordene Senatoren in Höhe von 500 000 Sesterzen. Und, was die ›altehrwürdigen‹ Väter am meisten erfreute, war die Absichtserklärung, daß Nero die politischen Grundsätze des Augustus zur Richtschnur des neuen Regimes erklärte.

## Die Wiederkehr des Goldenen Zeitalters

Das Zeitalter des Augustus hatten viele Senatoren in bester Erinnerung, da dieser ›gute‹ Kaiser ihnen mit Respekt begegnet war und auch sonst durch sein umsichtiges Walten das Staatswesen der Väter Sitte entsprechend geleitet hatte. Glaubte man den programmatischen Worten Senecas in seiner Abhandlung »Über die Milde«, sollte unter Nero das einst vom römischen Dichterfürsten Horaz verkündete Goldene Zeitalter des Augustus, das dessen Nachfolger zu einem eisernen gemacht hatten, wieder in altem Glanz erstrahlen. Seneca war nicht der einzige, der der Hoffnung Ausdruck gab, daß die friedlichen Zustände zur Anfangszeit des Prinzipats mit Nero zurückkehren mögen. Von dem Hirtenlieddichter Calpurnius Siculus, einem Zeitgenossen Neros, sind sieben Eklogen erhalten, in denen dem Waldgott Faunus die Prophezeiung in den Mund gelegt wird, daß ein neues Goldenes Zeitalter, eine Ära des Friedens, anbrechen werde, und daß ein Jüngling, der in seinen Zügen die von Apollo und Mars vereine, als Gott über die Völker regieren werde. »Das Goldene Zeitalter ist aufs neue erwacht«, schwärmte er euphorisch, und die

Milde des jungen Kaisers hat »die verrückten Schwerter gebannt, nachdem er den Trompeten befohlen hatte, friedliche Klänge anstatt kriegerischer anzustimmen«. Der ideologische Boden für Neros Herrschaft war bereitet, jetzt mußte der junge Kaiser unter Beweis stellen, daß er diesen hohen Ansprüchen auch in der Realität gerecht würde.

## Vielverheißungsvoller Auftakt mit weiblichen Hindernissen

Bald zeigte sich jedoch, daß Nero weder willens noch imstande war, die Regierungsgeschäfte allein zu führen. Er bedurfte fremder Hilfe, der von Agrippina, Seneca und Burrus. Diese Troika führte für Nero die Regierungsgeschäfte, und das anfänglich nicht schlecht, wie der spätantike Schriftsteller Aurelius Victor zu berichten weiß. Ihm zufolge soll Kaiser Trajan einmal gesagt haben, die ersten fünf Jahre der Herrschaft Neros seien die beste Zeit der römischen Monarchie überhaupt gewesen. Dies war weniger das Verdienst des jungen Kaisers als vielmehr das derjenigen, die damals *de facto* regierten. Doch bald kam es innerhalb des Regierungstrios zu Differenzen, da Agrippina nicht von der Macht lassen wollte. Immer unverhohlener trat ihr Herrschaftsanspruch zutage. »Umgewandelt war seitdem die Stadt, und alles gehorchte einer Frau. Straff und gleichsam männlich nahm sie die Zügel in die Hand«, kommentierte Tacitus die Situation zu Beginn der Regierungszeit Neros. Und der römischen Öffentlichkeit führte sie dies auch ganz ungeniert vor Augen. Stempelschneider in den kaiserlichen Münzstätten schufen in Agrippinas Auftrag ein revolutionäres Vorderseitenmotiv: das der einander zugewandten Porträts Agrippinas und Neros. Niemals zuvor war das Bild einer Frau auf der Vorderseite einer Münze erschienen. Noch enthüllender aber war die Aussage der Umschrift, die Agrippina als »Augusta, Frau des vergöttlichten Claudius und Mutter von Nero Caesar« bezeichnete. Ihr Name war auf die Vorderseite gesetzt und erschien im Nominativ, dem Fall des aktiv Handelnden, was traditionell ein Vorrecht nur für den Kaiser als alleinberechtigten Prägeherrn gewesen war. Nero erschien nur in zweitrangiger Position, als Sohn seiner Mutter mit dem Namensbestandteil »Caesar«, der später als Titel den

Thronfolger bezeichnen sollte. Erst auf der Rückseite ist der Princeps in eigenständiger Funktion genannt, aber im Dativ, dem Fall des passiv Empfangenden. Die Münze zeigte in aller Deutlichkeit die wahren Machtverhältnisse im Staat: Agrippina als oberste Prägeautorität ließ die Münzen schlagen, ihr Sohn wurde nur geehrt.

Abb. 15: Goldmünze des Nero und der Agrippina

Die aristokratische Männerwelt Roms staunte nicht schlecht über derlei weibliche Anmaßung, empfand diese Prägung als Skandal. Für den jungen Kaiser war sie eine Provokation, da die Münzen den politischen Ehrgeiz Agrippinas in einer für Nero sehr peinlichen Weise erkennbar gemacht hatten. Auch Seneca und Burrus, den beiden »Lenkern des jugendlichen Kaisers«, war die exponierte Machtstellung Agrippinas zunehmend ein Dorn im Auge, da auch sie ein ›Weiberregiment‹ als unrömisch erachteten.

## Persönliche Vorlieben contra Regierungsverantwortung

Burrus und Seneca waren bestrebt, mit Hilfe des jungen Kaisers zu den besten Traditionen des römischen Staates zurückzukehren, was sich jedoch als gar nicht so einfach erwies. Denn Nero fügte sich immer weniger in die ihm zugewiesene Herrscherrolle, entwickelte zunehmend ein unstandesgemäßes Eigenleben. War doch dem jungen Herrscher so gar nicht nach Regieren zumute. Anstatt sich auf seine Herrscherpflichten zu konzentrieren, widmete er sich seinen musischen Neigungen – und die nahmen den Kaiser gänzlich in Beschlag.

Viel mehr, als es bei einem jungen Mann seines Standes für schicklich befunden wurde, fühlte sich Nero zu den schöngeistigen Dingen hingezogen. Früh entdeckte er den Künstler und Sportler in sich, Neigungen, die einem römischen Aristokraten wenig anstanden. Grundsätzlich war die Begeisterung für diese Betätigungsfelder in

Rom zunächst nichts Verwerfliches, sofern man diese nicht aktiv in der Öffentlichkeit ausübte. Die Paläste der römischen Oberschicht waren voll mit griechischen Plastiken und anderen Kunstwerken, und bei geselligem Beisammensein erfreute man sich an Musik und Tanz. Keinem halbwegs vernünftigen *nobilis* wäre es allerdings in den Sinn gekommen, diese Kunstrichtungen selbst aktiv auszuüben, und schon gar nicht *coram publico*. Poetisches trug man im Privaten vor, rezitierte Werke im Familienkreis, allenfalls in halböffentlichen Zirkeln von Gleichrangigen, niemals jedoch in der Öffentlichkeit. Und hier lag der Stein des Anstößigen: Neros exhibitionistischer Drang, seine unstandesgemäßen Neigungen öffentlich zur Schau zu stellen.

Die beiden »Lenker der kaiserlichen Jugend« sahen sich daher in der Folgezeit zu immer größeren Zugeständnissen in jenem Bereich genötigt, für den Tacitus die Formel »erlaubte Vergnügungen« verwendete. Hierzu gehörte etwa die leidenschaftliche Affäre des Kaisers mit der ehemaligen Sklavin Acte, für die ihn seine Mutter harsch maßregelte. Seneca und Burrus duldeten das Verhältnis, bezogen im Mutter-Sohn-Konflikt also eindeutig Stellung für den jungen Princeps. Ihr Motiv war klar: Unter allen Umständen wollten sie den politischen Egotrip des weiblichen Alpha-Tieres stoppen und dessen Einfluß auf die Staatsgeschäfte beschneiden.

Unter die Kategorie der »erlaubten Vergnügungen« fielen vor allem aber auch Neros musische Betätigungen. Bald nachdem der siebzehnjährige Kaiser den Purpur übergestreift hatte, zitierte er Terpnus, den größten Lyravirtuosen jener Zeit, zu sich, um sich von ihm mehrmals in der Woche bis in die Nacht hinein vorsingen zu lassen. Später begann er, unter den Augen seines Lehrmeisters selbst zu üben, und befolgte peinlich genau dessen Anweisungen.

## Die Leiden des jungen Nero

Zur Vervollkommnung seiner künstlerischen Fähigkeiten verwandte Nero viel Zeit und nahm dabei allerlei Strapazen auf sich; keine Anstrengung war ihm zu viel. So legte er sich zur Entfaltung seiner Stimme schwere Bleiplatten auf die Brust, absolvierte Übungen zur Kräftigung seiner Stimmbänder und übte sich in Atemtechniken.

Eiserne Disziplin wahrte er auch bei der Ernährung, hielt strenge Diät und vermied sorgsam jene Speisen, die seiner Stimmentwicklung abträglich sein könnten. So schmähte er etwa Äpfel, weil man diese als schädlich für die Stimmbänder erachtete. Getrocknete Feigen hingegen aß er in Mengen wegen ihrer angeblich gesangsfördernden Wirkung. Neros Ernährungsplan nimmt sich aus heutiger Sicht recht skurril aus: So aß er an bestimmten Tagen im Monat kein Brot. Und da alle Gemüse aus der Familie der Zwiebeln für den Sänger als gut galten, nahm er an gewissen Tagen nichts weiter als in Öl eingelegten Schnittlauch zu sich. Da tut es gut zu wissen, daß der Kaiser – der laut Sueton auch an Körpergeruch litt – nicht nur sein Badewasser, sondern auch die Hände und Fußsohlen zu parfümieren pflegte.

Wer als Künstler reüssieren wollte, mußte natürlich auch auf sein Äußeres achten, vor allem auf das Gewicht. Um dieses niedrig zu halten, griff er Sueton zufolge nicht selten zu Klistieren und Brechmitteln.

### Flucht in eine andere Welt

Die Unreife Neros war das eine, die Herrschsucht Agrippinas das andere, was Seneca und Burrus zunehmend Sorgen bereitete. Für Konfliktstoff sorgten vor allem die wachsenden Spannungen zwischen Mutter und Sohn. Immer unerträglicher empfand der um die Entwicklung seiner eigenständigen Persönlichkeit ringende Jungkaiser die ständige Bevormundung seiner Mutter und ihre ewigen Nörgeleien an allem, was er tat. Und während seine allmächtige Übermutter ihn pausenlos herumkommandierte, erzieherische Maßregelungen erteilte und sich in sein Privatleben einmischte, versuchte sein väterlicher Mentor zu allem Überdruß auch noch einen verantwortungsbewußten Herrscher aus ihm zu machen. Dieser doppelte Erziehungsdruck – man könnte es auch als Fremdbestimmung bezeichnen – nährte in ihm eine offene Abneigung gegen seine nähere Umgebung, ja gegen das System als Ganzes.

Immer schriller äußerte sich das Aufbegehren des jungen Mannes gegen das gesellschaftliche Korsett, in das ihn Mutter und Erzieher zu zwängen trachteten. Wagenrennen, für einen jungen Mann sei-

nes Standes verpönt, bildeten genauso ein Ventil für sein Protestver-
halten wie seine nächtlichen Streifzüge durch die Halbwelt Roms.
Sueton weiß zu berichten, daß sich Nero zusammen mit anderen
Jugendlichen seines Standes bei Eintritt der Dunkelheit in Sklaven-
kleidern in einschlägigen Vierteln von Rom herumtrieb, Läden auf-
brach, Kneipen und Bordelle besuchte und dabei allerlei derbe Späße
trieb. So hatte er es sich zur Gewohnheit gemacht, Spätheimkehrer
zu verprügeln, auszurauben und anschließend in die Kloaken zu
werfen. Bei einem dieser Ausflüge kam es zu einem folgenschweren
Zwischenfall, der im klatschsüchtigen Rom für allerlei Gesprächsstoff sorgte. Eines Nachts befand sich der Senator Iulius Montanus
mit seiner Frau gerade auf dem Nachhauseweg, als plötzlich eine ver-
mummte Gestalt aus der Dunkelheit auftauchte und seine Gemahlin
unsittlich berührte.

Daraufhin schritt der erzürnte Ehemann zur Tat und prügelte auf
den Sittenstrolch ein. Als Montanus jedoch im Laufe des Handge-
menges dem Angreifer die Kapuze vom Kopf riß, staunte er nicht
schlecht, als ihm gewahr wurde, daß der vermeintlich unverschämte
Sklave in Wirklichkeit der Kaiser höchstselbst war. Der resolute
Senator machte jetzt jedoch einen entscheidenden Fehler. Anstatt so
zu tun, als ob er den Kaiser nicht erkannt hätte, bereute er seine Tat
zutiefst und flehte diesen ob seines Versehens um Gnade an. Diese
konnte ihm der enttarnte Kaiser jedoch keineswegs gewähren. Montanus wurde tags darauf wegen angeblicher Majestätsbeleidigung
zum Tode verurteilt. Seit diesem Vorfall wagte sich Nero nur noch in
Begleitung schlagkräftiger Unterstützung, Soldaten oder Gladiatoren, auf die Straße, die ihm in genügendem Abstand und inkognito
folgten.

### Tödliche Emanzipation

Mit Hilfe von Seneca und Burrus begann sich Nero allmählich von
dem übermächtigen Schatten seiner Mutter zu befreien und ihren
Einfluß im Staate zu beschneiden. Zunächst wurde Pallas, Agrippinas
treuester Paladin, entlassen, dann die Kaisermutter selbst vom Palatin
verbannt. Nach und nach wurden ihr Privilegien entzogen, darunter
auch die germanische Leibwache, ›baumlange Kerls‹, die sich neben

ihrer Bedeutung als kaiserliche Bodyguards seit Augustus zu einem Symbol der monarchischen Herrschaft entwickelt hatten. Agrippinas Präsenz in der Öffentlichkeit wurde immer stärker eingeschränkt. Ihren schwindenden Einfluß am Hof konnten die Zeitgenossen auch anhand der Münzen ablesen, denn Agrippinas Konterfei erschien im Laufe des Jahres 55 n. Chr. nur noch auf der Rückseite, bis es schließlich ganz von der Bildfläche verschwand.

Agrippina setzte alles daran, verlorenes Terrain zurückzugewinnen. Als alles Werben nichts half, verlor sie die Beherrschung. Unbarmherzig richtete sich ihr Zorn gegen all jene, die sie für ihren Machtverlust verantwortlich machte, beschimpfte den stolzen Burrus als Krüppel und Seneca als ehrgeizigen akademischen Schwätzer. Blind vor Wut las sie auch ihrem undankbaren Sohn die Leviten und lobte in einem unbeherrschten Moment den Britannicus als wahren und würdigen Nachfolger des Claudius. Mit diesen Worten besiegelte Agrippina den Untergang ihres Stiefsohnes, ihren eigenen leitete sie ein. Seit diesem Zeitpunkt war das Verhältnis zwischen Mutter und Sohn irreparabel zerstört. Nero ließ seinen Stiefbruder während eines kaiserlichen Gastmahls vergiften – die offizielle Stellungnahme lautete, daß der Prinz an einem epileptischen Anfall gestorben sei. Wer zweifelte an dieser Version, dessen Bedenken konnte man leicht mit dem Hinweis auf die Geschichte Roms zerstreuen, stand doch an dessen Anfang auch ein Brudermord. Der Mythos von Romulus und Remus ließ sich geradezu als eine realpolitische Begründung gebrauchen.

## Weibliche Konkurrenz

»Mit einem herausragenden Ehebruch begann in diesem Jahr großes Unheil für den Staat«, mit diesem düsteren Satz beginnt Tacitus seine Schilderungen des Jahres 58 n. Chr. Wiederum war es eine Frau, die Neros Leben eine Wendung gab: Poppaea Sabina, eine stadtbekannte, in größtem Luxus lebende Schönheit, die laut dem Historiker alles hatte, nur keine Moral. Aufmerksam wurde Nero auf die Schönheit durch deren Ehemann, M. Salvius Otho, der zu den großen Lebenskünstlern und -genießern gehörte, die die neronische Ära so zahlreich aufwies. Als Zechbruder und Günstling des Kaisers war er häufig Gast bei dessen Banketten. Dort hatte er einmal zu vorgerückter Stunde aus dem ehelichen Nähkästchen geplaudert und, wie so oft bei Männergesprächen, mit den weiblichen Vorzügen seiner Gattin geprahlt. Unbedachte Worte, mit denen Otho das Interesse des jungen Princeps an Poppaea geweckt hat. Der Fortgang der Geschichte: Otho zahlte für seine allzu große Leutseligkeit einen hohen Preis. Er wurde auf einen entlegenen Statthalterposten versetzt, während Nero Poppaea Sabina zur Geliebten, später zu seiner Frau nahm.

Die antiken Quellen schildern sie als eine äußerst ehrgeizige und intrigante Frau, die durch ihre außergewöhnliche Schönheit und durch ihr extravagantes Auftreten die Blicke der Männerwelt auf sich zog. Berühmt war sie aber auch für ihre gepflegte äußere Erscheinung, ihr bernsteinfarbenes Haar und weichen Gesichtszüge. Täglich soll sie in der Milch von fünfhundert trächtigen Eselinnen gebadet haben, damit ihre Haut straff und geschmeidig blieb. Überhaupt muß Poppaea Sabina eine sehr modebewußte Frau gewesen sein, die dem römischen Satirendichter Iuvenal (60–140 n. Chr.) zufolge Kosmetika und Schönheitscremes selbst herstellte und auch gerne mit ihrer Frisur experimentierte. Plinius der Ältere, dem 79 n. Chr. beim Ausbruch des Vesuvs sein Forschergeist zum Verhängnis wurde, weiß zu berichten, daß sie mit ihrer elfenbeinfarbenen Haarpracht einen entsprechenden Modetrend in den Kreisen der weiblichen Aristokratie schuf. Ohne Zweifel, Poppaea Sabina gehörte zu jenen Frauen Roms, nach denen ein Mann sich auf dem Forum auch zweimal umdrehte. Sechs Jahre älter als Nero und durch zwei Ehen dem jungen Kaiser an Lebens- und Liebeserfahrung weit voraus, wußte die in der Blüte ihres Frauseins stehende Schönheit den jungen Kaiser in ihren Bann zu ziehen. Sie tat es mit einer Mischung aus Unschuld vom Lande und laszivem Vamp, vornehmer Zurückhaltung und betonter Zuschaustellung ihrer weiblichen Reize. Sex als Waffe zur Förderung der eigenen Karriere, das war seit den Tagen Messalinas nichts Außergewöhnliches mehr.

Poppaea Sabina war aus anderem Holz geschnitzt als Octavia, die spröde Gemahlin Neros, oder die bescheidene Freigelassene Acte, dessen Mätresse. Sie forderte als Lohn für ihre Reize den höchsten Rang, die Stellung als Kaiserin. Ihr Machtstreben stand dem der Agrippina in nichts nach, und so nötigte ihr Erscheinen den Kaiser zu der Wahl, entweder ihr zu entsagen oder sowohl die Mutter als auch die Gemahlin zu beseitigen. Poppaea beschimpfte und verspottete Nero, dessen Liebe zu ihr immer heftiger entbrannte. Er sei ein unmündiges, fremden Befehlen höriges Kind, abhängig vom Willen seiner Mutter, die ihn genauso nach Belieben dominiere wie vormals seinen zu Nachgiebigkeit neigenden Stiefvater. Ja, er erfreue sich nicht einmal der Freiheit, geschweige denn der Macht. Derlei Reden richteten sich vor allem gegen Agrippina.

Diese wußte aus eigener Erfahrung, wozu weiblicher Ehrgeiz imstande ist, beobachtete mit Entsetzen, wie sich mit Poppaea Sabina eine weitere Instanz zwischen sie und ihren Sohn drängte, und zwar eine weibliche, gesellschaftlich ebenbürtig, an Machtwillen gleich stark. Sie, die mit und durch ihren Sohn herrschen wollte, mußte jetzt befürchten, daß Nero ihr gänzlich entglitt. Sie hatte zwar ihren direkten politischen Einfluß verloren, nicht aber ihren Einfluß auf Nero, den sie mit allen Mitteln geltend machen wollte. In dieser Situation, so behaupteten böse Zungen, soll sie einen letzten, ungeheuerlichen Versuch gemacht haben: Sie habe sich ihrem Sohn in verführerischer Aufmachung zur Blutschande angeboten.

Spätestens nach diesem inzestuösen Annäherungsversuch war Nero klar geworden, daß seine Mutter auch weiterhin versuchen würde, Macht über ihn auszuüben. Diese Frau war so stark, ihr Wille so zwingend, daß er sich ihrer nicht durch Verbannung oder auf andere Weise entledigen konnte, daß er sie, um selbständig und Herr seiner Entschlüsse zu sein, töten mußte. Es war ein Psychodrama, das sich im Jahre 59 n. Chr. im römischen Kaiserpalast abspielte. Erleichtert wurde das Entsetzliche dadurch, daß man im rechenschaftsfreien Bezirk des Hofes so viel Übung im Töten hatte, auch im Töten der nächsten Angehörigen: Agrippina, das Opfer, gab mit Gattenmord und anderen Auftragsmorden das Beispiel, und Nero, der Täter, hatte bereits durch die Beseitigung seines Stiefbruders eine Probe seines Könnens abgelegt.

## Die Todesbarke des Anicetus

Im Frühjahr des Jahres 59 n. Chr. faßte Nero den Entschluß, Agrippina zu töten. Seneca und Burrus, die diese grässliche Tat sicherlich aus moralischen Gründen ablehnen würden, wurden nicht in die

Pläne eingeweiht. Nero hatte lange nach dem geeigneten Mittel gesucht: Offene Gewalt schien wegen des hohen Ansehens, das Agrippina als Tochter des Germanicus bei den Prätorianern genoß, gefährlich. Ein Giftmord, die naheliegendste Variante, scheiterte an der Tatsache, daß die in Verbrechen erfahrene und stets wachsame Agrippina sich durch die Einnahme von schwach dosierten Giften weitgehend immunisiert hatte. Zunächst versuchte man Agrippina in ihrem Schlafgemach durch eine herabstürzende Decke zu töten, doch der Plan wurde vereitelt. Als alles nichts half, wandte sich Nero an seinen früheren Erzieher Anicetus, jetzt Kommandeur der Misenischen Flotte – ein Mann ohne jegliche moralische Skrupel. Dieser wartete mit einem tollkühnen Plan auf. Er schlug Nero die Konstruktion eines Schiffes vor, dessen Planken sich auf offener See lösen sollten. Gleichzeitig sollte die Kajüte so präpariert sein, daß beim Auseinanderbrechen des Schiffes Agrippina von den herabstürzenden Balken ihrer Kabine erschlagen werden würde.

Zur Ausführung des Mordanschlags lud Nero seine Mutter zu den *Quinquatrus*, einem im März zu Ehren der Göttin Minvera gefeierten Fest, ins kampanische Bauli zu einem Versöhnungsgespräch. Die vorsichtige Mutter willigte ein, hielt es aber für ratsam, ihr eigenes Schiff für die Fahrt von Antium zum Golf von Neapel zu nehmen. Dort angekommen, begrüßte Nero seine Mutter aufs herzlichste und ließ ihr auch sonst jegliche Ehrerbietung zukommen. Wir wissen nicht, was sich die beiden an diesem Abend gesagt haben. Auf jeden Fall scheint es dem jungen Kaiser, der ja bekanntlich ein guter Schauspieler war, gelungen zu sein, bei seiner Mutter anfängliche Bedenken zu zerstreuen. Sie tafelten bis tief in die Nacht, die todgeweihte Kaisermutter und der kaiserliche Orest.

In der Zwischenzeit war die Liburne, mit der Agrippina von Antium gekommen war, wie durch eine zufällige Havarie beschädigt worden. Großzügig bot Nero daher seiner ahnungslosen Mutter ein eigens für sie bereitgestelltes Schiff an, das sie wohlbehütet über den Golf von Neapel zu ihrem Landsitz zurückbringen sollte. Nach einer herzlichen Umarmung bestieg Agrippina die Todesbarke. Laut Cassius Dio soll Nero ihr in perfidester Heuchelei zum Abschied noch zugerufen haben: »Für Dich lebe ich, durch Dich regiere ich.« Als sich das Schiff dann in tieferem Gewässer befand, stürzte auf ein ver-

abredetes Zeichen das durch Blei beschwerte Dach der Kajüte ein
und begrub einen von Agrippinas Begleitern unter sich. Agrippina
und ihre Kammerzofe Acceronia blieben, wie durch Götterhand
beschützt, unversehrt. Denn das Gestell ihres Ruhebettes hatte der
Last des einstürzenden Daches standgehalten. Als nun auch noch
das Schiff nicht, wie ursprünglich geplant, auseinanderbrach, versuchten es einige Ruderer auf die Seite zu legen und zum Kentern zu
bringen. Erst jetzt, nach dem ersten Schreck, stellte Agrippina mit
Entsetzen fest, daß das Schiff nicht gerettet, sondern versenkt werden
sollte. Letzte Zweifel daran, daß das ganze Spektakel ihr galt und ihr
verräterischer Sohn dahinter steckte, schwanden, als sie mitansehen
mußte, wie die Häscher des Anicetus mit ihren Ruderstangen auf die
im Wasser schwimmende Acceronia einschlugen und tödlich verletzten. Diese hatte sich nämlich in der Hoffnung, schneller gerettet zu
werden, durch aufgeregtes Schreien als Agrippina ausgegeben.
Agrippina, leicht an der Schulter verletzt, schwamm zunächst in
Richtung Ufer, wurde dann von Fischerbooten aufgenommen und
in ihre Villa nach Bauli gebracht.

## Des Dramas letzter Akt – der Muttermord

Agrippina war sich des Ernstes der Lage bewußt, nur durch eine
glückliche Fügung des Schicksals war sie dem Attentat entkommen.
Ihr Sohn hatte den Rubikon der Zurückhaltung überschritten, ein
Zurück gab es für ihn nicht mehr, der nächste Anschlag war nur eine
Frage der Zeit. Um ihren Kopf vielleicht doch noch aus der Schlinge
zu ziehen, sah sie den einzigen Ausweg darin, die Unwissende zu
mimen und so zu tun, als sei das Ganze wirklich nur ein tragischer
Unfall gewesen. Deshalb schickte sie ihren Freigelassenen Agermus
zu Nero, um diesen über die glückliche Rettung seiner Mutter zu
informieren.

Nero, der den Rest der Nacht in ängstlicher Spannung durch-
wachte und auf die Nachricht vom Ausgang des Attentats wartete,
stürzte die Kunde von der Rettung seiner Mutter in blankes Entsetzen. Wie so oft in seinem Leben geriet er in Panik, fürchtete, daß
seine Mutter nun ihrerseits ihm nach dem Leben trachtete. Und wie
immer, wenn er mit seinem kaiserlichen Latein am Ende war, zog

er seine engsten Berater, Seneca und Burrus, hinzu, denen er bislang seine Pläne wohlweislich verschwiegen hatte. Dem Ernst der Lage entsprechend, mahnten beide zur Eile, um nicht selbst zum Spielball unberechenbarer Entwicklungen zu werden. Der Prätorianerpräfekt, der die Teilnahme der Garde an der Ermordung Agrippinas mit dem Hinweis auf den Treueeid, den die Prätorianer nicht nur dem Princeps, sondern dem gesamten Kaiserhaus geschworen hatten, vom Tisch wischte, riet dem Kaiser, sich an Anicetus zu wenden. Dieser solle vollenden, was er begonnen hatte. Noch während der Beratungen über das weitere Vorgehen traf Agrippinas Bote am Hofe ein und überbrachte, Iuppiter-sei-Dank, die Nachricht von der glücklichen Rettung seiner Herrin. Der Glücksbote kam für Nero wie gerufen. Denn kaum hatte dieser seine Stimme erhoben, ließ Nero heimlich einen Dolch neben ihm zu Boden fallen und ihn als Attentäter festnehmen. Sofort wurde der heimtückische ›Anschlagsversuch‹ publik gemacht: Agrippina habe einen Häscher ausgeschickt, um ihren Sohn, den römischen Kaiser, zu beseitigen. Jetzt hatte man endlich einen Vorwand, um offen gegen Agrippina vorzugehen.

Den Schlußpunkt unter dieses Kapitel menschlicher Abgründe setzten Anicetus' Flottensoldaten. Kurz vor Tagesanbruch verschafften sie sich Zugang zu Agrippinas Villa und drangen in ihr Schlafzimmer ein, wo sie eine gefaßte Frau vorfanden. Was sie denn wollten, fragte sie die Eindringlinge. Wenn es darum ginge, sich nach ihrem Befinden zu erkundigen, so sei sie wiederhergestellt. Wenn die Herren allerdings als Mörder kämen, so könne sie nicht glauben, daß ihr Sohn einen Muttermord befohlen habe. Wortlos umstellten Anicetus' Schergen ihr Bett und stachen auf die Wehrlose ein. Dabei soll sie einem Zenturio, der ihr den Todesstoß versetzen wollte, demonstrativ ihren Unterleib entgegengestreckt und ausgerufen haben: »Triff den Bauch«, der den Muttermörder hervorgebracht hat, könnte man sinngemäß ergänzen.

Wenn Nero geglaubt hatte, sich durch den Auftragsmord endgültig von seiner allmächtigen Übermutter befreien zu können, sah er sich getäuscht. Das Kainsmal des Muttermörders, das er auf der Stirn trug, wurde er nicht mehr los, ebensowenig wie die Erinnerung an Agrippina. Fast schon paranoid wähnte er sich vom mütterlichen Geist verfolgt und hatte überdies schreckliche Angst vor den Furien, jenen schrecklichen Rachegöttinnen, die aus dem Blute des Uranos entstanden waren. Der Mord hatte in der Persönlichkeit des Täters unauslöschliche Spuren hinterlassen. Die Tat, die ihn von seiner Mutter befreien sollte, nahm ihn gefangen. Sie setzte in ihm Energien frei, die tief in seinem Inneren verborgene Abgründe an die Oberfläche spülten. Dies sollten insbesondere Seneca und Burrus, die den Mord aus Gründen der Staatsräson gedeckt hatten, bald schmerzlich zu spüren bekommen.

## Der kaiserliche Wagenlenker

Nach der Ermordung seiner Mutter begann Nero sich allmählich aus der Umklammerung seiner Umgebung zu lösen und lebte nun immer ungehemmter seinen »unrömischen Enthusiasmus« aus. Offensichtlich haben es Seneca und Burrus anfänglich noch verstanden, ihn von seinem öffentlichen Debüt als Bühnenkünstler in Rom abzuhalten. Um den Wünschen und Neigungen des emotional extrem labilen Herrschers zumindest ein Stück weit nachzukommen, erlaubten sie ihm jedoch, sich in dem als weniger schändlich erachteten Metier des Wagenlenkers zu betätigen, allerdings in betont privater Atmosphäre. Hierzu wurde ein bereits unter Caligula errichtetes Übungsgelände im vatikanischen Tal wieder hergerichtet, wo der Kaiser zunächst einsam, später unter den Augen ausgesuchter Zuschauer seine Runden drehte. Ernst war es ihm mit seinen Aktivitäten als Wagenlenker, so ernst, daß er sich mit seinen vielbewunderten Idolen identifizierte. Das ging sogar so weit, daß er, nur um es ihren Gepflogenheiten gleich zu tun, Wildschweinmist in Wasser getrunken haben soll, wie Plinius der Ältere zu berichten weiß. Ob man mit diesem etwas außergewöhnlichen Gebräu das ›Tier im Manne‹ eines Wagenlenkers wecken, respektive einen rasanteren Fahrstil erzeugen wollte, sagt der ansonsten so auskunftsfreudige Plinius leider nicht.

Neros Leidenschaft für Pferderennen war schon früh ausgeprägt. Als Schuljunge schwärmte er für Pferde, stahl sich heimlich in den Circus Maximus und träumte von einer Karriere als Wagenlenker. Doch zunächst mußte der junge Nero erst einmal mit elfenbeinernen Figuren auf einem Spielbrett vorlieb nehmen. Seine Passion für diese Sportart war derart groß gewesen, daß seine Mutter ihm gar verbot, darüber zu sprechen. Sueton überliefert eine Episode, wonach Nero einem Mitschüler während des Unterrichts aufgeregt erzählte, wie ein verunglückter Wagenlenker viele Meter weit von seinem Pferd mitgeschleift wurde. Als ihn daraufhin sein Lehrer schimpfte, entgegnete der kleine Enthusiast mit einfallsreicher Schlagfertigkeit: Er habe von Hektor gesprochen, dessen Leichnam bekanntlich von Achill hinter seinem Pferd her in das Lager der Griechen geschleift worden war. Und auch später, als er endlich selbst Rosse in der Arena lenkte, bemühte er mythische Heroen zur Rechtfertigung seines Tuns. Haben nicht die alten Dichter Wagenrennen als wahrhaft königlichen Sport gepriesen, der auch den Göttern zur Ehre gereicht, pflegte er mit spitzfindiger Rhetorik zu fragen. Und schließlich war auch der Sonnengott ein berühmter Wagenlenker gewesen.

## Das ›Bartfest‹, Auftakt zu neuen Formen des Entertainments

Indessen war der Kaiser nicht nur an seinen persönlichen Auftritten interessiert. Er hegte den Wunsch, das Unterhaltungsprogramm in Rom generell in zivilisiertere Bahnen zu lenken; weg von den blutigen Gemetzeln in der Arena und hin zu kultivierteren Formen des gesellschaftlichen Entertainments. Mehrfach wird berichtet, daß der kunstsinnige Kaiser seiner inneren Überzeugung folgend Gladiatoren begnadigte. Und entsprechend seiner eigenen künstlerischen Neigung war ihm daran gelegen, Spiele nach griechischer Manier, also musische und athletische Wettkämpfe, in Rom dauerhaft einzuführen. Den Anfang machte Nero 59 n. Chr., als er anläßlich der Niederlegung seines ersten Bartes die *Iuvenalia* feiern ließ. Dieses Fest, das die männliche Selbständigkeit eines adligen Sprosses markierte, wurde gemeinhin im kleinen Familienkreis begangen. Jetzt machte Nero daraus eine halböffentliche Feier mit Aufführungen in lateinischer und griechischer Sprache. Zunächst wurden die im Rahmen eines Stieropfers abrasierten Barthaare in eine goldene Kapsel gelegt und dem Kapitolinischen Iuppiter geweiht. Im Anschluß daran ließ er in den kaiserlichen Gärten jenseits des Tibers mehrtägige Spiele abhalten. Tragödien, Mimusstücke und erotische Tanzdarbietungen begeisterten die Zuschauer, allen voran die Soloeinlage der hochbetagten Matrone Aelia Catella. Weniger amüsiert über derart entwürdigende Darbietungen war Tacitus. Ihn störte vor allem, daß beim ›Bartfest‹ keine Berufskünstler auftraten, sondern Männer und Frauen vornehmen Standes – Senatoren, Konsulare und betagte Matronen. Einige hätten geradezu darum gebuhlt, vor den Augen des Kaisers als Bühnenkünstler aufzutreten. Andere wiederum kamen dem kaiserlichen Wunsch nur widerwillig nach. Sie versuchten mit Masken ihre Identität zu verbergen, traten sozusagen inkognito auf, um so ihr Ehrgefühl wahren zu können. Cassius Dio berichtet, daß Nero die senatorischen Darsteller bei einem dieser Anlässe angewiesen hatte, nach Beendigung der Vorführung die Masken abzulegen. Für die Demaskierten eine unsägliche Blamage und soziale Deklassierung, denn sie verloren ihr Gesicht, gerade weil sie es zeigten. Nero dagegen hatte da weniger Probleme, seine wahre Identität preiszugeben, denn schließlich bekannte er sich öffentlich zu seinem Tun als Schauspieler. Er trug bei seinen Bühnenauftritten eine Maske mit den eigenen Gesichtszügen und später dann, wenn er weibliche Rollen spielte, die seiner zweiten Ehefrau Poppaea Sabina.

### Unehrenhaftes Metier

Um sich aus heutiger Sicht der Ungeheuerlichkeit dieses Vorgangs überhaupt bewußt zu werden, muß man sich vor Augen führen, was es im alten Rom bedeutete, als Schauspieler aufzutreten. Als der jüngere Plinius 100 n. Chr. seinen Lobpreis auf Kaiser Trajan verfaßte, stellte er dessen beispielhafte Herrschaft derjenigen seiner Vorgänger gegenüber. Unter diesen galt ihm Nero als der Verabscheuungswürdigste. Begründung: Nero sei ein *imperator scaenicus*, ein Bühnenkaiser.

Schauspieler galten in Rom ähnlich wie Gladiatoren und Prostituierte als ehrlos und verabscheuungswürdig. Ihr geringes gesellschaftliches Ansehen rührte daher, daß sie mit ihrem Körper Geld verdienten. Klassifiziert mit unehrenhaft entlassenen Soldaten, Bigamisten und Betrügern standen sie auf der untersten Stufe der römischen Gesellschaftspyramide, weshalb ihnen auch elementare Bürgerrechte verweigert wurden. So war es ihnen unter Strafe verboten, römische Bürger zu heiraten, bei Beamtenwahlen zu kandidieren oder auch nur zur Urne zu schreiten. Und auch der Schutz vor körperlicher Gewalt durch einen römischen Magistraten, ein wesentliches Kennzeichen des römischen Bürgerrechts, galt für sie nicht. Wie sollte man auch jemandem vertrauen, der seinen eigenen Körper verkaufte, und sich dabei auch noch verstellte?

Ferner haftete der Schauspielerzunft etwas unrömisch Feminines an. Moralapostel wie der Kirchenvater Tertullian (160–220 n. Chr.) beklagten bei männlichen Schauspielern, daß sie in weibliche Rollen schlüpften und täuschend echt in effeminiertem Tonfall, Habitus und Aussehen spielten. Und der römische Satirendichter Iuvenal, bekannt für seinen beißenden Spott, mokierte sich über die Fähigkeiten eines Schauspielers, bei dem man hätte denken können, er habe auch noch weibliche Genitalien: »Leer und glatt, meinst du, ist alles unterhalb des Bäuchleins und mit einem dünnen Spalt geöffnet.« Einige Vertreter aus dem konservativen Lager sahen in dem Weibischen eine ernsthafte Bedrohung für die römische Mannhaftigkeit. Allerdings muß man auch hier Abstriche machen, da Einzelmeinungen – vor allem von aristokratischer Seite geäußert – nicht immer die tatsächlichen Verhältnisse und Einstellungen der Zeit wiedergeben. Zumal gerade die neronische Epoche als eine Zeit geistigen und kulturellen Wandels bekannt ist. Hatte ein Senatsbeschluß aus dem Jahre 19 n. Chr. noch die Schauspielerei sowie die Tätigkeit als Rennfahrer und Gladiator für Leute von Stand unter harte Strafe gestellt, so hatten sich diese Restriktionen allmählich gelockert. Für Söhne aus gutem Hause war es der absolute Kick, aus der wohlbehüteten familiären Umgebung auszubrechen und als Gladiator in der Arena aufzutreten oder peitscheschwingend in der Rennbahn die Zügel zu führen. Keine vierzig Jahre später, eben unter Nero, waren solche Ausflüge in die Welt des Verruchten gang und gäbe.

Gleichwohl galt selbst unter veränderten gesellschaftlichen Rahmenbedingungen der Auftritt eines römischen Aristokraten auf der Theaterbühne als äußerst unschicklich, ganz zu schweigen von dem des obersten Repräsentanten des Römischen Reiches. Denn wenn sich nun die Person, die die ehrenhafteste aller Römer sein sollte, mit den Unehrenhaftesten der Gesellschaft identifizierte, dann stellte dies die soziale Ordnung auf den Kopf – darin lag die Ungeheuerlichkeit von Neros Bühnenauftritten. Den kaiserlichen Musikus focht das alles nicht an. Sein sehnlichster Wunsch war es, als Schauspieler oder Sänger vor einem großen Publikum zu brillieren, und hierbei wollte er nicht als Dilettant betrachtet, sondern als professioneller Künstler anerkannt werden.

Als krönender Abschluß der *Iuvenalia* gab sich der Kaiser die Ehre, griff zur Kithara und trug, umringt von einer Hundertschaft seiner Leibgarde, sorgfältig einstudierte Gesangsstücke vor. Für Applaus war gesorgt, denn er hatte seine Fans gleich mitgebracht. *Augustiani* nannte man diese geschulten Beifallklatscher, die ihren Popstar frenetisch feierten. Diese Claque von über 5000 Personen rekrutierte sich zu einem Gutteil aus jungen Männern aus dem Ritterstand, die nach dem Vorbild des Theaterpublikums von Alexandria Beifall in allerlei akustischen Variationen zu bieten hatten. Nero ließ sich diese Unterstützung einiges kosten. Glaubt man Sueton, erhielten die Claqueure bei jedem Auftritt des Kaisers insgesamt 400 000 Sesterzen ausbezahlt – ein recht erklecklicher Betrag für derlei Dienste. Seneca und Burrus beobachteten das ganze Treiben mit gemischten Gefühlen oder, wie es Tacitus lapidar zum Ausdruck bringt, »bekümmert und voll des Lobes.« Auf jeden Fall nahmen Neros künstlerische Neigungen immer exzentrischere Formen an.

## Nero, der Künstler

»Den Mord an deiner Frau und deiner Mutter sowie den Brand unseres geliebten Rom mag ich dir verzeihen, aber eines kann ich dir nicht vergeben: Die Langeweile beim Anhören deiner Verse, deiner zweitklassigen Lieder, deiner mittelmäßigen Schauspielerei […]. Verstümmele deine Untergebenen, wenn du mußt […], aber mit meinem letzten Atem flehe ich dich an, verstümmle nicht mehr die Künste.« Mit diesen Worten aus dem Abschiedsbrief des C. Petronius Arbiter in Marvyn LeRoys Sandalenfilm »Quo vadis« provozierte der aus dem Leben scheidende Dichter jenen berühmt berüchtigten Zornesausbruch Neros, der wie von einer Tarantel gestochen hochfuhr und blindwütig Todesdrohungen gegen dessen Sippe ausstieß. Scheinbar, so vermittelt es uns jedenfalls der Film, hatte Petronius mit seiner Rede den Nerv des Kaisers getroffen. Einige Bandmeter Film zuvor war der intellektuelle Lebemann noch Augenzeuge eines ganz besonderen Schauspiels geworden, als nämlich der Kaiser vor der Kulisse des brennenden Rom zur Kithara griff und von den Zinnen seines Palastes herab in larmoyantem Tonfall sein eigenes Epos vom Brand Trojas anstimmte. Damit bediente der Regisseur recht publikumswirksam das Klischee vom dilettantischen Künstlerkaiser. Das moderne Bild vom ›Künstler‹ Nero war geboren, und Peter Ustinov hatte ihm ein unverwechselbares Gesicht verliehen. Doch hier irrte die Regie von »Quo vadis«, denn die Realität sah ganz anders aus.

Nero war beileibe nicht der skurrile Stümper, wie ihn Peter Ustinov verkörperte, kein »gekrönter Schutzpatron des Dilettantismus« oder »lausiger Schmierenkomödiant«, wie ihn Hugo von Hofmannsthal (1874–1929) oder Friedrich Nietzsche (1844–1900) geringschätzig nannten, sondern ein Mann mit durchaus künstlerischem Talent. Dieses bescheinigen ihm die antiken Autoren fast durchgängig. Sie schildern ihn als vielseitig begabte Person, die ihre Profession als Künstler sehr ernst nahm und dementsprechend viel Energie und Zeit darauf verwandte, um ein erfolgreicher Sänger, Lyra- und Schauspieler zu werden. Martial (um 40–104 n. Chr.), der ansonsten über Nero nichts Gutes zu berichten weiß, äußerte sich als Mann vom Fach anerkennend über Neros Poesie.

Doch Nero griff nicht nur nach der Kithara, sondern auch zur Feder und schrieb seine Gesangsstücke selbst. Vorzugsweise waren es orgiastische Themen, derer er sich annahm, wie etwa der des syrischen Gottes Attis, der sich in Ekstase selbst entmannte, daraufhin starb und wieder auferstand. Er verfaßte auch ein Gedicht über den trojanischen Krieg, das aber leider verlorengegangen ist. Für Troja hatte sich Nero schon immer interessiert, um seiner Abstammung von Augustus und von Caesar Nachdruck zu verleihen, denn die Iulier leiteten sich von dem Trojaner Aeneas ab. Über Neros literarische Bearbeitung des Troja-Stoffes gibt es nur spärliche Informationen aus Parallelüberlieferungen. Dafür haben diese aber ein interessantes Detail für uns parat: In Neros Version erscheint – wie könnte es anders sein – auf trojanischer Seite nicht der martialische Hektor als Held, sondern der als verweichlicht geltende Frauenschwarm Paris. Nero sah in ihm den mißverstandenen Jüngling, der in einer Reihe von Ringkämpfen alle Bewerber besiegt, selbst den kraftvollen Hektor. Möglicherweise hat Nero hier in die Person des Paris seine eigene projiziert.

Vor allem im Bühnenfach wußte der kaiserliche Mime zu glänzen, wobei er besonders gern in tragische Rollen schlüpfte. Im griechischen Drama fand man derartige Partien am leichtesten bei Euripides, der Neros Lieblingsdichter wurde. In dessen Werken fand er den Stoff für seine melodramatischen Auftritte. Tragische, verzweifelte und schockierende Rollen, wie die des entmannten Attis, der sich in wilder Raserei selbst kastrierte, oder die des argivischen Sagenhelden Nauplios, dessen Sohn Palamedes im trojanischen Krieg von den Griechen geopfert wurde. Gern mimte Nero auch den blutschänderischen, geblendeten Ödipus, aber auch den Muttermörder Orest: Rollen, die er aufgrund seiner Biographie taktvollerweise besser vermieden hätte. Aber hier siegte wohl die Passion des Künstlers über die Vernunft, oder waren diese Rollen etwa Teil einer wohlinszenierten Selbststilisierung, mit der Nero seine eigenen Taten in die Welt des Mythos übersetzte? (vgl. S. 152).

Nicht weniger Vergnügen bereitete es ihm, einen Bettler, einen entlaufenen Sklaven oder einen Wahnsinnigen zu spielen. Diese Personen übten eine derart große Anziehungskraft auf ihn aus, daß er sich mit den Dargestellten gleichsam identifizierte und die Charaktere täuschend echt wiedergab. Als er einmal den »rasenden Herakles« mimte, der gerade in Ketten gelegt wurde, stürmte ein junger Prätorianerrekrut auf die Bühne, um seinem kaiserlichen Herrn zu Hilfe zu eilen. Nero liebte es aber auch, im Theaterrund Platz zu nehmen, sich zurückzulehnen und seinen Schauspielerkollegen zuzuschauen. Dabei konnte es ihm gar nicht authentisch genug zugehen; alles mußte möglichst wirklichkeitsnah erscheinen. Bemerkenswert an den Aufführungen dieser Zeit ist ein geradezu exhibitionistischer Bühnenrealismus. Dabei kam es des öfteren auch zu Zwischenfällen. Einmal stürzte bei einer besonders anspruchsvollen Aufführung des Mythos von Dädalus und Ikarus der fliegende Sohn direkt neben der Loge Neros zu Boden und befleckte den Kaiser mit seinem Blut.

Überhaupt wurden bei solchen Aufführungen moralische Grenzen negiert, Tabus aufgebrochen und Traditionen verletzt. Intimstes wurde hautnah auf die Bühne gebracht. So etwa bei einem Ballettstück, das den Liebesakt zwischen dem von Poseidon gesandten kretischen Stier und der Pasiphaë, der Gattin des Kreterkönigs Minos, darstellte – ein Zeugungsakt, aus dem bekanntlich das Fabelwesen des Minotauros hervorging. Im griechischen Mythos nimmt Pasiphaë zu diesem Zweck die Gestalt einer Kuh an.

## Patron des Philhellenentums

Im Jahr 60 n. Chr. entdeckte Nero den Hellenen in sich und führte nach griechischem Vorbild öffentliche Wettkämpfe für Reitkunst, Athletik und Musik ein. Die Spiele sollten alle fünf Jahre stattfinden und nach seinem Urheber *Neronia* heißen. Die Feiern begannen am 13. Oktober, dem Jahrestag der Thronbesteigung des Kaisers. Neros Geist schwebte über dem Ganzen, aber er trat diesmal nicht selbst auf, sondern ermunterte vielmehr die Senatoren zum Mitmachen. Vor allem die griechische Athletik, bei der die Teilnehmer nackt auftraten, provozierte die altrömisch gesinnten Naturen unter den Aristokraten. Hierfür hatte der Förderer alles Griechischen eigens auf dem Marsfeld ein neues Gymnasium (vom griechischen Wort *gymnazein*: »nackt kämpfen«) erbauen lassen, wo sich die Römer in den griechischen Sportarten ertüchtigen konnten. Nero schenkte Senatoren und Rittern das Öl zum Einreiben. Da diese es sich sicher hätten leisten können, das Öl zu kaufen, war die kaiserliche Freigiebigkeit als eine freundliche Aufforderung zu verstehen, sich ins Griechische vorzuwagen. Derartige Aktivitäten galten in römischen Kreisen allerdings als ›unrömisch‹. Tacitus bezeichnete sie als »hereingeholte Zuchtlosigkeiten«, welche die Sitten der Väter verdrängten, vor allem aber die römische Jugend verdürben, die sich in den Ringschulen »dem Müßiggang und schandbaren Liebesverhältnissen« hingebe.

Die römischen Aristokraten vermochten Neros demonstrativ zur Schau gestelltem Philhellenentum wenig abzugewinnen, vor allem dessen Versuch, griechische Lebenskultur von oben zu verordnen. Körperertüchtigung wurde von den Römern zwar geschätzt, aber sie sollte in Jagdtätigkeiten oder in Übungen aus dem Bereich der Militärausbildung bestehen. Die griechische Variante des Sports verfiel dem Verdikt der Verweichlichung und der Sittenverderbnis. Besonderen Anstoß erregte die Nacktheit beim Sport und die blühende Päderastie in den Ringschulen. Iuvenal, der um 100 n. Chr. zur Feder griff, beklagt sich bitter über die Überfremdung Roms durch Griechen oder hellenisierte Orientalen. Diese Ausländer, so der römische Satirendichter, buhlten um die Gunst der Patrone und besetzten Schlüsselpositionen am kaiserlichen Hof.

Der kynische Philosoph Demetrios, bekannt für sein loses Mundwerk, entdeckte eines Tages bei einem Rundgang durch das Gymnasium den Kaiser bei ganz ›unkaiserlichen‹ Aktivitäten. Nackt bis auf einen Lendenschurz, der Körper vor Öl triefend, absolvierte Nero lauthals singend sein Pensum als Ringer. Der Kaiser liebte diese Art der Körperertüchtigung. Stundenlang brachte er im Kreise der Athleten zu, rang selbst aktiv, fand aber auch großen Gefallen daran, den Muskelpaketen mit ihren glänzenden Leibern beim Kräftemessen zuzusehen. Seine Leidenschaft für alles Griechische artikulierte sich auch in seiner Kleidung. Nero zeigte sich in der Öffentlichkeit häufig in einem hell schimmernden griechischen Gewand. Dazu trug er ein Tuch um den Hals, aber weder Gürtel noch Schuhe, eine Tracht, die normal Frauen vorbehalten war. Gewagt war es auch, sich in der Öffentlichkeit in einer blumenverzierten Mini-Tunika, einem kurzen, ungegürteten Gewand mit Musselinkragen, zu präsentieren. Überspitzt könnte man sagen, daß das zur Mitte des 1. Jahrhunderts n. Chr. in Rom von höchster Stelle protegierte Philhellenentum in Nero seine idealtypische Verkörperung erfahren hat. Der deutsche Althistoriker Alfred Heuß nannte ihn deshalb einen »aufrichtigen Philhellenen«, der angeblich den Prinzipat des Augustus »in eine hellenistische Monarchie« verwandeln wollte.

Was Seneca und Burrus von den *Neronia* hielten, ob sie damals überhaupt noch die Möglichkeit hatten, auf die Entschlüsse des Kaisers einzuwirken, ist nicht bekannt. Auch sonst lassen die Quellen nichts über politische Maßnahmen der beiden Reichsverweser verlauten. Im Jahr 62 n. Chr. starb Burrus, und bald zog sich Seneca resigniert ins Privatleben zurück. Nero, von seiner stets fordernden Mutter befreit, bedurfte keines väterlichen Ratgebers mehr. Nero war nun sein eigener Herr, niemand bevormundet ihn mehr, weder seine Mutter noch sein väterlicher Ratgeber. In diesem Jahr, so schreibt der römische Geschichtsschreiber Cassius Dio, änderte das Regime seinen Charakter. Es war der Beginn von Neros Willkürherrschaft.

## Ein neues ›Kompetenzteam‹

Die diagnostizierte Wesensveränderung im Prinzipat des Nero hatte einen simplen Grund: Der Kaiser war sich auf einmal bewußt, welche Allmacht ihm seine Stellung gab. Stolz und aufgeblasen, weil niemand seinen Scheußlichkeiten widersprach, brüstete er sich damit, daß vor ihm noch kein Herrscher gewußt habe, was er sich alles erlauben könne. Und tatsächlich, ernsthafter Widerstand wurde ihm nicht entgegengebracht, auch nicht von den längst gleichgeschalteten Senatoren, die ihre Abneigung hinter einer Maske opportunistischen Kriechertums verbargen. Dies bestärkte den jungen Kaiser in der Ansicht, tun und lassen zu können, was er wolle. Ermuntert wurde er hierin von seinem neuen ›Kompetenzteam‹ am Hofe: Seiner ehrgeizigen und intriganten Gemahlin Poppaea Sabina, seinem neuen Prätorianerpräfekten C. Ofonius Tigellinus, einem grobschlächtigen und gesinnungslosen Menschen mit zweifelhafter Vergangenheit, und anderen zwielichtigen Gestalten, d. h. Günstlingen und Hofschranzen, die dem Kaiser der eigenen Karriere wegen stets nach dem Munde redeten. Besonders gefällig zeigte sich hierbei der ehemalige Rennpferdezüchter Tigellinus, der seine Gunst beim Kaiser zum großen Teil dem Ruf als Veranstalter von rauschenden Parties verdankte.

Die neuen Entscheidungshelfer, allen voran Tigellinus und Poppaea Sabina, gewannen nun immer mehr Einfluß auf Nero. Sie wußten, wie sie ihren Kaiser zu nehmen hatten: Anfällig für Schmeicheleien aller Art, war er leicht beeinfluß- und manipulierbar. Erst jetzt wurde Neros Regime gewissenlos. Der Kaiser selbst legte fortan ein immer tyrannischeres Gebaren an den Tag. Zusehens verlor er jegliches Gespür für Recht und Unrecht, für Grenzen, die – bei aller Freiheit – auch einem Monarchen gezogen sind. Opposition wurde nicht geduldet, aufkeimender Widerstand brutal von seinem Bluthund Tigellinus unterdrückt – dieser wurde auch sogleich von der Kette gelassen.

## Das Schicksal der Octavia

62 n. Chr. löste Nero die Ehe mit Octavia, seiner ungeliebten ersten Gemahlin, und heiratete seine Geliebte Poppaea Sabina, die nach Agrippinas Tod drei Jahre auf diese Erhöhung hatte warten müssen.

Bislang war Nero vor diesem Schritt zurückgeschreckt, da er nicht richtig einzuschätzen vermochte, wie der Senat, das Volk und die Prätorianer auf die Verstoßung der ungemein beliebten Octavia reagieren würden. Als er aber sah, daß seine Verbrechen wie Ruhmestaten aufgenommen wurden, verstieß er seine Gattin nach neunjähriger Ehe mit der Begründung, sie könne keine Kinder bekommen. Poppaea, die nun endgültig Oberwasser hatte, war niederträchtig genug, ein Ehebruchsverfahren gegen Octavia zu inszenieren. Doch der Versuch scheiterte an der Wahrhaftigkeit der Dienerschaft, die sich auch durch die Folter nicht brechen ließ. Eine ihrer Sklavinnen soll zu Tigellinus, der die Untersuchungen leitete, gesagt haben, »die Scham Octavias sei keuscher als sein Mund«. Jetzt wurde der Flottenpräfekt Anicetus, der seinerzeit Agrippina ins Jenseits befördert hatte, engagiert. Er bezeugte schließlich, daß Octavia ihn verführt habe, und Nero zögerte nicht, das falsche Geständnis in einem Erlaß vor aller Welt bekanntzugeben. Octavia wurde daraufhin in die Verbannung geschickt und kurze Zeit später ermordet.

Im gleichen Jahr begann der Kaiser ebenfalls gegen wirkliche oder auch potentielle Rivalen vorzugehen, Männer wie Rubellius Plautus, die durch Blutsbande mit dem Gründervater der iulisch-claudischen Dynastie verwandt waren. Und Nero war sehr gewissenhaft: Kein einziger dieser letzten Blutsverwandten des Augustus sollte ihn überleben. Parallel hierzu flammten auch die Prozesse gegen Majestätsbeleidigung wieder auf, und auch die Zahl der Hinrichtungen und Vermögenskonfiskationen nahm zu.

## Kaiserliche Gastmähler als Spiegelbild einer Gesellschaft

Je stärker Nero die Zügel seiner Herrschaft anzog, desto mehr ließ er sie bei sich schleifen. Befreit von den klugen staatsmännischen Ratschlägen Senecas genoß er das Leben in vollen Zügen. Und wenn er sich nicht im Wagenlenken übte, dichtete oder sang, gab er sich fleischlichen Genüssen hin – in doppeltem Sinne: an der Tafel und im Bett. Zunächst das Kulinarische!

Auch auf diesem Gebiet wollte er glänzen, wollte den Römern zeigen, daß die kaiserliche Eß- und Wohnkultur alles andere in den Schatten stellte. Hierzu holte er sich einen Mann an den Hof, der einer ganzen Epoche seinen Stempel aufdrückte: Titus Petronius Arbiter (37–68 n. Chr.), stadtbekannter Bonvivant und »Ombudsmann für verfeinerte Lebensart«. Diese Epoche, etwa um die Mitte des 1. Jahrhunderts n. Chr., galt schon in der Antike als eine Ära der nicht mehr zu überbietenden Verfeinerung des raffinierten Lebensstils. Nero war der Mäzen dieser Extravaganzen, Petronius sein Ideengeber. Mit ihm, dem kaiserlichen ›Hoflieferanten‹ für lukullische Tafelfreuden, erhielten die Bankette am Kaiserhof ein neues Kolorit. Im Gegensatz zu den bescheidenen Gastmählern unter Augustus wurden unter Nero die Festlichkeiten ins Opulente gesteigert und die Teilnehmerzahl der Tafelrunde beträchtlich erweitert. Auch zeitlich wurden die Bankette erheblich ausgedehnt: Getafelt wurde exzessiv, »von Mittag bis Mitternacht«, manchmal bis zum ersten Hahnenschrei. Des öfteren lud der Kaiser die Nomenklatura der Stadt zum Mahle, allerdings nicht, um sie wie Caligula zu beleidigen, sondern um sie zu verblüffen, ihr zu imponieren. Auffallen um jeden Preis, das war seine Devise, das entsprach ganz seinem Naturell.

Das Ambiente am Kaiserhof zählte zum allerfeinsten, was die Hauptstadt zu bieten hatte. Tische mit Platten aus mauretanischem Zitrusholz und Füßen aus alabasterfarbigem arabischen Onyx-Marmor oder andere, nicht weniger kostbare importierte Materialien aus dem gesamten Reich schmückten das kaiserliche *Triclinium*. Allein der Dekor aus Rosen soll bei solchen Anlässen schon mehr als vier Millionen Sesterze gekostet haben. Ebenso exquisit und extravagant wie das Interieur war das Tafelgeschirr der Schlemmerrunde. Smaragdbesetzte Trinkbecher, verziert mit unzweideutig anzüglichen Motiven oder in Form eines Phallus, waren ebenso Ausdruck einer fortgeschrittenen Dekadenz wie die Speisekarte. Darauf fanden sich Tiere aus aller Herren Länder: Kraniche von den Balearen, Schnecken aus Afrika, eingelegte Thunfische vom Hellespont, Makrelen aus Spanien, Fasane von der Schwarzmeerküste, Schneehühner aus den Alpen, Haselhühner aus Ionien, Pfauen aus Babylonien, Meerbarben aus dem Roten Meer, Austern aus Britannien. Auf den Tisch kamen auch Porree aus Ägypten, Salat aus dem kleinasiatischen Kappadokien, Rapunzel aus Germanien, Rettich aus Syrien und Käselaiber aus Gallien. Das Essen, eine durchkomponierte Abfolge raffiniert zubereiteter Gerichte, wurde vom Chefkoch persönlich zubereitet, dem wiederum zahlreiche Spezialisten, wie etwa Geflügelstopfer zur Hand gingen. Für den reibungslosen Ablauf des Gelages sorgte ein Tafelaufseher, der ein besonderes Auge darauf hatte, daß die Trancheure die Gerichte fachmännisch zerlegten, bevor diese von sorgfältig geschulten Servierern aufgetragen wurden.

## Nero, der Schlemmer

Das ›Große Fressen‹ begann mit einer reichhaltigen Palette von Vorspeisen, was unserem heutigen Hors d'œuvre entspricht. Daran schloß sich der überaus üppige Hauptgang an, der durch eine ausgesprochen variantenreiche Nachspeise abgerundet wurde. Die von Horaz kolportierte Redewendung »vom Ei bis zum Apfel« verdeutlicht die Reichhaltigkeit des Desserts. Das wahre Talent eines *chef de la cuisine* erwies sich in seiner Fähigkeit, ständig neue, überraschende Zubereitungsarten und raffinierte Dekorationen zu kreieren. Kein Gericht wurde aufgetragen, das nicht in spektakulärer Weise die Eßkultur inszenierte, denn das Auge aß mit bei den exquisiten Schlemmerrunden am Kaiserhof.

Eine ungefähre Vorstellung von dem Tafelluxus in neronischer Zeit vermittelt uns das berühmte »Gastmahl des Trimalchio«. Verfaßt wurde es von dem bereits genannten aristokratischen Lebemann Titus Petronius Arbiter in seinem satirischen Roman *Satyricon*, einer Verspottung von Reichtum und Dünkel im kaiserzeitlichen Rom. Darin gibt der Höfling Neros eine detaillierte Beschreibung eines verschwenderischen Festessens im Hause eines neureichen Emporkömmlings. Feinsinnig und mit zügellosem Witz persifliert er das aufgeblasene Gebaren der Gäste, deren Schwächen er schonungslos offenlegt. Ungebildetes Wesen, unerträgliche Aufgeblasenheit und groteske Geschmacklosigkeiten kennzeichneten diese ungehobelten Parvenüs, die riesige Mengen von Speisen hinunterschlingen, um durch hemmungslosen Konsum ihr übersteigertes Geltungsbedürfnis zu befriedigen.

## Zelebriertes Tafeln

Unbegrenzt schien der Einfallsreichtum, mit dem römische Meister-
köche ihre Schlemmerrunde zu verwöhnen wußten; wahre Kunstwerke zauberten diese ›Witzigmänner und Lafers der Antike‹ auf die
Tafel. Einer davon war Daedalus, der Chefkoch des besagten Trimalchio: Er drapierte Hasen mit Federn, spickte Quitten mit Dornen, so
daß sie Igel darstellten, ließ Bratwürste mit Plunzen aus dem Bauch
einer frischzubereiteten Sau herauskullern, die er kurz zuvor vor den
Augen der Gäste abgestochen hatte. Denn Frische war gefragt an der
Tafel des Trimalchio. Dazu servierte er in Krapfenteig ausgebackene
Pfaueneier, die in einem Korb aufgetragen wurden, in dem eine höl-
zerne Henne mit wie zum Brüten ausgebreiteten Flügeln saß. Ferner
kredenzte er den Schlemmerzungen einen mit Ferkeln aus Biskuit-
teig dekorierten Eber, aus dem beim Anschneiden lebende Drosseln
entflogen, und ließ gesottene Fische in einem Miniaturteich auftragen, die von kleinen Marsyasfiguren mit einer pikanten Fischsauce
beträufelt wurden. Ein besonderes Fest für das anzügliche Auge war
ein Tablett voller Kuchen, in deren Mitte ein vom Konditor gefertig-
ter Priapus stand, an dessen erigiertem Glied allerlei Früchte hingen.
Ein weiterer optischer Leckerbissen waren die sog. »Trojanischen
Schweine«, die beim Aufschneiden ein reichhaltiges Innenleben aus
zerschnittenem Huhn, Drosseln, Knackwürsten, entkernten Datteln,
Schnecken, Malven und allerlei Gemüse offenbarten.

## Das Große Fressen

Lagen solche kulinarischen Tafelfreuden noch im Bereich des gesell-
schaftlich Erlaubten, sprengte die bisweilen vulgäre Prasserei die
Grenzen des guten Geschmacks. Angewidert von der maßlosen Völlerei und zügellosen Genußsucht, übte Seneca harsche Kritik an der
Dekadenz seiner Standesgenossen, die Nahrungsmittel aus allen
Teilen des Reiches importierten, um sie in ihren »unersättlichen Mün-
dern« verschwinden zu lassen. Abfällig äußert er sich über deren
Angewohnheit, nur noch ganz exquisite Teile der Tiere aufzutragen,
Gourmethäppchen wie Flamingozungen oder filetierte Muränen. Als
verwerflich und maßlos degoutant galt ihm auch die immer mehr um
sich greifende Modeerscheinung, wonach sich die Schlemmer ihre

Häppchen mundgerecht von Dienern bei Tische zuführen ließen. Dann, so Senecas sarkastischer Kommentar, sollte man doch künftig die Speisen lieber gleich vorgekaut servieren, weil der Koch ja jetzt schon die Aufgabe der Zähne übernähme. Höchst unappetitlich und moralisch verwerflich sei es, wie eine degenerierte römische Haute-volee sich sinnlos ihre nimmersatten Bäuche vollstopfe, hernach ihre überstrapazierte Mägen entleere, um gleich darauf mit der Speiseauf-nahme fortzufahren.

Zu vorgerückter Stunde waberte eine eigenartige Wolke aus Essens-geruch, Körperschweiß und Erbrochenem über den Häuptern der Partygäste. Jetzt war es an der Zeit, dem unangenehmen Mief und Gestank den Garaus zu machen. Wie aus heiterem Himmel tat sich die Decke auf, aus der ein Reif auf die Schlemmerrunde herabschwebte, an dem kleine Flakons mit duftenden Essenzen hingen. Nach dieser kleinen Erfrischung wurde das bunte Treiben fortgesetzt, mit einem reichhaltigen Unterhaltungsprogramm, das die Schlemmenden bei Laune hielt. Zuständig hierfür war ein *procurator voluptatum*, eine Art *maître de plaisir*, der darauf achten mußte, daß bei den Darbietungen für jeden Geschmack etwas dabei war. Nero zum Beispiel konnte sich köstlich über den berühmten Vielfraß Arpocras amüsieren, der vier Tischtücher gleichzeitig verschlang und sie mit zerbrochenem Glas würzte. Allgemein beliebt waren aber auch laszive Bauchtanz-Ein-lagen, besonders spanischer Tänzerinnen, die mit Kastagnettenbe-gleitung »ihre üppigen Hüften lüstern in geübtem Zittern schwingen ließen«, wie Martial bemerkt. Das heizte die Stimmung an und Gott Bacchus tat sein Übriges. Schwerer Falernerwein, im Überschwang unverdünnt zu sich genommen, ließ so manch ehrbare Dame die Contenance verlieren.

Zeitgenössische Quellen sehen in den Gastmählern eine ideale Spielwiese für das freizügige Ausleben erotischer Wünsche und Phantasien. Der Dichter Horaz beschrieb das Gastmahl als geeigne-ten Ort für die Anbahnung einer Liebesbeziehung und für intime Treffen. Heftig kritisierte er, daß bereits die jungen Mädchen sich in allen möglichen Verführungskünsten üben und sich dann als Ehe-frauen erdreisteten, unter den an der Tafel ihrer Ehemänner versam-melten Gästen offen ihre Liebhaber auszuwählen und ihnen hastig »bei ausgelöschten Kerzen« verbotene Freuden zu schenken.

Viele nächtliche Zecher waren zu derart sportlichen Aktivitäten gar nicht mehr imstande. Bemitleidenswert waren jetzt die Diener, die die Speisen auftrugen, zumeist schöne Knaben mit depilierter, samtweicher Haut. Denn sie wurden zu den entwürdigensten Dienstleistungen herangezogen. Zu jeglicher Gefälligkeit verpflichtet, mußten sie den Gästen nicht nur beim Ausziehen der Sandalen zur Hand gehen und ihnen zwischen den Mahlzeiten Schüsselchen mit Wasser zum Reinigen der Hände reichen – nein, mit fortschreitender Dauer des Gelages mußten sie auch die Anzüglichkeiten aufdringlicher Gäste über sich ergehen lassen. Doch selbst das war noch nicht der Erniedrigung letzter Teil. Die Dienerschaft war ferner auch angewiesen, sich der Gäste, die sich bei der Völlerei übernommen hatten, anzunehmen und mußte deren Erbrochenes aufwischen und ihnen auch bei der Verrichtung der Notdurft unterstützend zur Hand gehen.

Seneca, der anfänglich den Gastmählern des Kaisers beiwohnte, vermochte derartige Auswüchse immer weniger zu ertragen und erbat schließlich mit dem Hinweis auf seine philosophischen Studien Befreiung von den Mahlzeiten. Für ihn war die dort an den Tag gelegte Verschwendung ein untrügliches »Indiz für die Erkrankung der Gesellschaft.«

### Säuisches Vergnügen

Wenn nun das personifizierte Gewissen, wie man Seneca auch nannte, in seiner stoischen Naivität gedacht hatte, daß derartige Zügellosigkeiten nicht mehr zu steigern waren, dann mußte er sich durch seinen Zögling eines Besseren belehren lassen. Denn Nero, der Meister der Selbstinszenierung, setzte noch eins drauf – er trug seine Hemmungslosigkeiten, die bis dahin privat gewesen waren, in die Öffentlichkeit. Hierzu lud er alle ein, an den Obszönitäten teilzunehmen. Inspiriert von Tigellinus, seinem ›Hoflieferanten‹ für sexuelle Ausschweifungen, ließ der Kaiser seine Gastmähler an öffentlichen Plätzen abhalten, verteilte sie über ganz Rom, so als »benutze er die ganze Stadt gleichsam als sein Haus«, wie Tacitus sagt. Er liebte es, so der Geschichtsschreiber weiter, vor einem großen Publikum zu speisen, auf dem Marsfeld oder im Circus Maximus, während ihn Dirnen aus der ganzen Stadt bedienten. Eines dieser *Outdoor-*

Gelage, das der Prätorianerpräfekt Tigellinus für seinen kaiserlichen Herrn organisierte, wird in den Quellen wegen seiner »vielberedeten Üppigkeit« ausführlich behandelt.

Hierzu ließ Neros getreuester Paladin auf dem See des Agrippa, der auf dem Marsfeld für Seeschlachten künstlich angelegt worden war, ein Floß bauen, auf dem das Gelage angerichtet war und das von anderen Schiffen gezogen werden konnte. »Die Schiffe«, so Tacitus, »waren mit Gold und Elfenbein verziert. Ruderer waren Lustknaben, die man entsprechend ihrem Alter und ihrer sexuellen Erfahrung verteilte. Geflügel und Wild hatte er aus entlegenen Ländern, Meerestiere sogar aus dem Ozean herkommen lassen. An den Ufern des Sees standen Bordelle voller vornehmer Frauen, und gegenüber ließen sich Dirnen mit nacktem Körper blicken. Schon sah man unzüchtige Gebärden und Bewegungen; und als die Dunkelheit hereinbrach, hallten der ganze Hain daneben und die umliegenden Häuser vom Gesang und erstrahlten im Lichterglanz.« Noch deutlicher wurde knapp zweihundert Jahre später Cassius Dio: »Mitten auf dem See hatte man zuerst die riesigen, hölzernen Weinfässer niedergesetzt und darauf Planken befestigt, worauf rings um die Bühne Kneipen und Buden errichtet worden waren. Nero selbst, Tigellinus und ihre Tischgenossen hatten so ihren Platz in der Mitte und ließen es sich hier auf Purpurdecken und weichen Polstern gut gehen; der ganze Rest hingegen vergnügte sich in den Kneipen. Die Leute konnten auch in die Bordelle gehen und ohne weiteres ungehindert mit sämtlichen Frauen, die dort saßen, Verkehr haben. Es waren dies aber die schönsten und bekanntesten der ganzen Stadt, Sklavinnen sowohl wie Freie, Dirnen, Jungfrauen und Verheiratete; und sie gehörten nicht nur zum gewöhnlichen Volk, sondern auch vornehmsten Kreisen an, Mädchen sowohl wie reife Frauen. Jedermann konnte sich mit jeder beliebigen, die er nur haben wollte, vergnügen, da sich keine einem Manne verweigern durfte. Und so betranken sich, pöbelhaft wie nun mal die Masse ist, die Menschen maßlos und tobten sich zugleich als Wüstlinge aus; ein Sklave konnte da im Beisein seines Herrn mit seiner Gebieterin und ein Gladiator mit einem vornehmen Mädchen vor den Augen ihres Vaters Unzucht treiben.«

## ›Karneval in Rom‹

Tacitus und Cassius Dio beschreiben hier einen Zustand, wie er ansonsten nur während der Saturnalien herrscht, jenem altrömischen, Mitte Dezember abgehaltenen Bauernfest zu Ehren des Saturn, dem Gott des Ackerbaus, bei dem man die Beendigung aller Feldarbeit feierte. Eingebettet in den altrömischen Arbeits- und Erntezyklus markierte das Fest eine Phase der Erholung, mit der man seit alters her eine einfachere, glücklichere und unverdorbene Welt verknüpfte. Mit den Saturnalien lebte in den Herzen der Römer die Erinnerung an eine paradiesische, von allen sozialen und physischen Zwängen unbelastete Vergangenheit wieder auf, die man mit dem Goldenen Zeitalter Saturns identifizierte. Die Menschen lebten damals in Frieden, soziale Unterschiede waren unbekannt.

Die Popularität des Saturn-Festes rührte mitunter auch daher, daß im Anschluß an die Opferhandlungen eine reiche Bewirtung auf die Versammelten wartete. Auf dem Forum und vielen anderen Plätzen der Stadt waren Tische und Bänke aufgestellt, an denen sich die Bevölkerung nach Herzenslust an den bereitgestellten Speisen laben konnte – für viele Angehörige der *plebs urbana* eine willkommene Gelegenheit, ihre knurrenden Mägen mit allerlei Köstlichkeiten zu füllen. Für das leibliche Wohl sorgte auch der zu solchen Anlässen üblicherweise kredenzte Wein, dessen berauschende Wirkung nicht unwesentlich zu der fröhlichen Ausgelassenheit des Festes beitrug. Ganz Rom stand dann Kopf. Überall in der Stadt herrschte unbekümmerter Frohsinn. Leben und leben lassen war das Motto dieses Festes. Für kurze Zeit zogen Freiheit und Gleichheit in die Stadt ein. Die gesellschaftliche Ordnung war für den Zeitraum der Festperiode außer Kraft gesetzt. Um die Unterschiedslosigkeit von Arm und Reich, von Bürgern und Nichtbürgern, Angesehenen und Niedriggeborenen augenscheinlich zu demonstrieren, streiften die römischen Bürger ihre Togen ab und legten statt dessen die *synthesis* an, die bequeme und legere Haus- und Tischkleidung, die der Römer normalerweise zu den Mahlzeiten in seinem Domizil trug. Zudem bedeckten sie ihre Köpfe mit dem *pilleus*, einer von den Freigelassenen als Symbol für die Freiheit getragenen Filzkappe. Das Schlüpfen in die Rolle des sozial jeweils Andersgestellten war ein einmaliger

Vorgang. Die zeitweilige Aufhebung ansonsten geltender Konventionen und Normen, insbesondere die befristete Aussetzung der sozialen Schranken zwischen Herren und Sklaven wurde geradezu zum Charakteristikum des Saturnalienfestes. Man kann von einem Rollentausch von Herr und Sklave sprechen, einer verkehrten Welt.

Neben den sozialen Schranken fielen bei diesem närrischen Treiben auch die sittlich-moralischen. Die moralische Richtschnur solle sich in jenen Dezembertagen, so Martial, zum Teufel scheren und die Prüderie der saturnalischen Tollheit Platz machen. Sinn und Zweck dieses volkstümlichen Schabernacks war es, die Herren der honorigen Gesellschaft, mit denen man solche Späße ansonsten nicht ungestraft treiben konnte, wenigstens am Fest des Saturn der Lächerlichkeit preiszugeben. Und sicherlich ging es auch darum, dem aufgestauten sozialen Druck ein Ventil zu verschaffen.

Wollte Nero die menschlichen Instinkte, die in der respektlosen Ausgelassenheit der Saturnalien alljährlich für wenige Tage entfesselt wurden, zu einem Dauerzustand machen und der römischen Aristokratie damit signalisieren, daß er bereit war, die sozialen und moralischen Schranken für immer niederzureißen? Oder wollte der volkstümliche Performance-Kaiser der *plebs* lediglich vor Augen führen, daß sie unter seiner Herrschaft in einem fortwährenden Taumel der Ausgelassenheit und des Glücks leben würde, in einem Zustand immerwährender Saturnalien?

## Kaiserliche Rollenspiele

Auch bei seinem Sexualleben war Nero kein Kind von Traurigkeit, zeigte sich dabei phantasievoller als die übrigen römischen Kaiser, ausgenommen vielleicht Elagabal. Nero trieb es mit freigeborenen Knaben, hatte Verkehr mit verheirateten Frauen und verging sich sogar an einer Vestalin. Er prostituierte sich selbst in einem solchen Ausmaß, daß sozusagen keine Körperstelle an ihm mehr ohne Makel war, so zumindest Sueton, der die Schandtaten des triebhaften Kaisers minutiös zusammengetragen hat. Der Biograph berichtet auch von einem ganz besonderen Spiel, das sich Nero ausgedacht hatte. Er schlüpfte in ein Tierfell und stürzte sich aus einem Käfig heraus auf

die Schamteile von Männern und Frauen, die man an Pfählen festge-
bunden hatte. Und wenn er gewütet hatte, übernahm er den passiven
Part und ließ es sich von seinem Mundschenk, dem Freigelassenen
Pythagoras, ›besorgen‹. Dabei soll er Sueton zufolge das Schreien
und Wehklagen vergewaltigter Jungfrauen nachgeahmt haben. Mit
Pythagoras teilte Nero Tisch und Bett, seit er ihn bei einem von
Tigellinus veranstalteten Bankett geheiratet hatte. Ähnlich wie er
Pythagoras zum Manne genommen hatte, nahm er sich Sporus zur
Frau. Nero verliebte sich in diesen hübschen Jüngling, weil er seiner
zweiten Frau Poppaea ähnlich sah, und pflegte den Knaben sogar mit
ihrem zweiten Vornamen Sabina anzureden. Der Kaiser ließ ihn entmannen, versuchte gar eine Geschlechtsumwandlung vorzunehmen,
und vollzog mit ihm feierlich die Hochzeitszeremonien. Fortan lebte
›Sabina‹ alias Sporus wie eine Gemahlin am Kaiserhof. Damals
machte hinter vorgehaltener Hand das Witzwort die Runde, es sei
ein Jammer, daß Neros Vater nicht eine solche Gattin besessen habe.

## Testfall Neapel

Zwischen all den ›Lustbarkeiten‹ arbeitete Nero weiter unermüdlich
an seiner Karriere als Sänger und Schauspieler. Irgendwann faßte er
den Entschluß, er wolle vor einem breiten Publikum auftreten und
aller Welt zeigen, welch ein begnadeter Künstler in ihm stecke. Denn
»Musik im Verborgenen ist wertlos«, pflegte Nero des öfteren zu
sagen. Und überhaupt waren private Versammlungen nicht mehr
groß genug, um seiner Stimme gerecht zu werden. Bestärkt wurde
Nero in seinem Ansinnen durch die positive Resonanz, die er bei seinen Auftritten im privaten und halböffentlichen Raum erfahren
hatte. 64 n. Chr. war es endlich so weit: Der Kaiser gab sein Debüt
als Sänger auf öffentlicher Bühne. Hierfür wählte er das griechisch
geprägte Neapel. *Magna Graecia*, Großgriechenland, nannte man in
republikanischer Zeit diesen Landstrich, in dem bereits im 8. Jahrhundert v. Chr. Siedler aus dem griechischen Festland Kolonien
angelegt hatten. Anders als die konservativen Spießer in Rom, so die
Überlegungen des Kaisers, wüßten die kunstbeflissenen Neapolita-
ner seine Darbietung zu würdigen. Und Nero behielt recht, denn
seine Premiere wurde zu einem großen Erfolg. Begeistert applau-

dierten die Zuhörer dem kaiserlichen ›Virtuosen‹, der ihnen auf Griechisch seine Aufwartung machte. Selbst ein Erdstoß, der das Theater erschütterte, konnte den Kaiser nicht davon abhalten, das Stück zu beenden. Im Gegenteil, geistesgegenwärtig nutzte er die scheinbar übernatürliche Erscheinung für eine improvisatorische Gesangseinlage, mit der er sich bei den Göttern dafür bedankte, daß niemand zu Schaden gekommen sei.

Höchst gerührt von der positiven Reaktion der Zuschauer und im Überschwang der Gefühle faßte Nero den Plan, sofort zu einer Tournee nach Griechenland, der Heimat der Bühnenkunst, aufzubrechen, um dort an den berühmten Wettkämpfen von Olympia, Nemea und Korinth teilzunehmen. Schon war er nach Benevent abgereist, als er aus nicht erkennbaren Gründen das Unternehmen abbrach und den Heimweg nach Rom antrat. Dabei suchte er seine Geburtsstadt Antium, an der Küste Latiums, auf, deren Meeresklima gerade im Hochsommer angenehme Kühle und Erfrischung bot. Dort ereilte ihn die Nachricht vom brennenden Rom.

## Flammen über Rom

In der Nacht vom 18. zum 19. Juli 64 n. Chr. brach in Rom ein Feuer aus, das neun Tage lang wütete und das Zentrum der Stadt in Schutt und Asche legte. Das Ausmaß der Zerstörung war enorm. Von vierzehn Stadtvierteln, in die die Stadt seit Augustus eingeteilt war, wurden drei komplett zerstört, sieben schwer beschädigt. Zahlreiche Paläste und Tempel wurden ein Raub der Flammen. Ebenso unzählige Kostbarkeiten aus der Kriegsbeute, Meisterwerke der griechischen Kunst sowie Denkmäler großer Männer aus der Zeit der Republik. Es war die schlimmste und verheerendste Feuersbrunst, die die Stadt je erlebt hatte. Tacitus berichtet:»Das Feuer brach in dem Teil des Circus Maximus aus, der nach dem Palatin und Caelius hin gelegen ist. Dort in den Verkaufsbuden, wo die Waren den Flammen Nahrung boten, entstand es, breitete sich vom Winde begünstigt sofort aus und ergriff den Circus in seiner ganzen Länge. Es lagen ja keine mit Brandmauern versehene Paläste oder mit Mauern umgebene Tempel dazwischen oder sonst etwas, was das Feuer hätte aufhalten können. Der Brand rückte nun mit Ungestüm weiter vor, stieg zuerst in die Ebene hinab, dann auf die Höhen hinauf und verheerte wieder die Niederungen. So machte er alle Rettungsversuche zunichte, weil er zu schnell fortschritt und die Stadt mit ihren engen, winkeligen Straßen und unregelmäßigen Häuserreihen – so war eben das Alte Rom – der Gefahr besonders ausgesetzt war. Dazu das Wehegeschrei der verängstigten Frauen, die schwachen Greise und die kleinen Kinder, dazu die Leute, die sich selbst oder anderen helfen wollten, die Kranke wegschleppten oder auf sie warteten, das Zögern der einen, die Eile der anderen: Dies alles war den Rettungsarbeiten hinderlich. Oft wurden Leute, die nach rückwärts schauten, durch Flammen von der Seite oder von vorn umzingelt oder fanden, wenn sie in die nächsten Gassen entkommen und auch diese vom Feuer erfaßt waren, sogar Straßenzüge, die sie für weit entfernt gehalten hatten, im selben Zustand vor.« Scheinbar unaufhaltsam rollte die Feuerwalze über Rom. Erst als man am Fuße des Esquilin dazu überging, breite Schneisen in die dichte Bebauung zu schlagen, gelang es, den Brand einzudämmen – es war der sechste Tag nach Ausbruch des Brandes. Doch nur kurze Zeit später loderten die Flammen erneut auf, diesmal in den Gärten des Prätorianerpräfekten Tigellinus. Wiederum fraßen sich die Flammen ins Zentrum vor. Es dauerte noch weitere drei Tage, ehe das flammende Inferno ein Ende hatte.

Nero hatte dem Brand anfänglich wenig Beachtung geschenkt. Wieso sollte er auch, waren doch derartige Vorfälle keine Seltenheit. Zunächst sah er also keine Notwendigkeit, seine Sommerfrische in Antium zu verlassen. Schon gar nicht wegen eines läppischen Feuers, das seine *vigiles*, eine unter Augustus gegründete Feuerwehr, bald gelöscht haben würden. Erst als die Meldungen aus Rom immer drängender wurden, brach er in die Hauptstadt auf. Tacitus zufolge habe sich Nero dazu nur entschlossen, weil ihm mitgeteilt wurde, daß sich das Feuer auch seinem kürzlich erbauten Palast nähere. Gemeint ist die *Domus Transitoria* (»Verbindungshaus«), ein Gebäudekomplex, der die kaiserlichen Residenzbauten auf dem Palatin mit den Gärten des Maecenas auf dem Esquilin verband. Nach seiner Ankunft handelte Nero schnell und umfassend, organisierte die Rettungsmaßnahmen und leitete ein umfangreiches Hilfsprogramm in die Wege. Bei Tacitus lesen wir, daß der Kaiser seine eigenen Gärten als Zufluchtstätten für die Bevölkerung öffnen und Notunterkünfte für obdachlos gewordene Bürger errichten ließ. Ferner ließ er eilig Lebensmittel herbeischaffen und senkte den Preis des Getreides beträchtlich. Damit kam Nero seinen Pflichten als Wohltäter und guter Patron der hauptstädtischen Bevölkerung durchaus nach.

## Kulisse für einen Künstler

Doch trotz aller fürsorglichen Bemühungen des Kaisers hatte sich
bereits während der Löscharbeiten
das Gerücht verbreitet, daß Nero
selbst den Brand habe legen lassen,
um seine größenwahnsinnigen Baupläne für ein neues Rom zu verwirklichen. Ein Gerücht, das durch die
Tatsache, daß das Feuer in den Gärten seines Günstlings Tigellinus erneut ausgebrochen war, zusätzliche
Nahrung erhielt. Zudem wollte man
in Rom gesehen haben, wie Nero,
»von der Schönheit der Flammen
überwältigt«, zur Lyra gegriffen und
von den Türmen des Maecenas herab den »Untergang Trojas« ange-
stimmt hatte. Ein Mythos war gebo-

Abb. 16: Peter Ustinov als singender Nero

ren! Der Mythos des Pyromanen Nero, der eine ganze Stadt in Schutt und Asche legt, um seine ehrgeizigen Baupläne zu verwirklichen. Ein verrückter Künstler, der in dem flammenden Inferno eine passende Vorlage für das von ihm geplante Epos des brennenden Troja findet. Dieses Bild hat sich bis heute unauslöschlich in unseren Köpfen eingebrannt. Kolportiert wurde es zunächst von den christlichen Schriftstel-
lern Eutrop und Hieronymus. Vorsätzlicher Massenmord als Stimulus für das künstlerische Schaffen eines menschenverachtenden Tyrannen, lautete ihr niederschmetterndes Urteil über Nero, der ohne Gefühl für die Leiden der Bevölkerung die Szene zur Dekoration seines Auftritts mißbrauchte.

Marvyn LeRoy hat sich in seinem Hollywood-Streifen »Quo

Abb. 17: Neropolis: Imperiale Architektur im Sandkastenformat

vadis« die Sichtweise der christlichen Historiographie zu eigen
gemacht. Unzweideutig wird Nero als Brandstifter Roms hingestellt,
geschickt ein Spannungsbogen aufgebaut, der unweigerlich in die
Katastrophe mündet. Den dramatischen Höhepunkt bildet eine
Zusammenkunft im kaiserlichen Palast am Vorabend der Feuersbrunst. Plastisch wird dem Zuschauer der kausale Zusammenhang
zwischen dem Brand und Neros Bauplänen vor Augen geführt, in
Form eines Modells im Sandkastenformat, das der Kaiser kurz vor
der Brandkatastrophe seinen Paladinen präsentiert. Es zeigt das neue
Rom, das der kaiserliche Bauherr auf dem Boden des alten Rom zu
errichten plant. Ein paar Bildsequenzen später steht Rom in Flammen, und der Kaiser, auf den Zinnen seines Palastes, ist überwältigt
von der grandiosen Kulisse, die ihm als Vorlage für sein künstlerisches Schaffen dient. Auch dieser Mythos vom gefühlskalten, leicht
debilen Herrscher, der in der Stunde der Bewährung nicht seine politische Pflicht tut, sondern poetisch genießt, ist bis auf den heutigen
Tag lebendig.

## Lebende Fackeln

Während das Feuer gelöscht wurde, flammte das Gerücht über Neros Urheberschaft des Brandes wieder auf. Die Staatsgewalt wandte sich daher zunächst an höhere Mächte. Denn nach römischem Religionsverständnis erforderte die Katastrophe Sühnemaßnahmen genüber den Göttern. Nach Befragung der Sibyllinischen Bücher wurden der gesamten Bürgerschaft Bittgebete an Volcanus, den Gott des Feuers, Ceres, der Göttin des Wachstums, und Proserpina, der Göttin der Unterwelt, aufgetragen; die Matronen sollten sich zusätzlich an Iuno wenden. Rom erlebte in diesen Tagen eine Manifestation des alten Götterglaubens. Doch das böse Gerücht war nicht aus der Welt zu schaffen, »weder durch menschliche Hilfeleistung und kaiserliche Spenden noch durch die Maßnahmen zur Beschwichtigung der Götter«, wie Tacitus notierte. Im Gegenteil, wilde Spekulationen schossen ins Kraut und heizten die Gerüchteküche zusätzlich an: Gab es nicht genügend Verdachtsmomente, ja eindeutige Indizien, die den Kaiser der Brandstiftung überführten? Etwa den Tatbestand, daß das Feuer gerade in den Besitzungen des Tigellinus wieder aufgeflammt war; oder den Umstand, daß man in dem allgemeinen Durcheinander geheimnisvolle Gestalten gesehen zu haben glaubte, die die Löschversuche behinderten? Ferner schwebte da die Äußerung des Kaisers im Raum, daß die verwinkelten Gassen, der Schmutz und die Unordnung der alten Stadt sein ästhetisches Empfinden beleidigten. Und wenn es noch irgendeines Beweises bedurft hätte, dann habe Nero doch schließlich mit seiner Gesangseinlage vor brennender Kulisse ein Schuldeingeständnis unterschrieben – so der allgemeine Tenor.

Ob nun Nero wirklich Rom in Brand stecken ließ oder das Feuer durch einen unachtsamen Zeitgenossen entzündet wurde, läßt sich nicht mehr ermitteln. Nicht einfach von der Hand zu weisen ist aber die Vermutung, daß aristokratische Kreise gezielt das Gerücht vom kaiserlichen Brandstifter gestreut haben, um die Aversionen gegen den verhaßten Kaiser auch im Volk zu schüren. Auf jeden Fall drohten diese Gerüchte die Akzeptanz des Kaisers zu unterminieren, und der mußte schleunigst herausfinden, was den Zorn der Götter erregt hatte. ›Sensibel‹ wie immer, wenn er sich angegriffen sah, reagierte

Nero gnadenlos. Er fand heraus, daß die Ursache des göttlichen Zorns ein neuer »Aberglaube« sei, der die Eintracht mit den Göttern störe. Nero gab daher den Anhängern dieses Aberglaubens – Christen nannten sie sich – die Schuld an dem großen Unglück und lenkte den Volkszorn auf diese religiöse Sekte. Der Kaiser stellte sie unter Anklage, er konnte dies um so leichter, als im Volk die Meinung verbreitet war, sie begingen allerlei »Schandtaten«. In bezug auf die Christen in Rom wußte man, daß ihr Name auf Christus zurückging, der unter der Regierung des Tiberius in Iudaea durch den dortigen Statthalter Pontius Pilatus (26–36 n. Chr.) hingerichtet worden war. Sie selbst besaßen die Glaubensgewißheit, daß Jesus Christus von den Toten auferstanden war und sich dadurch als Sohn Gottes ausgewiesen hatte. Damit befanden sie sich im Widerstreit mit ›dieser Welt‹, deren baldiges Ende sie erwarteten.

Auf jeden Fall waren die Sündenböcke geschickt ausgewählt, da die Christen als verdächtige Minderheit wenig Sympathie in der Bevölkerung genossen. Selbst Sueton, der ansonsten keine Gelegenheit ausließ, um Nero in schlechtes Licht zu rücken, schreibt, daß der Kaiser damals eine gemeingefährliche Sekte im Interesse der öffentlichen Sicherheit eingedämmt habe. Im Volk hörte man viel über sie, Geheimnisvolles, kaum etwas Gutes. »Haß gegen das Menschengeschlecht« sagte man ihnen nach. Was die Christen in den Augen der römischen Öffentlichkeit verdächtig machte, war die Tatsache, daß diese »lichtscheuen Wesen« sich in ungewöhnlicher Weise von ihrer Umwelt absonderten. Sie taten dies in einem Maße, das bei den extrovertierten Römern, die nahezu alle Kulthandlungen in der Öffentlichkeit zelebrierten, unwillkürlich zu böswilligen Gerüchten führen mußte. Wenn sie etwa von der Liebe zu allen Menschen sprachen, so nährte dies den Verdacht, daß sie sich in ihrem Gottesdienst der sexuellen Freizügigkeit und der Blutschande ergaben. Und die Eucharistie mit dem symbolischen Leib und Blut Christi galt allgemein als kannibalische Feier. Den größten Argwohn aber zogen die Christen mit ihren leidenschaftlich vertretenen apokalyptischen Vorstellungen auf sich. Sie waren noch immer davon überzeugt, daß das Ende der Welt sehr nahe sei, und daß die Wiederkunft ihres Messias, sobald sie eintrat, von einem allgemeinen Weltenbrand geleitet sei. Wer konnte deshalb ausschließen, daß einige der christlichen

Eiferer den Eintritt dieses glückverheißenden Ereignisses beschleunigen wollten und deshalb die Lunte an Rom angelegt hatten? Und waren da nicht auch die mysteriösen Gestalten, die inmitten der Flammen und des Rauches auftauchten und die Löscharbeiten behindert hatten? Könnte es nicht sein, daß es sich bei ihnen nicht nur um Plünderer handelte, wie Tacitus vermutet, sondern um Christen? Die passenden Antworten auf solche Fragen lieferten Neros Henkersknechte prompt dazu, erpreßt unter der Folter.

Nero ließ die Christen in großer Zahl auf grausame Art umbringen, so übereinstimmend die antiken Quellen. Als Zirkusattraktionen seien sie in Tierhäute genäht und von Hunden zerfleischt oder, wie ihr Meister, ans Kreuz geschlagen worden. Als anderen Schauplatz des Martyriums machten die Geschichtsschreiber die Gärten der Agrippina auf dem Vatikanshügel aus. Hier habe man für die Todgeweihten eine besonders grausame und zynische Art der ›Verwendung‹ gefunden: Eingehüllt in pechgetränkte Gewänder sollen sie als lebende Fackeln gedient haben, um bei Einbruch der Dunkelheit die kaiserlichen Parkanlagen zu illuminieren. Aber auch diese Überlieferungen sind mit Vorsicht zu genießen.

## Die Mär von der Grausamkeit

Nun hat gerade die unmenschliche Behandlung der Christen unter Nero dazu beigetragen, daß dieser als der grausamste aller römischen Kaiser in die Geschichte eingegangen ist. Jean Racine (1639–1699), französischer Dichter am Hofe des Sonnenkönigs Ludwig XIV., legt in seiner 1669 uraufgeführten Tragödie *Britannicus* Agrippina folgende Worte in den Mund (zu Nero gewandt): »Und dein Name wird beim kommenden Geschlecht / Den grausamsten Tyrannen als grausiges Schimpfwort erscheinen« (5. Akt, 6. Szene).

Daß moralische Entrüstung bisweilen auch erfinderisch machen kann, zeigen die Berichte der christlichen Schriftsteller. Nach ihrer Auffassung soll sich Nero an den brennenden Christen ergötzt haben. Allerdings scheinen andere Darstellungen diesem Bild des ›aktiv‹ grausamen Kaisers zu widersprechen. So betont Tacitus im »Agricola«, einer seinem gleichnamigen Schwiegervater gewidmeten Schrift, Nero habe, im Gegensatz zu Domitian, wenigstens seine

Augen entzogen und Verbrechen befohlen, nicht ihnen mit voyeuristischer Lust zugeschaut. Die christliche Geschichtsschreibung maß offensichtlich mit zweierlei Maß: Wer erinnert sich schon, daß der »allerchristlichste Kaiser«, Konstantin der Große, seine Frau und seinen Sohn, seinen Schwager und seinen Neffen beseitigen ließ? Der Nachwelt galt Konstantin als ›guter‹ Kaiser, weil er das Christentum zur bevorzugten Religion machte.

Mit Vorsicht sind mitunter auch Suetons Gruselgeschichten zu genießen. Auch er berichtet, daß es Nero großes Vergnügen bereitet haben soll, fremdes Leid mitanzusehen. Und Sueton setzt noch eins drauf und berichtet seinen Lesern von Neros angeblich zur Nekrophilie neigendem Voyeurismus. In seiner Nero-Biographie erzählt er die Geschichte von Neros makabrer Leichenbeschau bei seiner Mutter, die er nach der Ermordung in ihrer Villa vorgenommen haben soll. Aus zuverlässiger Quelle habe er erfahren, daß Nero gleich nach der Tat herbeigeeilt sei, »um die Leiche seiner Mutter in Augenschein zu nehmen. Er habe ihre Glieder einzeln betastet, das Aussehen der einen getadelt, andere als schön bezeichnet. Dabei habe er Durst bekommen und in aller Ruhe ein Getränk zu sich genommen«.

All diese Geschichten stehen in krassem Gegensatz zu den mehrfach in den Quellen geäußerten Berichten, wonach Nero kein Blut sehen konnte und Grausamkeiten ablehnte. Vor allem Sueton widerspricht sich selbst, wenn er erzählt, daß Nero bei der Einweihung des Amphitheaters auf dem Marsfeld im Jahre 57 n. Chr. keinen einzigen Gladiator umbringen ließ, auch keinen von den Schwerverbrechern, die zu diesen Kämpfen verurteilt worden waren. Nero war gewiß ein Mörder, ja sogar ein notorischer Wiederholungstäter, aber er tötete nicht aus Spaß, sondern aus Angst – und die befiel ihn des öfteren.

## Leben in Saus und Braus

»Verbrechen regieren, wütender Frevel tobt, / ungehemmt herrscht Venus in schändlicher Wollust, / siegreiche Üppigkeit rafft des Erdkreises unermeßliche Schätze / schon lange mit gierigen Händen zusammen, sie zu verschleudern«, heißt es in der kurz nach 62 n. Chr. in Rom aufgeführten Tragödie *Octavia* (377 ff.). Was der unbekannte Dichter aus dem Munde Senecas über die Verschwendungssucht

Neros zum besten gibt, findet sie auch bei Sueton wieder, dem zufolge der Kaiser geglaubt habe, »daß Reichtum und Geld für nichts anderes da seien, als mit vollen Händen ausgegeben zu werden.« Und laut Tacitus soll er während seiner Herrschaft 2,2 Milliarden Sesterzen allein durch Schenkungen ausgegeben haben, Dotationen, mit denen er sich unter anderem die Loyalität seiner Generäle, aber auch hoher Würdenträger erkaufte.

Nero war, was seine Verschwendungssucht anlangt, maßlos. Hier hielt er es ganz wie Caligula, den er deswegen bewunderte, weil dieser die ungeheueren Mittel, die ihm Tiberius hinterlassen hatte, binnen kurzer Zeit verschleudert hatte. Das war auch ein Grund, warum er kein Maß und Ziel beim Verschenken und Verprassen kannte. Dem armenischen König Tiridates, der im Jahre 66 n. Chr. mit großem Gefolge zu Besuch in Rom war, erstattete Nero, ohne mit der Wimper zu zucken, die gesamten Reisekosten, unglaubliche 800 000 Sesterzen am Tag – und die Reise vom Kaukasus bis an den Tiber soll neun Monate gedauert haben.

Großzügig zeigte sich Nero auch gegenüber dem Kitharöden Menekrates und dem Gladiator und späteren Offizier der Leibwache, Spiculus, die er »mit einem Vermögen und Häusern beschenkte, wie sie ansonsten nur Männer erhielten, denen die Ehrenzeichen eines Triumphes zuerkannt worden waren«. Und den Wucherer Paneros, so Tacitus weiter, soll er sogar mit Gütern in der Stadt und auf dem Land reichlich versorgt und ihm ein Leichenbegängnis bezahlt haben, das fast eines Königs würdig gewesen wäre.

Unsummen verschlang auch Neros üppiger Lebensstil am Hofe, seine rauschenden Feste, die er gab, ausschweifende Parties und lukullische Freßgelage – alles vom Feinsten, auch sein kostbares Tafelgeschirr! Eines der sündhaft teueren Utensilien war ein Trinkgefäß aus Flußspat, einem sehr selten vorkommenden Material aus dem persischen Karmanien, für das der Kaiser eine Million Sesterzen bezahlte. Auch sonst gab er sich grenzenlos verschwenderisch. Nie trug er ein Kleidungsstück zweimal, angelte mit Netzen aus Gold und ging niemals mit weniger als tausend Kutschen auf Reisen. Und beim Würfelspiel, einem beliebten Freizeitvergnügen der Römer, spielte er um vierhunderttausend Sesterze pro Auge.

Hatte er sich etwas in den Kopf gesetzt, dann mußte dies auch in

Abb. 18: Getreidespende an das Volk

die Tat umgesetzt werden, koste es, was es wolle. So ließ er einmal für ein Heidengeld Bernstein aus dem Baltikum nach Rom bringen, um den Boden der Arena mit dem goldgelben Harz auszulegen. Hatte der mythosbewegte Kaiser dabei etwa die Sage des Phaëton im Sinn, jenes uneinsichtigen Sohnes des Sonnengottes, der unbedingt den Wagen seines Vaters lenken wollte, ihn umstürzte und damit fast die ganze Welt in Brand gesetzt hatte? Dessen Schwestern den Sturz beobachteten und in ihrer Trauer in Pappeln verwandelt wurden, ihre Tränen in Bernstein?

Ebenso verhielt es sich mit frischen Winterrosen, auf die der Kaiser auch zu dieser Jahreszeit nicht verzichten wollte; sie mußten unter schwierigsten Umständen auf Schiffen aus Ägypten herbeigeschafft wurden. Denn für gewöhnlich ruhte zwischen Ende Oktober und Mitte März der Schiffsverkehr im Mittelmeer. Zu diesen kostspieligen Eskapaden kamen noch die Aufwendungen für das Volk, denn *liberalitas*, Freigebigkeit, war eine herrscherliche Tugend, die jedem Kaiser gut zu Gesicht stand. Und da Nero auf diesem Gebiet gegenüber seinen Vorgängern in keiner Weise zurückstehen wollte, schüttete er auch hier das Füllhorn mit vollen Händen aus: Rennpferde, Sklaven, Gespanne, Gold, Silber und Gewänder verschenkte er mittels eines Losverfahrens an das niedere Volk. Doch bei nichts anderem war er verschwenderischer als beim Bauen.

## Das Goldene Haus – ein architektonischer Superlativ

Die Erde Roms war nach der Feuersbrunst noch nicht erkaltet, da machte sich Nero daran, seine lang ersehnten architektonischen Pläne in die Realität umzusetzen. Jetzt konnte der »Liebhaber des Unglaublichen« endlich ›richtig‹ bauen. Entstehen sollte eine seinen Maßstäben entsprechende Herrscherresidenz, ein passendes Ambiente, um seine Extravaganzen angemessen ausleben zu können.

Was die Flammen übrig gelassen hatten, walzten Kriegsmaschinen platt. Auf einer etwa achtzig Hektar großen Fläche entstand eine gigantische Palastanlage, die alles bisher Dagewesene in den Schatten stellte. Nero nannte sie *Domus Aurea*, »Goldenes Haus«. Die Herrscherresidenz, ein architektonisches Ensemble aus verschiedenen Baukomplexen, Parks, Weinbergen, Viehweiden, Wildgehegen und einem künstlichen See, war weitläufig, ja geradezu raumverzehrend. Sie reichte vom Palatin über das Forumstal bis hinauf zu den Gärten des Maecenas auf dem Esquilin und erstreckte sich auch über die Hänge des caelischen und oppischen Hügels. Über die Größe von Neros Palastanlage berichtet Sueton: »Ihre Vorhalle hatte solche Ausmaße, daß in ihr eine riesige Statue von einhundertzwanzig Fuß Höhe (35,5 Meter) stehen konnte, die seine Züge trug. Der Bau hatte eine so große Weite, daß er an drei Seiten Säulengänge von tausend Schritt (1500 Meter) hatte«. Und laut Plinius sei Neros Goldenes Haus derart gewaltig gewesen, daß es die ganze Stadt zu umschließen schien. Kritik blieb daher nicht aus. Bereits zu Lebzeiten des Kaisers machten in Rom Spottverse die Runde: »Rom wird ein einziger Palast; wandert aus ins fünfzehn Kilometer entfernt gelegene Veji, Ihr Römer, falls sich dieses Haus nicht auch schon dorthin ausgedehnt hat«, kritzelte sich ein empörter Römer seinen Frust vom Leib.

Der Kaiserpalast auf dem Palatin, repräsentativer Wohnbereich für Roms Caesaren, war unter den Nachfolgern des Augustus kontinuierlich ausgebaut worden, quantitativ wie qualitativ. Die Opulenz der im Laufe der Zeit dort entstandenen Anlagen und deren aufwendiger Ausstattungsluxus zeigen eine grundlegend neue Qualität, die der monarchischen Repräsentation der römischen Kaiser sichtbaren Ausdruck verlieh. Doch einigen dieser hohen Herren reichte der Platz auf dem Palatin nicht mehr aus, wie etwa Caligula, der seinen Palast bis zum Forum hin erweitert hatte (vgl. S. 51). Ähnliches tat nun auch Nero mit seinem Goldenen Haus – allerdings in weitaus größerem Umfang als sein Onkel. Es war demnach nicht so sehr die luxuriöse Ausstattung, die den Unmut der Bevölkerung erregte, sondern das Ausgreifen des kaiserlichen Wohnbereichs über den Palatin hinaus auf andere Hügel der Stadt – die Vereinnahmung des öffentlichen Raumes durch Nero.

## Naturalistisches Bauen

Der Kernbau der *Domus Aurea* bestand aus einem West- und einem Ostflügel, die ungleich groß und asymmetrisch waren und ursprünglich zwei oder vielleicht sogar drei Stockwerke zählten. Dort, wo die beiden Flügel zusammenstießen, öffnete sich ein sechseckiger, von Kolonnaden gesäumter Hof, der an einer Seite offen war. Diese kunstvolle Anordnung von zwei durch einen Hof getrennten Gebäudeteilen, deren Vorderfront aus einer durchgehenden Reihe von Säulen bestand, war nicht neu. Wir finden sie auch auf einem Gemälde, das eine Generation zuvor für das Haus des Lucretius Fronto in Pompeji entstand. Nero wählte also für sein neues Domizil keine urbane Architektur, sondern eine ländliche, dem Bautypus einer mondänen Villa entlehnte Konstruktionsform, so wie sie damals an den Uferhängen des Golf von Neapels vorzufinden war. Das Neue, ja Revolutionäre daran war jedoch, daß er diesen Bautyp erstmals in großem Maßstab im städtischen Wohnbereich verwirklichte, quasi das »Land in die Stadt« verpflanzte.

Tacitus zeigte sich wie viele seiner Zeitgenossen über die riesige Wohnanlage, die mitten in Rom Elemente städtischen und ländlichen Wohnens kombinierte, wenig erbaut. Das Leben auf dem Land inmitten der Stadt, der aristokratische Traum vom *rus in urbe*, war für ihn ein widernatürlicher Vorgang. Doch so ungewöhnlich, wie der Geschichtsschreiber suggeriert, war Neros ›innerstädtischer Naturalismus‹ gar nicht. Reiche Privatpersonen hatten bereits um die Zeitenwende in den ländlichen Außenbezirken der Stadt der Idee des *rus in urbe* Gestalt gegeben – etwa in der Gartenvilla des Maecenas auf dem Esquilin. Plinius zufolge verschleiere das Wort ›Garten‹ nur die Existenz von palastartigen Villen »mitten in der Stadt.« Und auch der Ältere Seneca erhebt schwere Vorwürfe: »Städtische Grundstücke besitzt ihr als Felder und füllt die Städte aus mit euren Wohnsitzen; Gewässer und Wälder werden ins Innere eurer Bauten eingeschlossen.« Als Beispiel für die Abartigkeiten, zu denen der menschliche Gestaltungswille die Natur zwingt, führt Seneca die terrassierten Obstgärten und künstlichen Wäldchen auf den Palastdächern an.

Nero griff mit seinem Goldenen Haus eine bereits in Rom bestehende naturalistische, Natur und Architektur verbindende Mode auf und steigerte sie ins Monumentale. Das so inszenierte Landleben vermittelte zugleich die Idee vom Goldenen Zeitalter, der bereits Calpurnius Siculus in poetischer Sprachkunst das Wort geredet hatte. Im Eingangsbereich des Goldenen Hauses stand der berühmte *colossus Neronis*, ein fast vierzig Meter hohes Standbild des Sonnengottes, das Neros Gesichtszüge trug; zum Vergleich: Die Freiheitsstatue in New York mißt ca. fünfundvierzig Meter.

## Wunderwerk der Technik

Verantwortlich für Neros avantgardistisches Bauwerk zeigten sich die Architekten Severus und Celer, begabte und kühne Männer, denen der Ruf waghalsiger und verschwenderischer Entwürfe an der Grenze des technisch Möglichen vorauseilte. Sie gaben dem kaiserlichen Regime ein repräsentatives Gesicht. Tatsächlich verhalf ihnen die Erfindung des Betons und die mit diesem Werkstoff verbundenen Fertigungstechniken (Gußmauerwerk) immer gewagtere Architekturen zu realisieren. Sie erlaubten es den antiken Baumeistern, Räume mit zehn bis zwölf Meter hohen Gewölben und weit geöffneten Wänden zu errichten. Als Wunderwerk der Ingenieurskunst galt den Zeitgenossen das berühmte Oktogon mit Kuppelöffnung, ein achteckiger Raum, der seit je Inbegriff für Neros Hybris gewesen ist. Nach dem Vorbild des Erdkreises, so berichtet Sueton über den Hauptspeisesaal des Goldenen Hauses, habe der Raum um sich selbst gekreist, und durch die Öffnung im Scheitel seines Gewölbes sei Licht auf Sternbilder gefallen. Weltlicher und spiritueller Herrschaftsanspruch des Gottes und Weltenlenkers Nero sind hier architektonisch manifestiert. Ein programmatischer Universalanspruch, der später in den großen oktogonalen Baptisterien des Christentums und in den Herrscherkapellen des frühen Mittelalters Nachahmung gefunden hat. Viel wurde darüber spekuliert, ob der ganze Saal sich karussellartig drehte, oder ob sich nur die kuppelförmige Decke bewegte. Die Archäologen jedenfalls haben, trotz gegenteiliger Behauptungen, bislang keine Hinweise auf einen Drehmechanismus gefunden. Auf jeden Fall muß die Antriebskraft von einer beachtlichen Energiequelle gespeist worden sein, die wahrscheinlich das Prinzip der Wassermühle und das der Wasseruhr verband.

Abgesehen von den baulichen Besonderheiten steckte das Goldene Haus voller technischer Raffinements und mechanischer Wunder. Bestaunenswert waren die kaiserlichen Bäder, die wahlweise mit Meerwasser oder schwefelhaltigem Wasser aus den Albulaquellen gespeist werden konnten, aber auch das Musikzimmer, in dem die größte Wasserorgel, die bis dahin gebaut worden war, stand. Besondere Aufmerksamkeit erregten auch die mit Elfenbeinplatten getäfelten Decken der Speisezimmer, die mit Röhrchen und feinsten Düsen ausgestattet waren, aus denen man wohlriechende Öle und Essenzen versprühen oder Blumen über die Gäste streuen konnte.

## Solare Implikationen

»Das ganze Haus funkelte in der Sonne, und in den Gebäuden war alles mit Gold, Edelsteinen und Perlmutt belegt«, so beschreibt Sueton den Kernbau der mehr als vierhundert Prunkräume zählenden *Domus Aurea*. Baumaterialien aus aller Herren Länder zierten die Räume des ›Sonnenkaisers‹. Reichlich Verwendung fanden neue, luxuriöse Ausstattungsmaterialien, vor allem Buntmarmore, die dem herrscherlichen Ambiente einen wahrhaft imperialen Glanz verliehen: grüner Serpentin von der Peloponnes, rosa Portasanta-Marmor, roter Marmo Africano und goldgelber Chemtou-Marmor aus Numidien, lila geäderter Pavonazzetto-Marmor vom Hellespont, Porphyr aus Ägypten, Phengites aus dem kleinasiatischen Kappadokien. Letzterer war ein lichtdurchlässiger Alabasterstein, über den man in der Antike Wundersames zu berichten wußte: »Selbst bei geschlossenen Türen«, so der Naturschriftsteller Plinius, »erstrahlte der Raum wie am Tage, gleich als ob das Licht eingeschlossen und nicht mehr nach draußen durchgelassen wurde.«

Fein geschliffen und blank poliert, reflektierte der bunte Marmor die Sonnenstrahlen und tauchte die stuckverzierten Wände in gleißendes Licht. Diese waren übersät mit kostbaren Edelsteinen, figürlichen Einlegearbeiten aus Elfenbein und vergoldeten Bronzeappliken. Von Luxus zeugt auch das grenzenlose Repertoire der Wandmalereien. Überzogen mit einem luftigen Netz gemalter Felder, schmücken noch heute florale und anthropomorphe Motive in kalligraphischer Feinheit die Decken und Wände. Bilder des Mythos befinden sich im Nymphäum, dessen mit sienafarbenem Bimsstein überzogenes Gewölbe noch ein gut erhaltenes Mosaik trägt: Es zeigt den listenreichen Odysseus, der dem Polyphem eine Schale mit Wein reicht, um ihn zu betäuben. Seit Tiberius gehörte das Motiv der planenden Intelligenz des Odysseus zum festen Bestand der Kaiservillen. An anderer Stelle, im Saal der »vergoldeten Decke«, schweben Zeus und sein Mundschenk Ganymed in vergoldetem Stuck. Ein passendes Sujet für einen Speisesaal, in dem man sich zum Gelage auf Liegemöbeln traf und den Blick über den See genießen konnte. Ferner findet sich auf den Wänden auch Phaëthons tollkühne Himmels- und Todesfahrt verewigt. Als Schöpfer all dieser filigranen Motive nennen Quellen Fabullus, einen römischen Maler, der für seine frischen und kräftigen Farben und seinen pastosen und flüssigen Farbauftrag bekannt war.

Erlesene, aus der ganzen Stadt zusammengeraubte Kunstwerke verliehen Neros Residenz zusätzlichen Glanz, schreibt Plinius in seiner 37 Bücher umfassenden »Naturgeschichte«. Nero hatte demnach keine Skrupel, öffentliche und private Kunstgegenstände für die dekorative Innenausstattung seiner Palastanlage zu verwenden. Doch damit nicht genug, ließ er eine Vielzahl berühmter Kunstwerke, die meisten von ihnen aus Griechenland, nach Rom schaffen, wie der griechische Reiseschriftsteller Pausanias (2. Jahrhundert n. Chr.), der Baedeker der Antike, in seinem zehnbändigen »Reisehandbuch über Griechenland« zu berichten weiß. Jetzt erst könne er »anfangen zu leben wie ein Mensch«, soll Nero gesagt haben, als er sein Goldenes Haus bezog. Unweigerlich denkt man an den ›Märchenkönig‹ Ludwig II. von Bayern (1845–1886), an den Zusammenhang von monarchischer Macht und schier grenzenloser Bauwut. Karl Gutzkow (1811–1878), einer der produktivsten Vertreter des Jungen Deutschlands, hat in seiner 1835 entstandenen Tragikkomödie »Nero« auf diese Parallele verwiesen. Sein Titelheld, der in seiner Verbindung von Despotismus und Ästhetizismus wahnhafte Züge trägt, lieferte die historische Vorlage für den kunstbeflissenen und zugleich überspannten Wittelsbacher. Jedoch mit einem Unterschied: Ludwig II. baute seine Residenzen vor alpenländischer Kulisse, während Nero sein überdimensioniertes Domizil mitten in Rom plazierte.

## Systematische Demontage

Von der ganzen Herrlichkeit hat nur ein kleiner Bruchteil die Zeiten überdauert. Denn die neuen Herren Roms, die Kaiser aus dem flavischen Herrscherhaus (69–96 n. Chr.), begannen nur wenige Jahre nach Neros Tod dessen architektonische Traumwelt programmatisch zu zerlegen. Gemeinnütziges trat an die Stelle der Lustbauten: Dort, wo Nero den See anlegen ließ, errichteten die Flavier das *Amphitheatrum Flavium*, das später nach der Kolossalstatue Neros *Colosseum* genannt wurde. Auf den Trümmern der neronischen Bauten auf dem Esquilin entstanden die Thermen des Titus, und die von Nero für sein Privatmuseum zusammengerafften Kunstwerke wurden der Öffentlichkeit zurückgegeben und im »Tempel des Friedens« aufgestellt. Auch der *colossus Neronis*, Ausdruck kaiserlichen Größenwahns, wurde zum *colossus Solis* umgearbeitet, indem man Neros Gesichtszüge denen des Sonnengottes anglich. Den Schlußpunkt setzte schließlich Kaiser Trajan, der für seine Thermenanlage auf dem *mons Oppius* die oberen Etagen der *Domus Aurea* abtragen und das Erdgeschoß als Substruktion für seine Wellness-Anlage mit Bauschutt auffüllen ließ. Damit waren auch die letzten Spuren von Neros überdimensioniertem Refugium aus dem Stadtbild getilgt.

Doch wie so oft hat die Geschichte für die Nachwelt manch wundersame Überraschung parat. War es doch gerade Trajan, dessen Verschüttungsaktion wir es zu verdanken haben, daß Teile des Erdgeschosses der *Domus Aurea* erhalten geblieben sind. Als Keller der trajanischen Thermen überdauerten sie die Zeiten, bis Künstler der Renaissance sie für sich wiederentdeckten. Durch Zufall fand man im 16. Jahrhundert in den Weinbergen dcs *Colle Oppio* tief unter der Erde befindliche Höhlen. Die ersten Wagemutigen, die sich an Seilen in die dunklen Gewölbe hinunterhangelten, staunten nicht schlecht angesichts dessen, was sich vor ihren Augen offenbarte: eine üppig kolorierte Märchenwelt aus pittoresken Formen und Farben. Bald kletterten auch Maler in die damals *grotta* (Höhle) genannte *Domus Aurea* unterhalb des *mons Oppius* und begannen, fasziniert von der Farbenpracht und der Formensprache, die Grotesken, wie man die Bemalungen nach ihrem Fundort nannte, im Fackellicht zu kopieren. Die elegante Dekorationsweise der *grottesca* übte auf die Künstler der Renaissance einen nachhaltigen Einfluß aus: Raffael und seine Schüler haben diese Stilgattung in der Loggia des Vatikans zu höchster Eleganz weiterentwickelt.

## Innerstädtisches Refugium oder öffentlicher Freizeitpark?

Neben Versuchen, die literarischen mit den archäologischen Quellen in Verbindung zu bringen, hat Neros Goldenes Haus Anlaß zu vielfältigen Interpretationen gegeben. Einigen Gelehrten galt die *Domus Aurea* als steinerne Manifestation kaiserlichen Imponiergehabes, mit der Nero seine aristokratischen Standesgenossen um ein Vielfaches überragen wollte: Allein sein Vestibül war eine um ein Vielfaches erweiterte Version der Empfangsräume der adligen Wohnhäuser. Nicht wenige glaubten hinter Neros Palast auch eine programmatische Aussage zu sehen, mit der der Kaiser das *Forum Romanum*, Jahrhunderte lang das politische Zentrum des Weltreiches, zum Vorhof seines Palastes degradierte. Einige sahen den Philhellenen in ihm, der im Goldenen Haus seinen Traum von einer kulturellen Verschmelzung von Griechen- und Römertum verwirklichte, bei dem römische Technik mit griechischer Ästhetik eine geniale Symbiose eingegangen war. Andere wiederum betonten den ›besinnlichen Charakter‹ der kaiserlichen Residenz und sahen in ihr ein innerstädtisches, hermetisch gegenüber der Außenwelt abgeriegeltes Refugium, mit dem sich der vergeistigte Princeps eine der Alltagsrealität entrückte Traumwelt schuf. Ein solches Verhalten würde allerdings überhaupt nicht zu dem Image eines ›Volks-Kaisers‹, zu Neros exaltiertem Naturell passen – ganz im Gegenteil.

Das Goldene Haus ist im Grunde genommen eine direkte Fortsetzung der Verschwendungssucht des privaten kaiserlichen Luxus der iulisch-claudischen Zeit: der als Speisesaal dienenden Grotte des Tiberius bei Sperlonga, der juwelengeschmückten Fenster der Residenz des Caligula in den Lamianischen Gärten und des außergewöhnlichen Nymphaeums des Claudius in Baiae mit seinem unterirdischen ›Meeres-Triclinium‹. Die *Domus Aurea* allerdings erreichte ein Ausmaß, das alle Dimensionen sprengte.

## Bauen für das Volk

Während Nero seinen aristokratischen Standesgenossen immer verhaßter wurde, wuchs im Volk seine Beliebtheit stetig an. Es bewunderte und bejubelte, ja liebte ihn. Wie kein Kaiser vor ihm hatte Nero das Freizeitangebot in Rom erweitert, die Anzahl der Spiele erhöht (unter Augustus hatten in Rom an sechsundsechzig Tagen im Jahr Spiele stattgefunden) und neue Sport- und Vergnügungsstätten errichtet, wie etwa die *thermae Neronianae* auf dem Marsfeld, ein mondänes Wellness-Center mit integriertem *gymnasium*. Ferner entstanden unter Nero zahlreiche Bauwerke von volkswirtschaftlichem Nutzen. Im zwanzig Kilometer von Rom entfernt gelegenen Ostia, Roms maritimem Tor zur Außenwelt, erweiterte er den Hafen und ließ dort neue Getreidesilos errichten, um die Grundversorgung der ständig wachsenden Bevölkerung in der Hauptstadt mit Brotgetreide zu gewährleisten. In Rom selbst war es zunächst die Wasserversorgung, deren er sich annahm, indem er die höher gelegenen Stadtteile auf dem *Aventin* und dem *Caelius* über einem *arcus Neroniani* genannten Aquädukt mit Trinkwasser versorgte. Später ließ er dann auf dem *Caelius* mit dem *Macellum Magnum* eine weitläufige Markthalle und Einkaufspassage aus dem Boden stampfen – ein weiteres Stück Lebensqualität und Freizeitkultur im kaiserlichen Rom.

Nero stellte sich mit diesen öffentlichen Nutzbauten in die Tradition seiner Vorgänger. Die Sorge um das Wohlergehen der einfachen stadtrömischen Bevölkerung gehörte seit den Tagen des Augustus zu den vordringlichsten Aufgaben des Kaisers. Hinter dieser Fürsorgepflicht stand weniger eine ethisch-moralische Mildtätigkeit gegenüber Bedürftigen als vielmehr und fast ausschließlich die Gewährleistung von Ruhe und Ordnung in Rom. Wie keiner seiner Vorgänger auf dem Kaiserthron war Nero darauf bedacht, die Bedürfnisse der Menge zu befriedigen. In der Sprache der damaligen Zeit hieß das »Brot und Spiele«, jenes klassische Rezept, mit denen sich Roms Caesaren die Gunst der hauptstädtischen Bevölkerung erhielten. Und Nero ließ sich das Brot ebenso angelegen sein wie die Spiele. 57 n. Chr. entstand auf dem Marsfeld ein prunkvolles Amphitheater für das Spiel mit dem Tod. Nach diesem Bauwerk, das im gesamten Imperium seinesgleichen suchte, hält man im heutigen Rom vergeblich Ausschau. Die wenigen überlieferten Nachrichten lassen jedoch erahnen, in welchem Glanz die Arena einst erstrahlte. Die Arkaden aus Gold, die Umfriedung des Arenarandes marmorverziert und die Balustraden mit kostbaren Juwelen besetzt, so präsentierte sich das Amphitheater seinen Zeitgenossen. Einer von ihnen war der römische Dichter Titus Calpurnius Siculus, der uns in seinen Hirtengedichten wichtige Details über das Aussehen der Vergnügungsstätte hinterlassen hat: daß beispielsweise die mit Absperrgittern bekrönte Brüstung auf Pfosten aus Elfenbeintrommeln gestanden habe und goldene Netze, an Tierzähnen befestigt, über die Arena gespannt waren. Ferner konnte der Bau von Sonnensegeln beschattet werden, auf die das nächtliche Firmament mit Mond und Sternen aufgemalt war, so daß man den Tag zur Nacht machen konnte, wie Plinius sagt. Hier kündigte sich der Prunk späterer Jahre an.

Über all diese öffentlichen Nutzbauten legten die senatorischen Geschichtsschreiber den Mantel des Schweigens. Und wenn sie diese dann doch einmal der Erwähnung für würdig erachteten, dann nur, um den tatsächlichen Nutzen der Monumente ins Negative zu verkehren. So versucht Sueton seinen Lesern den Eindruck zu vermitteln, daß Nero das Amphitheater auf dem Marsfeld nur habe errichten lassen, um 400 Senatoren und 600 Ritter gegeneinander antreten zu lassen. Ebenso verhielt es sich mit dem *gymnasium*. Obwohl das Gebäude nach Ansicht des griechischen Philosophen Philostrat das wunderbarste seiner Art in Rom war, standen die Angehörigen der römischen Oberschicht dem griechischen Gebäudetyp (aus bereits dargelegten Gründen) ablehnend gegenüber. Für Tacitus war das *gymnasium* daher nur insofern erwähnenswert, weil es ein Jahr nach seiner Errichtung durch einen Blitzschlag getroffen wurde und bis auf die Grundmauern niederbrannte, wobei die im Innern befindliche Kaiserstatue zu einem unförmigen Erzklumpen zusammenschmolz. Eine ganz andere Sprache als die schriftliche Überlieferung sprechen allerdings die Münzen, auf deren Rückseiten zahlreiche Monumente aus neronischer Zeit abgebildet sind.

## Liebling der Massen

Neros Beliebtheit beim Volk gründete sich jedoch nicht nur auf seine Bauten. Vielmehr verstand es der Kaiser auch sehr gut, die einfachen Leute durch sein Verhalten für sich einzunehmen. Denn anders als seine Vorgänger praktizierte Nero demonstrative Volksnähe, quasi ein Gegenmodell zu dem immer weiter der menschlichen Sphäre entrückten Caligula. Als › Volkskaiser‹ stieg Nero von seinem kaiserlichen Elfenbeinturm auf dem Palatin herab und begab sich ohne jegliche Berührungsängste in die Niederungen des einfachen Volkes. Das war etwas völlig Neues. Trotz seines hohen Standes war Nero ein Kaiser zum Anfassen, der Freud und Leid mit dem kleinen Mann der Straße zu teilen schien, bei öffentlichen Festgelagen, auf der Bühne und in der Arena. Als Anhänger der »Grünen« saß er dort in den Farben seines Rennteams, war außer sich vor Freude, wenn sein Rennstall siegte, und zu Tode betrübt, wenn ein Reiter einer anderen Equipe als erster die Ziellinie passierte.

Später sang und spielte sich der Künstlerkaiser in die Herzen des römischen Volkes. Schnell avancierte er zum Liebling der Massen, Imperator Nero Superstar, der das Volk mit seinen hingebungsvollen Darbietungen zu wahren Begeisterungsstürmen hinriß, der erste Pop-Star der Geschichte. Ein Ästhet und Lebemensch auf dem Kaiserthron, der lieber mit Philosophen dinierte als mit Generälen, der sich und seine Freunde mit Essen, Trinken und Sex erfreute, Annehmlichkeiten des Lebens, an denen er auch das Volk teilhaben ließ.

## Polizeistaat

Mag man aus heutiger Sicht die künstlerischen Darbietungen Neros belächeln, so war den damaligen Zeitgenossen gar nicht zum Lachen zumute, im Gegenteil, denn dieses konnte einem leicht im Halse stecken bleiben. Nero war ein ernstzunehmender Überzeugungstäter, von dessen Künstlertum etwas Bedrohliches, ja Tödliches ausging. Denn wer daran Anstoß nahm, fiel in Ungnade. Während der Kaiser bei Majestätsbeleidigungen bisweilen eine erstaunliche Toleranz an den Tag legte, duldete er keine Kritik an seiner Kunst. So kam glimpflich davon der Schauspieler Datus, als er auf der Bühne die Zeilen »lebwohl, Vater, lebwohl, Mutter« rezitierte und dabei Gesten des

Trinkens und Schwimmens machte, um auf das Schicksal des Claudius und der Agrippina anzuspielen. Wenn allerdings sein Künstlertum in Frage gestellt wurde, reichte es schon aus, wenn man seinen Darbietungen nicht genügend Aufmerksamkeit schenkte. Denn wenn es um Kunst ging, verstand Nero keinen Spaß. Den späteren Kaiser Vespasian (69–79 n. Chr.) hat es beinahe das Leben gekostet, als er einmal während einer kaiserlichen Vorstellung eingeschlafen war. Jeder Senator, dem sein Leben lieb war, opferte der »göttlichen Stimme des Kaisers«, wie Tacitus ironisch bemerkte. Und wehe dem, der auf Roms Straßen nicht kräftig Beifall klatschte, wenn ein Künstler Lieder aus dem »Buch des Meisters« anstimmte. Beispielsweise der asketische Heilige Apollonius von Tyana, der eines Tages in Rom seines Weges ging und den Kompositionen des allerdurchlauchtigsten Kaisers nicht den gebührenden Respekt zollte. Eine Geringschätzung, die den ahnungslosen Wanderprediger fast das Leben gekostet hätte. Philostrat, der um 200 n. Chr. diese Episode niederschrieb, schilderte Neros Rom als Polizeistaat, in dem an jeder Straßenecke Spione standen. Verantwortlich hierfür zeigte sich Neros Bluthund Tigellinus.

Ebenso rigoros wie in den Gassen Roms bespitzelte man die Theaterbesucher, wenn der Kaiser auf der Bühne stand. Während er sang, war es nicht gestattet, das Theater zu verlassen, auch nicht in dringenden Fällen. So erzählt man, daß einige Frauen sogar während seiner stundenlangen Auftritte entbunden hätten und viele Leute, des Zuhörens überdrüssig, sich tot gestellt hätten, um so aus dem Theater herausgetragen zu werden. Wer dem Gesang des Kaisers lauschte, mußte seine Kommentare hierzu sorgfältig abwägen, da es viele Aufpasser und Spione unter den Zuschauern gab. Ein unachtsames Wort genügte. Oft reichte es auch schon aus, wenn man nicht gebührend applaudierte. Auch die Mienen und Gebärden der Zuschauer wurden genauestens beobachtet, was den Wanderphilosophen Apollonius von Tyana zu der Bemerkung veranlaßte, daß Tigellinus aus Rom eine Stadt voller Augen und Ohren gemacht habe. Rom entwickelte sich immer mehr zu einem Überwachungsstaat Orwellscher Prägung. Überall lauerten Gefahren, selbst im Bordell war Vorsicht geboten, da sich so manche Liebesdienerin im Nachhinein als Agentin des Kaisers entpuppte. Und auch auf dem ›stillen Örtchen‹, das bei der Bauweise der römischen Latrinen bekanntlich gar nicht so still war, konnte man vor Nachstellungen nicht mehr sicher sein. Einmal saß dort der Dichter Lukan, der zum Freundeskreis um Nero gehörte. Er litt an Blähungen und zitierte, während er sich Luft verschaffte, unvorsichtigerweise einen Vers, der von Nero persönlich stammte: »Es war wie Donner aus der Erde Bauch.« Schnell gelangte Lukans Witzwort aus der öffentlichen Bedürfnisanstalt in den Kaiserpalast. Ob es dieser unglückliche Witz war oder ob ihn die aufgedeckte Verschwörung des Piso in den Freitod trieb, oder allgemein des Kaisers Neid auf dessen Dichtkunst, läßt sich nicht eindeutig sagen.

## Pisonische Verschwörung

Neros letzte Jahre waren ein Taumel zwischen rauschhafter künstlerischer Selbstdarstellung und ständiger, in Terror sich entladender Verfolgungsangst, so daß der »böse Dämon« des Kaisers, Tigellinus, diesen zu immer neuen Mordbefehlen anstacheln konnte. Es war schließlich auch Tigellinus' Sicherheitsapparat, der im April des Jahres 65 n. Chr. in Rom eine Verschwörung aufdeckte. Bei dem Komplott, das C. Calpurnius Piso an die Macht bringen sollte, handelte es sich keineswegs um ein spontanes Aufbegehren einiger Unzufriedener. Es handelte sich vielmehr um den über Jahre gewachsenen Widerstand einer Gruppe von Oppositionellen, die Neros Herrschaft als immer unerträglicher empfanden. Faenius Rufus, Tigellinus' Kollege als Befehlshaber der Garde, gehörte dazu, ferner Senatoren, Ritter und Offiziere. Aber auch Mitglieder der Dichter-Boheme, wie Senecas Neffe Lukan, hatten sich den Verschwörern angeschlossen. Ein äußerst heterogener Kreis mit unterschiedlichen Motiven, aber einem einzigen Ziel: der Beseitigung Neros. Ihre Motive hatte prägnant der Prätorianer Sabrius Flavius formuliert, der auf die Frage Neros, warum er seinen Fahneneid gebrochen habe, antwortete: »Keiner von den Soldaten war dir treuer als ich, solange du es verdientest, geliebt zu werden. Zu hassen begann ich dich, als du zum Mörder deiner Mutter und deiner Gattin, zum Wagenlenker, Schauspieler und Brandstifter geworden warst.«

128

## Calpurnius Piso – ›Light-Version‹ Neros

Das Oberhaupt der Verschwörung, der Senator C. Calpurnius Piso, war nicht nur von aristokratischer Abstammung, sondern auch ein Mann, dessen verschwenderischer Lebensstil und dessen künstlerische Interessen durchaus dem Zeitgeist entsprachen, wie Tacitus vermerkt. »Damit fand er bei der Mehrzahl Gefallen, die bei dem so süßen Leben der Laster keinen straffen noch überstrengen obersten Herrn über sich sehen will.« Tacitus tippt mit diesem Satz nur sehr kurz einen allgemein im 1. Jahrhundert n. Chr. zu verzeichnenden Mentalitätswandel in den oberen Gesellschaftsschichten Roms an, der sich an anderer Stelle noch etwas genauer fassen läßt. Bezeichnenderweise im Zusammenhang mit Calpurnius Piso. Die Rede ist von der sogenannten *laus Pisonis*, einem in Hexametern gefaßtem Lobgedicht eines unbekannten Autors. Es porträtiert einen Senator zur Zeit Neros, der sich nicht mehr auf den hergebrachten aristokratischen Betätigungsfeldern des Krieges, sondern auf kulturellem Gebiet profiliert: »Kriegerische Hand und mühsames Waffenwerk geziemten einst den alten Quiriten […]. Wir wollen nun einen im friedlichen Ruhmesglanz schimmernden Piso seinen kriegerischen Ahnen gleichordnen«, heißt es zu Beginn. Kriegerische Tüchtigkeit wird nicht mehr als zeitgemäß angesehen, denn in einem Goldenen Zeitalter herrscht Friede, tiefer Friede, der keine Möglichkeit mehr zu militärischem Ruhmeserwerb bietet. Daher muß man sich nach anderen Beschäftigungsformen umsehen, wie der Tätigkeit als Anwalt, Redner oder Dichter. »Man muß der Zeiten Diener sein«, konstatiert der anonyme Dichter und fährt fort: »Wer mit genauem Gewicht die Zeiten wägt, der wird Soldat sein, wenn Kriege ihn rufen; wenn Frieden ist, wird er die Waffen ablegen und die Toga ihn kleiden. Ihm geziemt im Frieden das Forum, im Kriege das Lager.« Im Frieden, so der Tenor dieser Zeilen, muß man sich nicht in Waffen üben, sondern soll sein ›Schlachtfeld‹ auf weniger kriegerische Gebiete verlegen – auf friedliche Künste wie das Lyra-Spiel, Dichtung und Gesang, Fechtsport sowie Ball- oder Brettspiele. Denn auch der große Kriegerheros Achill habe Lyra gespielt, was ihn nicht an seinen heroischen Taten gehindert habe.

Die *laus Pisonis* ist ein wichtiges Zeugnis für den in der neronischen

Ära vorherrschenden Zeitgeist. Wichtig deshalb, weil darin gleich zwei einschneidende gesellschaftliche Veränderungen offen zum Ausdruck kommen: Der Wandel des aristokratischen Leistungsideals und ein allgemeiner, Mitte des 1. Jahrhunderts n. Chr. einsetzender Mentalitätswandel im römischen Establishment. Ersterer resultierte aus der politischen Ausschaltung der römischen Führungsschicht seit Augustus, die fortan ihre internen Standeskämpfe auf kulturellem Gebiet ausfocht. Letzterer folgte einer allgemeinen Zeitströmung, die Rom allmählich erfaßte. Und Nero, ganz dem Trend der Zeit entsprechend, setzte sich mit seiner Förderung musischer und literarischer Aktivitäten an die Spitze dieser neuen kulturellen Strömung, der er als oberste Autorität in Rom den Weg bereitete. Gleichzeitig orientierte er sich bei seinen künstlerischen Auftritten an dem neuen Leistungsideal seiner aristokratischen Standesgenossen. Aber diese, stellvertretend Calpurnius Piso, praktizierten die friedlichen Künste im Privaten, während jener seine musischen Aktivitäten in die Öffentlichkeit trug. Wenn nun aber die Verschwörer einen Mann wie Calpurnius Piso auf den Schild heben wollten, dann zeigt dies, daß der oben erwähnte Mentalitätswandel in der römischen Führungsschicht bereits weit fortgeschritten war. Piso verkörperte demzufolge den Zeitgeist in einer für strenge Gemüter gerade noch akzeptablen Weise, gewissermaßen als eine Art ›Light-Version‹ Neros.

## Gründe für den Tyrannenmord

Die politische Bilanz der Herrschaft Neros war in den Augen der Verschwörer niederschmetternd. Er, der einst mit dem Versprechen angetreten war, seine Herrschaft in die Tradition des Augustus zu stellen, trat jetzt als singender Künstler auf, der jedes Maß an Anstand und Moral vermissen ließ und die Sitten der Vorfahren mit Füßen trat. Seit dem Beginn der 60er Jahre hatte die oppositionelle Stimmung gegen Nero deshalb stetig zugenommen. Sein Auftritt bei den *Iuvenalia* (59 n. Chr.) und ein Jahr später, bei den *Neronia*, galten in den Augen der Römer als ebenso anstößig wie seine philhellenischen Neigungen und die damit einhergehenden Bemühungen, den verweichlichten Lebensstil der Griechen in Rom salonfähig zu machen.

Hinzu trat der ruchlose Mord an seiner ersten Gemahlin Octavia. Neros Herrschaft war immer tyrannischer geworden, seit er sich mit zwielichtigen Gestalten wie Tigellinus umgeben hatte. Parallel zu seinem wahnhaft mörderischen Verhalten intensivierte der kaiserliche Musikus seine künstlerischen Auftritte. Für die anstehenden Feierlichkeiten zu den zweiten neronischen Festspielen im Jahr 65 n. Chr. hatte Nero Spektakuläres angekündigt: einen Auftritt vor der gesamten römischen Öffentlichkeit. Damit stand das Ansehen der herrscherlichen Majestät, aber auch das des römischen Staates auf dem Spiel. Mit Schrecken dachten die Adligen noch an das erste Fest vor fünf Jahren, bei dem sie vom Kaiser gezwungen worden waren, sich als Schauspieler und Künstler vor Publikum zu erniedrigen. Abermals wollten sie eine derartige Demütigung der römischen Oberschicht nicht hinnehmen. All das bewog die Verschwörer, Nero durch einen Würdigeren, eben Calpurnius Piso, zu ersetzen. Und so beschloß man, den Kaiser bei den Feierlichkeiten zu Ehren der Göttin Ceres, am 19. April zu ermorden.

Doch die Verschwörung flog auf, da sich einer der beteiligten Senatoren am Vorabend der Tat allzu auffällig benahm, so daß einer seiner Sklaven Verdacht schöpfte und seine Beobachtungen beim kaiserlichen Kanzleisekretär Epaphroditus zur Anzeige brachte. Nun ergab eins das andere. Verhaftungen und unter der Folter erpreßte Geständnisse brachten das ganze Ausmaß der Verschwörung ans Licht. Der Köder zugesicherter Straflosigkeit vervielfältigte den Verrat, und manche scheuten sich nicht, ihren besten Freunde mit ins Verderben zu stürzen. Ein gewisser Antonius Natalis, engster Vertrauter Pisos, tat sich, um seinen Kopf zu retten, in der Preisgabe von Namen besonders hervor. Dieser Mann war es auch, der alsbald Seneca der Mitwisserschaft beschuldigte, da er mit Recht vermutete, daß dem Kaiser diese Nachricht willkommen sein würde. Denn längst war auch Seneca ins Visier von Neros Haschern geraten.

## Grausames Strafgericht

Über Rom wurde der Ausnahmezustand verhängt. Überall patrouillierten Truppen, Schergen wurden ausgesandt, um der Verschwörer habhaft zu werden. Nero reagierte mit panischer Angst auf die ersten unter Folter erpreßten Geständnisse, und Angst war bekanntermaßen das Hauptmotiv für seine Morde. Rom erlebte in diesen Tagen eine nie dagewesene Verhaftungswelle. Reguläre Gerichtsverfahren gab es nicht, Personen, die man verdächtigte, sich an der Verschwörung beteiligt zu haben, wurden von Soldaten umgebracht oder zum Selbstmord gezwungen. Prominentestes Opfer der ›Säuberung‹ war Seneca, der Mann, der vergeblich versucht hatte, Neros Prinzipat eine ethische Grundlage zu geben. Der Philosoph, der nach seinem Rückzug aus der Politik konsequent die epikureische Devise »Lebe im Verborgenen« befolgt und sich darin geübt hatte, die Dinge der Welt in leidenschaftsloser Distanz zu betrachten, mußte genauso sterben wie das Oberhaupt der Verschwörung, Calpurnius Piso sowie der Prätorianerpräfekt Faenius Rufus und der Dichter Lukan.

Der Niederschlagung der Verschwörung folgte eine Welle von Anklagen und Prozessen gegen jene Senatoren, deren ›Vergehen‹ einzig darin bestanden hatten, daß sie dem Kaiser nicht nach dem Munde redeten. Jetzt zeigte sich das neronische Regime von seiner häßlichsten Seite. Willkürlich wurden Leute verhaftet und zu Tode gebracht. Egal ob schuldig oder nicht, Nero räumte mit allen auf, die ihm verdächtig oder verhaßt waren. Alte Rechnungen wurden beglichen, besonders in den Reihen der stummen Kritiker der sogenannten »stoischen Opposition«. Aufrechte Männer, wie die beiden hochangesehenen Senatoren Barea Soranus und Thrasea Paetus, wurden aus dem Wege geräumt.

Jetzt bewahrheiteten sich im Nachhinein Senecas Worte auf das schlimmste, mahnende Worte, die er einst in seinem Traktat »Über die Milde« seinem Zögling ins Stammbuch geschrieben hatte. »Der Gewaltherrscher«, so formuliert er dort, »bringt sich durch sein Wüten in immer größere Gefahr, bis sein Handeln auf ihn zurückschlägt. Er ist der Gefangene seines Tuns, muß seine Verbrechen durch Verbrechen schützen. […] Er hat sich alle Welt zu Feinden gemacht, auch die Diener, die Freunde, ja die eigenen Kinder; er nimmt, da er sich vor Waffen fürchtet, Zuflucht zu Waffen.«

Ein weiteres prominentes Opfer war Gaius Petronius, der »Lehrmeister des feinen Geschmacks« und Autor des *Satyricon*, den der Kaiser Anfang der 60er Jahre in den Kreis seiner Vertrauten aufgenommen hatte. Sein Tod ging allerdings auf Tigellinus' Konto, der einfach neidisch auf den anderen Günstling war. Mit Petronius raffte

Nero den dritten Schriftsteller seiner Zeit dahin, so daß sich der römische Parnaß nunmehr keiner literarischen Größe ersten Ranges mehr erfreuen konnte. Petronius, Roms Bonvivant Nummer eins, wußte nicht nur zu leben, sondern auch zu sterben. Ähnlich wie kurz zuvor Seneca setzte er seinem Leben durch einen nach stoischem Ideal inszenierten Selbstmord ein Ende, indem er sich mit spielerischem Gleichmut die Pulsadern öffnete. Bevor er allerdings aus dem Leben schied, verfaßte Petronius ein Testament der ganz besonderen Art. Dieses enthielt keineswegs die für gewöhnlich dem Kaiser entgegengebrachten Schmeicheleien, sondern kompromittierende Pikanterien vom Kaiserhof. Ohne ein Blatt vor den Mund zu nehmen, breitete der Weltlebemann *en detail* alle Schandtaten Neros unter namentlicher Nennung seiner Lustknaben und Frauen aus, listete minutiös die Neuartigkeit jedes einzelnen Lustaktes auf und schickte seinen Abschiedsbrief anschließend Nero.

Am Ende starb auch Poppaea Sabina, jedoch nicht als Opfer der Verschwörung, sondern als Opfer kaiserlicher Unbeherrschtheit. Ihr wurde zum Verhängnis, daß sie im falschen Moment ihrem Mann die Leviten las, der seine nörgelnde Gattin daraufhin zornentbrannt mit einem Tritt in den Unterleib ins Jenseits beförderte.

## Kunst als Terror

Nach diesen Morden ging Nero daran, sein seit dem Brand des Jahres 64 n. Chr. bestehendes ramponiertes Image beim Volk wieder aufzupolieren. Gelegenheit hierzu boten ihm die im Mai 65 n. Chr. anstehenden zweiten *Neronia*, bei denen er sein künstlerisches Debüt vor römischem Publikum gab. Die Inszenierung seines Auftritts war sorgfältig vorbereitet. Festspielleiter war Aulus Vitellius, ein alter Kumpan Neros, der den Kaiser auf seinen Streifzügen durch das nächtliche Roms begleitet hatte. Schon das Vorspiel seines Auftritts geriet zu einer Demütigung für die nach den jüngsten Strafmaßnahmen stark eingeschüchterten Senatoren. Diese hatten händeringend versucht, den Kaiser durch die Vorabverleihung der Preise an einem Auftritt zu hindern. Nero lehnte jedoch indigniert ab, da er schon selbst in der Lage sei, die Trophäen zu erringen. Er trieb nun umgekehrt sein Spiel mit den ihm verhaßten Senatoren. Zunächst legte er, ganz Mime, eine gespielte Zurückhaltung an den Tag, kokettierte mit seinem Bühnendebut. Inmitten der lautstarken Forderungen nach seinem Auftritt hat er das Theater erst einmal verlassen, wurde dann aber von Vitellius zurückgeholt – die kaiserliche Diva wollte gebeten werden. Damit persiflierte der Kaiser das politische Ritual der *recusatio*, jene zeremonielle Verweigerung der Amtsübernahme gleich nach der ersten Aufforderung zum Amtsantritt, die uns schon im Falle des Kaisers Tiberius begegnet ist.

Schließlich trat der kaiserliche Apoll vor seine Fangemeinde. Begleitet wurde er von Offizieren der Garde, die zusammen mit ihm auf das erhöhte Bühnenpodest traten, von dem aus die Schauspieler vor einer mehrstöckigen Kulissenwand ihr künstlerisches Talent zum besten gaben. Als Komparsen für seinen Auftritt wirkten die beiden Prätorianerpräfekten, die ihm – in Umkehrung aller soldatischen Werte Roms – sein Musikinstrument trugen. Und auch die Wahl des Instruments, mit der er seine Zuhörer zu verzücken gedachte, war eine Provokation. Denn er wählte nicht die als aristokratisch geltende Lyra, sondern die deutlich lautere Kithara, das Instrument der Berufskünstler.

Der halbkreisförmige Zuschauerraum mit seinen hintereinander angeordneten Sitzreihen, war bis auf den letzten Platz gefüllt, als der Kaiser dann endlich seine ›göttliche‹ Stimme erhob. Mehrere Stunden dauerte sein Auftritt, mehrfach wechselte er dabei die Rollen. Das Publikum war von den Metamorphosen des kaiserlichen Darstellers begeistert, erst recht als dieser in Frauenrollen schlüpfte. Die Menge dürfte getobt haben, als Nero »die trauernde Niobe« gab, jene Tochter des mythischen Königs Tantalos, die sich brüstete, mehr Kinder zu haben als die Göttin Leto, und diese Hybris mit dem Leben ihrer Kinder bezahlte und anschließend zu Stein wurde. Eine weitere Paraderolle des *imperator scaenicus* war »die Niederkunft der Kanake«, Tochter des thessalischen oder tyrrhenischen Königs Aeolus, deren Kind aus der blutschänderischen Beziehung zu ihrem Bruder den Hunden vorgeworfen wurde. Schauspielerisches Highlight war dabei zweifelsohne jener Moment, als Nero sich halb wahnsinnig in Wehenschmerzen am Theaterboden krümmte und dabei spitze Schreie von sich gab. Seitdem machte in Rom hinter vorgehaltener Hand der Witz die Runde: »Was macht der Kaiser? Er bekommt gerade ein Kind.« Nero traf mit diesen Darbietungen den volkstümlichen Geschmack der Masse, und während das Volk auf den hinteren Rängen tobte, machten die feinen Herren in den Logenpätzen gute Mine zum bösen Spiel und applaudierten artig. Was blieb ihnen auch anderes übrig? Mittlerweile konnten sich all jene Senatoren glücklich schätzen, die zwar ihre Ehre, nicht aber ihr Leben verloren hatten. Prätorianer standen an den Aufgängen und registrierten genau, ob die Zuschauer an den richtigen Stellen Beifall spendeten, sagt Tacitus. Der Bühnenkaiser terrorisierte zusammen mit seinen Soldaten und dem städtischen Publikum Senat und Ritterschaft. Für letztere waren derartige Auftritte nicht nur eine Verhöhnung ihrer selbst, sondern auch der kaiserlichen Majestät sowie des gesamten römischen Staates. Für Tacitus war es schlichtweg ein »öffentlicher Skandal.« Ein Kaiser, der mit seiner eigenen Schande dem Pöbel schmeichelte, war vom Standpunkt eines lupenreinen Aristokraten eine kaum zu überbietende Ungeheuerlichkeit. Die Kritik der senatorischen Geschichtsschreibung an Neros künstlerischem Engagement war vor allem deshalb so groß, weil der Kaiser mit den Auftritten gegen aristokratische Normen verstieß.

### Imagepflege eines Künstlers

Zur Selbststilisierung eines Künstlers gehört immer auch sein *outfit*, mit dem er seine ganz persönliche Note zum Ausdruck bringt. Bei Nero war das nicht anders: Anläßlich seiner Bühnenpremiere im Jahre 65 n. Chr. ließ er eine Münze prägen, die ihn als lyrazupfenden Apollo im Kitharödengewand und mit Lorbeerkranz zeigte. Derlei hatten die Römer noch nie zu Gesicht bekommen. Und auch das Porträt des Kaisers auf den Vorderseiten der Münzen war nun völlig anders, insbesondere seine Frisur, die sich erheblich von derjenigen seiner Vorfahren unterschied. Besonders ›hipp‹, wie man heute neudeutsch sagen würde, waren die tief in den Nacken fallenden Haare und die über Stirn und Schläfen gelegten kunstvoll ondulierten Sichellocken. Neros Haare waren nicht mehr als Frisur eines Senators arrangiert, sondern als Frisur eines Künstlers. Überhaupt profilierte sich Nero als Avantgardist des neuen Zeitgeistes. Seine Kaiserporträts unterscheiden sich wesentlich von den herkömmlichen

Darstellungen der iulisch-claudischen Kaiserikonographie. Anstelle von vorwiegend jugendlichen und weitgehend alterslos stilisierten Formen tritt uns hier ein geradezu entwaffnender Realismus entgegen. Vor allem die extreme Verfettung im Gesicht, die ebenso wie seine kunstvoll frisierten Locken und das lange Nackenhaar als Zeichen von Reichtum und Muße, von sorgenfreiem und glücklichem Leben, galt. Wohlstandsspeck würden wir heute sagen, und diesen Wohlstand trug der Kaiser im Gesicht.

Welchen Eindruck dürfte wohl das Bild des musizierenden Kaisers auf die in Waffen stehenden Grenztruppen an Rhein, Donau und Euphrat gemacht haben? Mit einer Lyra jedenfalls, so werden sich einige gedacht haben, ließen sich die Reichsgrenzen nur schwerlich verteidigen. Auf jeden Fall wird dies für reichlich Gesprächsstoff unter den Legionären gesorgt und sicherlich auch zu manch bissigem Witz über Nero Anlaß gegeben haben. Im fernen Britannien jedenfalls war ihm sein Ruf als Künstler bereits vorausgeeilt, und der war schlecht, denn die Inselbewohner machten sich über Neros weibisches Wesen lustig. Daß dies nun ausgerechnet durch eine Frau, nämlich die britannische Kriegerkönigin Boudicca, geschah, verlieh der ganzen Angelegenheit noch zusätzliche Brisanz. Nero sei zwar dem Namen nach ein Mann, tatsächlich aber ein Weib, wie er durch seinen Gesang, sein Leierspiel und sein Äußeres bestätigt habe, höhnte die mannhafte Amazone.

Das alles focht Nero nicht an, ihm war daran gelegen, seine nach dem Brand des Jahres 64 n. Chr. gesunkenen Sympathiewerte beim Volk wieder aufzubessern. Und das war ihm mit seinen Auftritten bei den zweiten *Neronia* gelungen. Vergessen schien der Unmut, der sich wegen des verheerenden Großbrandes und der daran anschließenden größenwahnsinnigen Baumaßnahmen für die *Domus Aurea* geregt hatte. Das Volk war versöhnt, die senatorische Opposition verhöhnt, so könnte man in aller Kürze Neros Politik im Jahre 65 n. Chr.

beschreiben. Jetzt ging der kaiserliche Künstler daran, sich einen langgehegten Traum zu erfüllen. Rom war zu klein für ihn geworden. Ihn dürstete nach Popularität auf internationaler Bühne. Diese fand er im Ursprungsland der Schauspielkunst, in Griechenland.

## Nero auf Konzertreise

»Die Griechen allein sind meiner Musik würdig, sie verstehen zuzuhören.« So begründete Nero laut Sueton seine sechzehnmonatige Griechenlandtournee in den Jahren 66/67 n. Chr. Schon lange war es sein sehnlichster Wunsch gewesen, nach Griechenland zu reisen, in die Heimat der musischen und athlethischen Wettkämpfe, um sich dort mit den renommiertesten Künstlern der Zeit zu messen. *Periodonikes* wollte er werden, d. h. Sieger in allen vier großen panhellenischen Spielen im gleichen Jahr – gewissermaßen dem *Grand Slam* der Antike. Es waren dies die Olympischen in Olympia, die Isthmischen in Korinth, die Pythischen in Delphi und die Nemeischen in Nemea.

Im Herbst 66 n. Chr. brach der Kaiser mit großem Gefolge nach Griechenland auf. Zuvor hatte er die Staatsgeschäfte für die Zeit seiner Abwesenheit den beiden Freigelassenen Helius und Polyclitus übertragen. Leuten, deren eigenes Wohlergehen von Neros Überleben abhängig war. Neros Gefolge war gewaltig. Eine stattliche Anzahl von Prätorianern sowie Abteilungen der germanischen Leibwache sorgten für den Schutz des Kaisers. Und da gerade Nero nur ungern auf seine gewohnten Annehmlichkeiten verzichtete, nahm er gleich den gesamten kaiserlichen Hofstaat mit. Seine kürzlich angetraute Gattin Statilia Messalina war ebenso an seiner Seite, wie etwa Calvia Crispinilla, die kaiserliche Garderobenfrau und »Lehrmeisterin der neronischen Lüste«. Mit von der Partie war natürlich auch sein Alter Ego, Tigellinus, nebst Sporus, dem bereits erwähnten Eunuchen mit den Gesichtszügen von Neros Exgattin Poppaea Sabina, mit dem er sich ohne jede Scham in aller Öffentlichkeit zeigte. Nicht fehlen durften natürlich seine Berufsclaqueure, die *Augustiani*, die ihm bei seinen Auftritten die notwendige moralische Unterstützung zukommen ließen.

Damit Nero auch *Periodonikos* werden konnte, wurde der Zeitpunkt der jeweiligen Spiele so verlegt, daß sich der Kaiser an allen vier beteiligen konnte. So wurden etwa die ursprünglich 65 n. Chr.

Abb. 20: Nero als Apollo citharoedus

stattfindenen Olympischen Spiele erst im darauffolgenden Jahr gefeiert. Auch wurden neue Disziplinen eingeführt, die ihm auf den Leib geschnitten waren. In Olympia ließ man dafür ausnahmsweise auch einen musikalischen Wettbewerb zu. Auch sonst tat man alles Erdenkliche, um seine Erfolgsaussichten zu erhöhen. Wo immer der Kaiser auch auftrat, wußten es die Kampfrichter so einzurichten, daß der Princeps als Sieger hervorging. Es sollte nicht zu ihrem Nachteil sein, denn Nero ließ sich seine Siege einiges kosten. Wie gut dieses ›Schmieren‹ funktionierte, zeigte sich in Olympia. Nero war dort beim Wagenrennen angetreten, in der höchsten Klasse der Zehnergespanne, und in einer Kurve aus dem Wagen geschleudert worden, weswegen er das Rennen nicht zu Ende fahren konnte. Dennoch wurde er von den Preisrichtern zum Sieger erklärt – eine Geste, die ihnen eine Million Sesterze eintrug.

Nero war in seinem Element, er reüssierte als Sänger, Athlet und Wagenlenker. Überall, wo er hinkam, schlugen ihm Wellen der Begeisterung entgegen, überall verließ er die Wirkungsstätte als Sieger. Am Ende waren es 1808 Siegespreise, die er auf seiner künstlerischen Odyssee durch Griechenland errang. Und während der ›Meister‹ mit seinen Auftritten die Griechen mehr oder minder begeisterte, erleichterten seine Begleiter die ahnungslosen Gastgeber um ihre Kunstschätze. Wie viele andere Römer war auch Nero ein begeisterter Kunstsammler. Zahlreiche Kulturguter wechselten in diesen Tagen ihren Besitzer. Aus Delphi sollen es allein über fünfhundert Statuen gewesen sein und viele wertvolle Kleinodien, die man nach Rom abtransportieren ließ, als Exponate für Neros Goldenes Haus.

### Der lange Arm des Kaisers

In Rom ließ derweil Helius den Senator Sulpicius Camerinus auf Befehl des Kaisers hinrichten. Seine Verfehlung bestand darin, daß er seinen Beinamen *Pythicus*, einen Namensbestandteil, den seine Familie seit Generationen weitergegeben hatte, nicht aufgeben wollte. Jetzt, nach Neros Sieg in Delphi, konnte es nur noch einen *Pythicus* geben – und das war der Kaiser. Nun waren schon vorher zahlreiche Personen aus ähnlich nichtigen Gründen umgebracht worden. Aber der Fall des Camerinus zeigte, daß das Willkürregime Neros kein Ende zu nehmen schien; und immer sinnloser wurde das Morden. All diejenigen, die geglaubt hatten, daß der Blutdurst des Kaisers nach den ›Säuberungen‹ der Jahre 65 und 66 n. Chr. gestillt war, sahen sich alsbald eines Besseren belehrt. Selbst von Griechenland aus gab der Kaiser seine Mordbefehle. Bald gerieten auch die Feldkommandeure in den Provinzen ins Visier der kaiserlichen Fahnder. Hochdekorierte Generäle wurden nach Hellas zitiert, wo man sie mit erfundenen Anschuldigungen konfrontierte. Ein Entrinnen gab es nicht, da das Todesurteil bereits feststand. Eines der Opfer war der altgediente Generalissimus Cn. Domitius Corbulo, der mehr als einmal die militärischen Kastanien für seinen kaiserlichen Herrn im Orient aus dem Feuer geholt hatte. Als dieser bei seiner Ankunft hörte, daß sein Tod beschlossene Sache sei, richtete er sich mit dem Schwert. »Du verdienst es«, soll er zu sich selbst gesagt haben, in der plötzlichen Erkenntnis, daß er einem Kitharöden gedient hatte. Ähnlich erging es den Scribonius-Brüdern, die seit mehr als zehn Jahren die Rheinarmeen befehligten, Proculus in Obergermanien, Rufus in Untergermanien. Auch sie wurden nach Korinth vorgeladen und fanden dort den Tod.

## Freiheit für Griechenland

Nero glaubte in Griechenland auch eine politische Mission erfüllen zu müssen, freilich eine, die ihn persönlich für alle Zeiten als Philhellenen kennzeichnen sollte. Während der Isthmischen Spiele trat der bekennende Griechenfreund vor sein Publikum und erklärte die Provinz Achaea für frei. Das war in der Tat ein überaus großzügiges Geschenk für den Empfang, den die Griechen ihm bereiteten – sie brauchten jetzt keine Steuern mehr zu zahlen. In Korinth gab er eine weitere Demonstration seines übersteigerten Herrschaftsgebarens. Bekannt für sein Verlangen, das Unmögliche möglich zu machen, wollte er den Isthmus von Korinth durchstechen, ein Bauvorhaben, an dem sich bereits zahlreiche berühmte Männer zuvor vergeblich versucht hatten. Der Kaiser legte selbst Hand an, führte den ersten Spatenstich und trug die ausgehobene Erde eigenhändig in einem Korb davon. Für die Drecksarbeit ließ er jüdische Kriegsgefangene malochen, die ihm sein General Vespasian aus Iudaea, wo Rom seit 66 n. Chr. in heftige Kämpfe verwickelt war, geschickt hatte. Großes hatte der Kaiser im Sinn, wollte mit dem Durchstich des Isthmus von Korinth aus der Peloponnes eine Insel machen, die dann Neronnesos, »Insel des Nero«, heißen sollte. Doch seine hybriden Pläne scheiterten genauso grandios wie die seiner Vorgänger; es sollten noch fast eintausendachthundert Jahre vergehen, bis das waghalsige Mammutprojekt schließlich realisiert werden konnte.

## Wachsender Unmut

Während Nero in Griechenland von Sieg zu Sieg eilte, formierte sich Widerstand an den Grenzen des Reiches. Beunruhigende Meldungen kamen 67 n. Chr. aus Gallien, wo der Statthalter der Provinz *Gallia Lugdunensis*, C. Iulius Vindex, sich an die Spitze mehrerer gallischer Stämme stellte und offen gegen den Kaiser rebellierte. Anlaß für die Erhebung waren drastische Steuererhöhungen, mit denen Nero das exorbitante Loch im Staatshaushalt stopfen wollte. Seine vierzehn Jahre währende Herrschaft hatte den Staat an den Rand des Ruins gebracht, die traurige Bilanz: vierzig Milliarden Sesterzen Defizit. Dabei übertraf Nero noch seinen Onkel Caligula.

In Rom wurden die Senatoren kräftig zur Kasse gebeten. Vorbei waren die Zeiten, als der Kaiser in finanzielle Not geratenen Mitgliedern der Senatsaristokratie unter die Arme griff. Jetzt ließ er keine Gelegenheit aus, um die ihm zuwider gewordenen Standesgenossen zu schröpfen. Rücksichtslos ließ er die Familienvermögen hingerichteter Aristokraten einziehen. Eine weitere einträgliche Geldquelle bildeten die Ländereien der Adligen, die er im Rahmen der Majestätsprozesse in seinen Besitz brachte. Schnell war man mit Enteignungen bei der Hand, wenn eine Anzeige gegen einen Landbesitzer vorlag. Und da Nero den Hals nicht voll genug bekommen konnte, hatte er auf diese Weise die Hälfte der Provinz Africa an sich gebracht.

Neros Bemühungen, an Geld zu kommen, waren ebenso willkürlich wie spitzfindig. Wiederum diente ihm sein Onkel Caligula, der in dieser Angelegenheit einen besonderen Einfallsreichtum an den Tag gelegt hatte (vgl. S. 33–34), als großes Vorbild. Sueton schildert ausführlich die neuen Methoden der Geldeintreibung, deren sich Nero befleißigte: »Er forderte auch die Belohnungen zurück, die er den Städten gewährt hatte, die ihm irgendwann einmal Siegeskränze bei einem Wettkampf zuerkannt hatten. Zudem untersagte er den Gebrauch der Amethyst- und Purpurfarbe, stiftete dann jemanden dazu an, am Markttag einige Gramm davon zu verkaufen und ließ daraufhin die Magazine sämtlicher Kaufleute beschlagnahmen. Wie es heißt, soll er sogar während eines Gesangsvortrages eine vornehme Dame im Publikum ausgemacht haben, die mit dem verbotenen Purpur bekleidet war. Sofort wies er seine Aufseher an, die uneinsichtige Dame aus dem Theater zu entfernen: Sie verlor nicht nur ihr Kleid, sondern auch ihr Vermögen. Zuletzt ließ er«, wie Sueton empört berichtet, »auch noch aus mehreren Tempeln die Weihgeschenke entfernen und die goldenen und silbernen Götterbilder einschmelzen. Darunter befanden sich auch die der Penaten«, der römischen Schutzgötter des Hauses.

Der Staat war nahezu pleite, so daß selbst die Soldzahlungen der Soldaten und die Pensionen der Veteranen ausgesetzt und verschoben werden mußten. Und wie immer in solchen Fällen wurde der kleine Mann zur Kasse gebeten, auch im römischen Gallien. Vielleicht war es die durch das Anziehen der Steuerschraube verursachte soziale Not der Provinzialen, vielleicht die Unsicherheit über die Auszahlung des Soldes der römischen Truppen, oder beides, das den Statthalter der *Gallia Lugdunensis* zum Jahreswechsel 67/68 n. Chr. bewogen hatte, den Aufstand gegen Nero zu proben. Nicht sozialreformerischer Eifer, wie vielfach unterstellt, bestimmte sein Handeln, sondern das Bestreben, einem anderen Kaiser zur Macht zu verhelfen. Über eines war sich Vindex jedoch im klaren. Sollte sein Aufbegehren von Erfolg gekrönt sein, mußte er sich schleunigst nach schlagkräftigen Verbündeten umsehen. Gehörte doch sein Verwaltungsbezirk zu jenen Provinzen, welche die Römer *provinciae inermes*, »unbewaffnete Provinzen«, nannten, in denen außer ein paar Sicherheitskräften keine Legionen stationiert waren. Brieflich forderte er seine Amtskollegen in den Nachbarprovinzen auf, es ihm gleichzutun, und sich von Nero, diesem »nichtswürdigen Tyrannen«, loszusagen. Seine Hoffnungen richteten sich dabei vor allem auf die Kommandeure der Rheinarmeen, Fonteius Capito und Verginius Rufus, die über eine stattliche Streitmacht von insgesamt sieben Legionen verfügten. Doch beide Heerführer, erst vor kurzem vom Kaiser auf ihre Posten berufen, zeigten wenig Interesse an der Offerte aus Gallien. Warum auch? Hatten sie doch als soziale Aufsteiger vom neronischen System profitiert. So blieb die Resonanz auf Vindex' Appell zunächst bescheiden. Manche Truppenkommandeure reagierten zögerlich, andere wiederum lehnten das Ansinnen strikt ab und sandten Informationen über die Umsturzpläne nach Rom. Viele trauten der Sache nicht, da sie hinter dem Aufruf zum Sturz Neros einen arglistigen Trick des Kaisers vermuteten, um ihre Loyalität zu testen. Zu frisch waren noch die Erinnerungen an die beiden Scribonius-Brüder, die ein Opfer der kaiserlichen Willkür geworden waren. Lediglich der Statthalter der Provinz *Hispania Tarraconensis*, Sergius Sulpicius Galba, zeigte sich den Avancen des Vindex gegenüber nicht abgeneigt. Dieser alte Haudegen hatte in seinem langen Leben im Dienste Roms so manche Schlacht erfolgreich geschlagen. Da Vindex als romanisierter Gallier selbst nicht Kaiser werden konnte, schien ein Vertreter der alten patrizischen Nobilität wie Galba, der noch die alten römischen Tugenden verkörperte, ein idealer Gegenkandidat für den verweichlichten und entarteten Bühnenkaiser zu sein. Jener hatte mit der Änderung seiner Statthalterbezeichnung zumindest erkennen lassen, wie er seine Stellung verstanden wissen wollte. Er nannte sich nicht mehr *legatus Augusti*, also »Bevollmächtigter des Kaisers«, sondern *legatus senatus ac populi Romani*, »Bevollmächtigter des Senats und des Volkes von Rom«. Entscheidend war jedoch die Einstellung der beiden Kommandeure der Rheinarmeen, von deren Verhalten das weitere Schicksal der Aufrührer abhing. Mit ihrer gewaltigen Streitmacht konnten sie dem gallischen Spuk ein schnelles Ende bereiten.

Zur gleichen Zeit regte sich auch in Nordafrika Widerstand gegen das neronische Regime. Dort hatte sich L. Clodius Macer, der Kommandeur der *legio III Augusta* in Afrika, ebenfalls von Nero losgesagt und eine weitere Legion mit dem programmatischen Beinamen

*Liberatrix*, »die Befreierin«, ausgehoben. Neben diesem militärischen Potential hatte Macer jedoch ein viel wirksameres Druckmittel gegen Nero in der Hand, die Sperrung der Getreideversorgung Roms. Neben Ägypten war das übrige Afrika die Kornkammer der Hauptstadt, und ein Ausbleiben des so lebenswichtigen Getreides hätte dort binnen kurzer Zeit zu einem Versorgungsengpaß geführt. Allein Gerüchte über ein mögliches Ausbleiben der afrikanischen Getreideflotte reichten aus, um Unruhen in Rom auszulösen. Aber auch das scherte den Kaiser reichlich wenig. Sein Interesse, so berichtet Sueton, galt in diesen Tagen einem ganz anderen Lastschiff. Es kam aus dem fernen Ägypten und hatte kein Getreide, sondern Sand für die Ringer im kaiserlichen Palast geladen.

## Erschreckende Sorglosigkeit

Wie reagierte Nero auf die Usurpationsversuche hochrangiger Militärs? Gleich nachdem die beunruhigenden Nachrichten aus Gallien und Nordafrika nach Rom gelangt waren, ließ Helius, der dort in Abwesenheit seines kaiserlichen Herrn die Staatsgeschäfte führte, Kuriere nach Griechenland in Marsch setzen. Sie sollten dem Kaiser die Gefahr vor Augen führen, die von einer Solidarität zwischen Besatzern und Besetzten ausgehen konnte. Nero war von den Neuigkeiten wenig beeindruckt, tat sie im Gegenteil als völlig belanglos ab. Dem *citharoedus princeps*, wie ihn Iuvenal einmal nannte, stand wahrlich nicht der Sinn nach solchen Lappalien. Er war vielmehr darauf erpicht, die Instinkte seiner maßlosen Eitelkeit als Künstler zu befriedigen. Erst als Helius sich selbst auf den Weg nach Hellas begeben hatte, um seinem kunstsinnigen Herrn persönlich klarzumachen, welche Gefahren aus den lokalen Erhebungen zu erwachsen drohten, konnte er diesen zur Rückkehr nach Rom bewegen.

Doch auch hier legte Nero eine erschreckende Sorglosigkeit an den Tag, hatte zunächst nichts Besseres zu tun, als sich feiern zu lassen. Er tat dies durch einen Triumph der ganz besonderen Art. Nero zog nicht als siegreicher Feldherr in Rom ein, sondern als ungeschlagener Periodonike. Statt militärischem Beutegut präsentierte man dem Volk allerlei unrömische Trophäen, den Isthmischen Selleriekranz, die Nemeische Efeukrone und den Pythischen Wettkampflorbeer. Und auf dem Kopf trug der ›Triumphator‹ nicht den Lorbeerkranz des siegreichen Feldherrn, sondern die Olympische Olivenkrone des Athleten. Zielpunkt seines Triumphzuges war auch nicht der Tempel des Iuppiter Optimus Maximus auf dem Kapitol, sondern der Tempel des Künstlergottes Apollo auf dem Palatin.

Hernach widmete sich Nero in aller Seelenruhe Bühne und Zirkus. Anstatt mit den führenden Männern, die er in seinen Palast geladen hatte, die politische Lage zu erörtern und über das weitere Vorgehen zu beraten, führte er diesen neue Musikinstrumente vor. Spätestens zu diesem Zeitpunkt dürfte seinen engsten Vertrauten klargeworden sein, wie weit inzwischen der Realitätsverlust bei Nero fortgeschritten war. Merkte er denn nicht, was sich da in Gallien zusammenbraute? Mit der Ankündigung, sich bald dem Volk als Flötenspieler, Dudelsackpfeifer und Balletttänzer zu präsentieren, verabschiedete sich Nero ins frühlingshafte Neapel. Der Schonung seiner Stimme wegen, die er bei seinen Auftritten in Griechenland über Gebühren strapaziert hatte. Dies erschien ihm wichtiger als die Staatsgeschäfte. In Neapel erreichte ihn dann am 21. März 68 n. Chr. die Nachricht vom offenen Abfall des Vindex. Selbst jetzt, als die monatelangen Gerüchte zur bitteren Gewißheit geworden waren, zeigte sich der mehr und mehr in seine musische Phantasiewelt entrückte Princeps nicht sonderlich beunruhigt. Hatte ihm doch sein Bluthund Tigellinus bislang alle Gefahren vom Leib gehalten. Unfähig, die politische Situation realistisch einzuschätzen und auf die Herausforderung angemessen zu reagieren, begab er sich ins Gymnasium, um dort die Athleten beim Kampf zu beobachten. Acht Tage ließ Nero nutzlos verstreichen, ohne auf die immer beunruhigender werdenden Nachrichten aus Gallien zu reagieren. Erst als ihm zu Ohren kam, daß Vindex, dieser impertinente Gallier, die Unverfrorenheit besessen hatte, ihn öffentlich als einen miserablen Kitharaspieler zu bezeichnen, geriet der in seiner Künstlerehre verletzte Kaiser in Rage. Jetzt sah sich Nero immerhin veranlaßt, einen Brief an den Senat in Rom zu schreiben, in dem er die Körperschaft aufforderte, das ihm zugefügte Unrecht zu sühnen. Er selbst entschuldigte seine Abwesenheit von Rom mit Heiserkeit.

144

## Surreale Phantasien

Erst die Hiobsbotschaft von der Usurpation Galbas Anfang April 68 n. Chr. riß den Bühnenkaiser aus seiner Traumwelt. Laut Sueton ist ihm die Kunde derart in die Glieder gefahren, daß er kurzzeitig in Ohnmacht fiel. Auf jeden Fall hat ihm das Schockerlebnis schlagartig die Sinne geschärft. Jetzt endlich kehrte Nero nach Rom zurück, zu spät, wie sich alsbald herausstellen sollte. Hier zeigte sich in aller Deutlichkeit, wie naiv und weltfremd der Kaiser war. Mit einem mörderischen Rundumschlag gedachte er sich aller Probleme auf einmal zu entledigen: Alle Befehlshaber des Heeres und sämtliche Provinzstatthalter sollten ihrer Posten enthoben und liquidiert werden. Umgebracht werden sollten auch alle von ihm Verbannten und alle in Rom lebenden Gallier; erstere, damit sie sich nicht den Abtrünnigen anschlössen, die anderen, weil sie Sympathisanten ihrer Landsleute seien. Gallien sollte den Heeren zur Plünderung überlassen, der gesamte Senat bei Gastmählern vergiftet werden. Erwogen hatte Nero auch, Rom in Brand zu stecken und die wilden Tiere auf das Volk loszulassen.

Neros surreale Pläne kamen jedoch nicht zur Ausführung, da sich in Rom inzwischen das Blatt zuungusten des Kaisers gewendet hatte. Alle hatten es gemerkt, nur der Kaiser nicht. Viele seiner einstmals so treuen Gefährten gingen auf Distanz, erkannten die Risiken, welche die falsche Parteinahme nach einem Machtwechsel in Rom für sie bedeuten würde. Auch der Prätorianerpräfekt Nymphidius Sabinus hatte die Zeichen der Zeit erkannt und unbemerkt von der Öffentlichkeit eine politische Kehrtwende vollzogen. Er, der Neros stümperhafte Führungsqualitäten aus nächster Nähe miterlebt hatte, war die treibende Kraft bei den Umsturzplänen gegen den Kaiser. Er nahm Kontakt zu den Senatoren auf und schlug sich auf die Seite Galbas, dem sich inzwischen auch die beiden anderen spanischen Provinzen, die *Baetica* und *Lusitania*, angeschlossen hatten. Nymphidius Sabinus versprach nun im Auftrag Galbas jedem Prätorianer ein Geldgeschenk von 7500 Sesterzen, wenn sie diesen zum Kaiser erhöben. Immer noch waren die Prätorianer der entscheidende Machtfaktor in Rom. Von ihrem Verhalten hing es im wesentlichen ab, ob der Aufstand gegen Nero Erfolg haben würde.

## Mit Blindheit geschlagen

Daß es überhaupt so weit kommen konnte, hatte sich Nero ganz allein zuzuschreiben. Allzu lange hatte er die drohende Gefahr unterschätzt und untätig zugewartet. Dabei hätte er durchaus Möglichkeiten gehabt, eine Wende herbeizuführen, wenn er sich nur an die Spitze seiner in Oberitalien zusammengezogenen, loyal zu ihm stehenden Truppen gestellt hätte und gegen die Aufständischen zu Felde gezogen wäre. Doch Nero fehlten der Mut und die Entschlossenheit, diese Chance zu nutzen. Dabei war inzwischen der obergermanische Statthalter Verginius Rufus mit seinem um niedergermanische Einheiten verstärkten Heer nach Gallien gezogen und hatte die Truppen des Vindex bei Vesontio, dem heutigen Besançon, besiegt. Jetzt wäre der richtige Zeitpunkt für Nero dagewesen, sich als Oberkommandierender des Heeres zu seinen siegreichen Truppen zu begeben und die Initiative zu ergreifen. Doch auch diese Chance ließ der lethargische Kaiser verstreichen. Statt dessen, wie üblich in gefährlichen Situationen, geriet Nero in Panik und bediente sich ›altbewährter‹ Methoden, trachtete denjenigen nach dem Leben, von denen er sich bedroht fühlte. Nur hätte er jetzt alle Senatoren und Statthalter ermorden lassen müssen. Charakteristischerweise kam es ihm sogar in den Sinn, daß er den Heeren unbewaffnet entgegentreten und ganz einfach weinen könne, wie in seiner Rolle als Niobe. Und wenn er dann die harten Soldatenherzen gerührt hätte, wollte er Siegesgesänge anstimmen. Derartige Hirngespinste offenbarten immer deutlicher, daß Nero unfähig war, angemessen auf die Herausforderung zu reagieren. Wie das Kaninchen vor der Schlange verharrte er in hypnotischer Erstarrung.

## »Das Heer macht den Kaiser«

Durch Neros Zaudern entwickelten die Dinge in Gallien eine sonderbare Eigendynamik. Dort hatten nämlich die siegreichen Legionen des Verginius Rufus Neros Bilder von den Feldzeichen gerissen und ihren Kommandeur zum Kaiser ausgerufen, was dieser jedoch mit dem Hinweis auf den Eid, den er bei Amtsantritt auf den Kaiser geschworen hatte, ablehnte. Der Historiker Michael Rostovtzeff hat dieses spontane Aufbegehren als Protest der Provinzheere gegen das entartete Regime Neros gedeutet. Erstmals waren Heere der Provinzen bereit, ihren Kommandeur gegen den regierenden Princeps auf den römischen Kaiserthron zu hieven. Dieses Beispiel sollte alsbald Schule machen und künftig das Gewicht bei der Kür des römischen Kaisers auf die Provinzialheere verlagern. Tacitus, ein aufmerksamer Beobachter der Ereignisse am Ende der Regierung Neros, maß dieser Entwicklung hohe Bedeutung bei. Seiner Ansicht nach sei damals das »Geheimnis um die Thronbesteigung« gelüftet worden, nämlich daß ein Kaiser auch außerhalb Roms auf den Schild gehoben werden könne. Ein Grundsatz, den der Kirchenvater Hieronymus um 400 n. Chr. auf die lapidare Formel brachte: »Das Heer macht den Kaiser.« Nero hatte mit seinem passiven Verhalten dieser Entwicklung Bahn gebrochen. Jetzt rächte es sich, daß er die Heere in den Provinzen vernachlässigt hatte, die sich stärker ihren Generälen als dem Kaiser verpflichtet fühlten, auf den sie zwar geschworen, den sie jedoch noch nie gesehen hatten. Doch zurück ins neronische Rom des Jahres 68 n. Chr.

## Letztes verzweifeltes Aufbäumen

Dort war inzwischen auch Nero allmählich bewußt geworden, daß es für ihn nicht zum Besten stand. Jetzt, als die politischen Würfel bereits gefallen waren, verfiel er in hektischen Aktionismus. Eilig wurde eine Legion aus misenischen Flottensoldaten ausgehoben, während man in Rom als ›letztes Aufgebot‹ eine Legion aus Sklaven zusammengestellte, die den beschwörenden Beinamen »die Helferin« erhielt. Schienen die letzten Getreuen des Kaisers durch diese Maßnahmen noch einmal Hoffnung zu schöpfen, er könne in letzter Minute das Blatt wenden, so wurde ihr Vertrauen gleich wieder durch völlig schizophrene Entscheidungen schwer erschüttert. Eine dieser Schnapsideen war die Aufstellung einer Amazonenarmee aus hauptstädtischen Prostituierten, die, ausgerüstet mit Streitäxten und Schilden, den Endsieg erringen sollten. Und um den kaiserlichen Phantastereien die Spitze aufzusetzen, ließ er in dieser bedrohlichen Lage noch Fuhrwerke für den Transport seiner Bühnenapparatur beschlagnahmen. Zu allem Übel kam es zu einem dramatischen Anstieg der Getreidepreise in Rom, der durch die Nachrichten aus

Afrika verursacht worden war. Der Liebling der Massen verlor nun auch den Rückhalt bei dem kleinen Mann auf der Straße.

Die kurzzeitig aufflackernde Betriebsamkeit konnte den erschrekkenden Wahrnehmungsverlust des Kaisers nicht verhüllen. Immer noch malte er sich die Realität schön, während ihn diese schon längst eingeholt hatte. Eine Reihe abstruser Hirngespinste, denen er in den letzten Tagen seines Lebens nachhing, werfen ein bezeichnendes Licht auf die irreale Gedankenwelt des Kaisers. Wie ein Ertrinkender nach dem sprichwörtlichen Strohhalm griff er dabei selbst die abwegigsten Ideen auf. Bald wollte er in aller Demut zu den Parthern fliehen, bald sich an Galba wenden. Dann wieder verwarf er diese Gedankenspiele, um sogleich einer anderen Schimäre nachzujagen. Im schwarzen Gewand des Bittflehenden gedachte er vor das Volk zu treten, um dieses mit einem emotionalen Auftritt für seine Schandtaten um Verzeihung zu bitten. Daß der Kaiser allen Ernstes mit einem solchen Gedanken gespielt hat, zeigt die Tatsache, daß man nach seinem Tod eine Kapsel fand, in der sich der für diesen Auftritt vorgesehene Redetext befand.

## Von Allen verlassen

In der Hoffnung, daß wenigstens die germanische Leibwache auf seiner Seite stehen würde, begab sich Nero am Abend des 8. Juni zur Ruhe. Diese von Augustus zum persönlichen Schutz des Kaisers aufgestellte Eliteformation war in iulisch-claudischer Zeit für ihre unverbrüchliche Treue zum Kaiserhaus bekannt. Doch auch die allertreuesten Bodyguards hatten sich inzwischen von Nero abgewandt. Ausschlaggebend hierfür war, daß Nymphidius Sabinus auch sie auf seine Seite ziehen konnte. Erst als jene zu den Prätorianern überliefen, war Neros Schicksal besiegelt.

Als der Kaiser um Mitternacht aus seinem Schlaf aufgeschreckt wurde, mußte er zu seinem Entsetzen feststellen, daß die im Palast wachhabenden Prätorianer ihr Wachlokal verlassen hatten. Unfähig, einen klaren Gedanken zu fassen, und halb wahnsinnig vor Angst irrte Nero orientierungslos in seinem menschenleeren Palast umher und suchte verzweifelt nach seinen ›Freunden‹. All jene jedoch, die ihm bis vor kurzem noch eilfertig zu Diensten gestanden hatten, und sich glücklich schätzen durften, in seiner unmittelbaren Nähe zu wohnen, hatten ihn verlassen. Denn die Nähe zum Kaiser, vormals Gradmesser für seine Gunst, konnte jetzt tödliche Folgen haben. Bei der Rückkehr in sein Gemach mußte der Kaiser mit Bestürzung feststellen, daß sich auch die diensttuende Wachabteilung der germanischen Leibwache aus dem Staub gemacht hatte. Nero, der ehemals vielumjubelte Kaiser, war jetzt fast allein in seinem Palast, verlassen von all den Hofschranzen und Günstlingen, denen die eigene Zukunft näher lag als das Geschick ihres Herrn. Lediglich seine männliche ›Geliebte‹ Sporus, seine Jugendliebe Acte, seine beiden Ammen Egloge und Alexandria, sein Kanzleichef Epaphroditus und der Leiter der kaiserlichen Finanzen Phaon ließen ihn nicht im Stich.

## Der Vorhang fällt, der Künstler tritt ab

Hin- und hergerissen zwischen Hoffen und Bangen verfiel Nero in einer ersten Reaktion auf den Gedanken, sich im Tiber zu ertränken, besann sich dann aber wieder und hielt nach einer Fluchtmöglichkeit Ausschau. So eröffnet Sueton seinen Bericht über die letzten Stunden Neros. Dabei ließ er keine Gelegenheit aus, um Neros aktuelle Situation mit seiner früheren zu kontrastieren. Ein probates Stilmittel, um den steilen Fall des Protagonisten hervorzuheben. Wie ein gehetztes Tier mußte Nero im Schutze der Nacht das Weite suchen, um Zuflucht im nördlich von Rom gelegenen Landhaus seines Finanzministers Phaon zu finden. Barfüßig und mit einem verblichenen Kapuzenmantel bekleidet, verließ er fluchtartig den Palast, in Begleitung von Phaon, Sporus und Epaphroditus. Nach abenteuerlicher Flucht durch die nächtlichen Gassen Roms gelangte er in den frühen Morgenstunden des 9. Juni 68 n. Chr. zur Villa des Phaon. Ermattet sank er dort nieder und trank aus einer Pfütze. Der reichste und mächtigste Mann der Welt, der bis vor kurzem noch in Luxus schwelgte, schlürfte schmutziges Wasser, nicht aus einem edelsteinverzierten Becher aus Perlmutt oder Elfenbein, sondern aus der hohlen Hand, mit der er das kühle Naß hastig zum Mund führte. Dort angekommen, versteckte sich der Kaiser, der eben noch in prunkvollen Gemächern seines Goldenen Haus residierte, in einer spärlich eingerichteten Kammer, wo er wie ein Häuflein Elend auf einer schäbigen Matratze niedersank. Unablässig mit seinem Schicksal hadernd, verfiel er in larmoyantes Wehklagen. Mit Engelszungen, so Sueton weiter, redeten Neros Begleiter auf den apathischen Kaiser ein, er solle sich der drohenden Schmach durch Selbstmord entziehen. Nachdem man an seinem Körper Maß genommen hatte, wurde eine Grube ausgehoben, in der sein Leichnam eilig verscharrt werden sollte. In diese grotesk anmutende Szene platzte ein Kurier mit einer Botschaft für Phaon. Voller Ungeduld entriß ihm Nero das Schreiben und mußte mit Entsetzen feststellen, daß er sein Todesurteil in Händen hielt. Denn der Senat hatte ihn zum Staatsfeind erklärt und ließ bereits landesweit nach ihm fahnden. Jetzt war es nur noch eine Frage der Zeit, bis die Häscher Galbas sein Versteck ausfindig gemacht haben würden. Die Gewißheit des nahen Todes versetzte Nero in panische Angst. Reflexartig griff er nach zwei Dolchen, prüfte mit der Fingerkuppe seines Daumens deren Schärfe, steckte sie dann aber wieder mit dem Hinweis ein, daß seine Stunde noch nicht gekommen sei. Unfähig, sich selbst den Todesstoß zu versetzen, flehte er die Anwesenden an, es möge ihm doch einer im Selbstmord mit gutem Beispiel vorangehen. In diesem Moment vernahm er aus der Ferne den Hufschlag herannahender Pferde – für Nero das Signal, nun endgültig von der Weltenbühne Abschied zu nehmen. »Welch ein Künstler geht mit mir dahin«, rief er aus und stieß sich mit tatkräftiger Unterstützung des Epaphroditus den Dolch durch die Kehle. Neros letztem Willen entsprechend wurde seine Leiche verbrannt. Die Asche wurde von seinen Ammen eingesammelt und im Familiengrab der Domitier auf dem *mons Pincius* (Pincio) beigesetzt.

In den letzten Stunden seines Lebens hielt das Schicksal für Nero ein ganz besonderes Drama parat. Ihm, dem *imperator scaenicus*, der zeitlebens in tragische Rollen anderer zu schlüpfen wußte, blieb es am Ende vorbehalten, seine eigene zu spielen. Diese spielte er nach dem Dafürhalten seines Biographen Sueton allerdings äußerst erbärmlich. Zweitklassig wie die ganze Person, so der Grundtenor des suetonischen Berichts, war auch ihr Abgang von der Weltbühne. Kurzum, Neros Experiment scheiterte nicht an seinen Auftritten als Schauspieler und Sänger, sondern vielmehr daran, weil der egozentrische Kaiser am Ende den Maßstab für sein Handeln verlor und das Ansehen des römischen Staates insgesamt in Verruf brachte. Was als Aufbegehren gegen gesellschaftliche Konventionen begann, endete im Eklat. Oder anders ausgedrückt: Nero spielte immer eine Rolle, aber niemals die richtige.

## Ein Leben als Theater – Facetten eines Kaisers

In radikaler Abkehr vom Auftreten früherer Kaiser hat Nero, durchaus nicht unzeitgemäß, die persönliche Selbstverwirklichung in Luxus, Dichtung, Gesang und griechischen Wettkämpfen in den Mittelpunkt seiner Herrschaft gestellt. Überhaupt war der letzte Kaiser aus dem Hause der iulisch-claudischen Herrscherdynastie so ganz anders als seine Vorgänger auf dem Cäsarenthron. Während jene gemäß ihres Standes betont Distanz zum einfachen Volk wahrten, suchte Nero geradezu dessen Nähe. Zurückgezogenheit, wie sie Tiberius auf seine alten Tage im selbstgewählten Exil auf Capri praktizierte, oder die Abkapselung hinter den Mauern des Kaiserpalastes auf dem Palatin, wie sie Claudius praktiziert hatte, waren seine Sache nicht. Hungrig nach Öffentlichkeit liebte er das mondäne Großstadtleben der Reichsmetropole, die ihm Regierungssitz und Bühne zugleich war – ein riesiges Experimentierfeld für seine schöngeistigen, später größenwahnsinnigen Neigungen. Nero hat das so extrem gelebte kaiserliche ›Anderssein‹ in und mit der Öffentlichkeit propagiert.

Wie kaum ein anderer römischer Kaiser hat Nero in Rollen gelebt, hat im Grunde sein ganzes Leben als eine Art Theater inszeniert. Daß er dabei Tabubrüche am laufenden Band beging, Traditionen verletzte und moralische Grenzen bewußt negierte, nahm er in Kauf, mitunter waren sie ihm auch Mittel zum (politischen) Zweck. Mehr den schönen Künsten zugeneigt als dem Kriegshandwerk, suchte er das Bad in der Menge, ein ›Bühnenkaiser‹, der gern im Rampenlicht stand und theatralische Auftritte liebte. Dabei legte er einen künstlerischen Exhibitionismus an den Tag, wie ihn Rom noch nicht gesehen hatte. Wider alle Konventionen kehrte er sein Innerstes nach außen, griff zur Kithara oder schlüpfte in die Rolle eines sozial wenig geachteten Mimen, gleichwohl wissend, daß ein solches Gebaren als äußerst anstößig galt. Hinter seinem demonstrativ zur Schau gestellten Künstlertum verbarg sich ein politisches Programm, und das hieß *popularitas*. Neros Auftritte waren nicht reine Selbstverwirklichung, keine »Kunst um der Kunst willen« eines selbstverliebten, lange Zeit im Schatten seiner Mutter stehenden jungen Mannes, sondern immer auf ein Publikum und dessen Wünsche ausgerichtet, die stadtrömische *plebs*, die ihn bewunderte und bejubelte. Ein ›Performance-Kaiser‹, der seine vielfältigen künstlerischen Ambitionen hemmungslos auslebte, das Angenehme mit dem Nützlichen verband. Er tat dies nicht nur im Theater oder im Zirkus, sondern auch bei rauschenden Festveranstaltungen, an denen er, der ›Volkskaiser‹, die gesamte Bevölkerung teilhaben ließ.

Als ›Luxus-Kaiser‹, der das Leben in vollen Zügen genoß, verkörperte er den Geist seiner Zeit. Bezeichnend dafür ist das bekannteste der von ihm initiierten Bauwerke, die *Domus Aurea*, in der sich Neros Herrschaftsanspruch materialisierte. Daneben identifizierte sich Nero mit einer Reihe von Gottheiten: Als Lyra-Spieler mit Apollo, als Wagenlenker mit Sol und als ›Eventmanager‹ von volkstümlichen *Open-air*-Veranstaltungen mit Saturn.

Eine weitere Facette im Leben des Bühnenkaisers war seine besondere Affinität zum Mythos, den er meisterhaft inszenierte. Mit seiner Selbststilisierung als Orest, Ödipus oder Herakles stellte er sich unmittelbar in die Tradition des Mythos, identifizierte sich mit ihm, lebte ihn. Dies zeigt sich auch darin, daß er bei all seinen Rollen eine Maske mit den eigenen Gesichtszügen trug. Überhaupt schien es, als ob Nero Mythos und Wirklichkeit gewissermaßen in eins setzte. Nero hat seine eigenen Taten in die Welt des Mythos übersetzt – und dies in einem ganz wörtlichen Sinne, denn er brachte sie oft selbst auf die Bühne, als muttermordender Orest und blutschänderischer Ödipus. Mitunter war ihm der Mythos auch Inspiration für seine Morde. So ließ Nero beispielsweise seinen ihm verhaßten Stiefsohn Rufrius Crispinus, Poppaeas Sohn aus erster Ehe, beim Fischen ertränken. Als Vorlage diente ihm dabei offenbar die Sage von Nauplius, Sohn des Meeresgottes Poseidon, für die Nero eine besondere Vorliebe hatte. Dessen Sohn Palamedes wurde von Diomedes und Odysseus beim Fischen ertränkt.

Neros Entwicklung zum Künstlerkaiser war nicht Ausdruck eines irrationalen Verhaltens, sondern entsprang vielmehr einem aus den individuellen und zeitbedingten Umständen resultierenden Konzept zur Legitimation kaiserlicher Macht. Hinter den oft bizarr und abnorm wirkenden Handlungen steckte ein tieferer Sinn, der erst im Kontext seiner Zeit verständlich wird. Seine Extravaganzen waren rational, mitunter genial, und entsprangen nicht einem kranken Hirn im pathologischen Sinne. Allerdings haben wir mit Nero einen typischen Vertreter jener römischen Jungkaiser vor uns, die über ihrer absoluten Machtfülle den Halt verloren und am Ende zu menschenverachtenden und größenwahnsinnigen Tyrannen entarteten.

# ELAGABAL – DER KAISER IM PRIESTERORNAT

Abb. 21: Elagabal (204–222 n. Chr.)

»Wollt ihr hören, wie wir den Caesar, das Dreckschwein, / Geschlachtet haben, die Syrische Tunte? / Wir waren zu fünft. Keiner war scharf auf ein Blutbad, / Keiner von Angst frei. Wer Angst hat, das weiß man, / Dem zittern die Hände. Wir kannten sein Mißtraun, / Das ihn umgab wie sein Mundgeruch, giftig, ein Schleier. / In den Märztagen war es, Rom blühte und stank / Aus allen Straßen und Märkten, ein offener Fischbauch. / […] / Aus dem Schönheitsschlaf sollten ihn Krallen wecken, / Haken schälen sein Fleisch aus den seidenen Laken. / Bluten sollte er, langsam verbluten, kopfunter hängend / Über den goldenen Schüsseln. Austropfen sollte er / Zwischen den Speisen, ein Rehbock, / Zappelnd, ein weißer Narziß.«

Mit diesen Worten aus dem Munde des Prätorianers Pittakus beschrieb der deutsche Lyriker Durs Grünbein (1999) recht drastisch die letzten Stunden im Leben des römischen Kaisers Elagabal oder Heliogabalus, wie er von griechischen und römischen Autoren auch genannt wurde (sie machten aus Elagabal die etymologisch falsche, doch theologisch stimmige Form »Heliogabalus«, zusammengesetzt aus *Helios* »Sonne« und *Gabal* »Berg«). Aus jeder Zeile von Grünbeins Gedicht spricht der extreme Haß, den dieser »Orientale auf dem römischen Kaiserthron« während seiner knapp vierjährigen Regierungszeit auf sich gezogen hat. Worin wurzelte dieser Haß, der so abgrundtief war, daß ihn seine eigenen Soldaten bestialisch massakrierten? Und wie konnte überhaupt ein pubertierender Jüngling aus Syrien, gerade einmal vierzehn Jahre alt, römischer Kaiser werden? Sucht man nach Antworten auf diese Fragen, findet man sie am ehesten in der Heimat des Teenagerkaisers, im syrischen Emesa, dem heutigen Homs, wo einheimische Dynasten aus dem arabischen Stamm der *Emesenoi* seit der Mitte des 2. Jahrhunderts v. Chr. einen orientalischen Gottesstaat errichteten. Religiöser Mittelpunkt dieses klerikalen arabischen Fürstentums war der Sonnengott Elagabal, dessen Tempel einer der größten des gesamten Orients überhaupt war. In dieser »Hochburg des orientalischen Sonnenkultes« (von Domaszewski) stand die Wiege des späteren Kaisers Elagabal, hier lagen seine kulturellen Wurzeln, hier wurde er sozialisiert. Diese Welt des Orients, die den Römern seit der Einrichtung der römischen Provinz *Syria* durch Pompeius (64 v. Chr.) bekannt und doch so fremd war, ist der Schlüssel zum Verständnis des späteren Priesterkaisers. Er eröffnet uns den Zugang ins Innere seines Wesens, seiner Vorstellungswelt und Mentalität.

Mit Elagabal hielt eine ›Verrücktheit‹ ganz anderer Art Einzug in Rom. Anders als Caligula und Nero, die waschechte Römer waren, im Zentrum des Reiches aufgewachsen waren und die Verhältnisse im Alten Rom von Kindesbeinen an förmlich in sich aufgesogen hatten, war Elagabal ein unbeschriebenes Blatt, ein Nobody aus einer anderen Welt, ein Fremder. Zudem blutjung und ausgesprochen unerfahren. Kaum dem Knabenalter entwachsen, Kinn und Wangen zart beflaumt, sollte er ein Weltreich regieren, das in seiner Vorstellungswelt nur im Zusammenhang mit seinem gleichnamigen Gott existierte.

## Einhelliges Negativimage

»Von der Parteien Gunst und Haß verwirrt schwankt sein Charakterbild in der Geschichte.« Schillers geflügeltes Wort aus dem Prolog zum Wallenstein läßt sich auf Elagabal weit weniger gut anwenden als auf den Feldherrn des Dreißigjährigen Krieges. Längst hat die römische Geschichtsschreibung dem historischen Urteil über die Person Elagabals und seiner »mörderischen Religiosität« ihren unauslöschlichen Stempel aufgedrückt. Den Zeitgenossen, die das schrille Auftreten Elagabals unmittelbar miterlebt hatten, galt dessen vierjährige Herrschaft als dunkelstes Kapitel der römischen Geschichte: »Alles, was bislang als ehrwürdig galt, wurde in trunkenem Fanatismus verhöhnt und mit Füßen getreten«, urteilte Herodian, und der anonyme Verfasser der *Historia Augusta*, auf dessen Rangliste der ›schlechten‹ römischen Kaiser Elagabal vor Caligula und Nero rangiert, gibt zu Beginn seiner »Lebensbeschreibung des Elagabal« vor, daß das Leben dieses Verdorbensten aller Menschen hätte nicht geschrieben werden sollen. Nachfolgenden Generationen blieb er als derjenige Kaiser in Erinnerung, der mit seiner »Revolution am römischen Götterhimmel« (Baykal) an den Grundfesten des römischen Staates rüttelte, in seiner religiösen Rigorosität durchaus vergleichbar mit dem ägyptischen ›Ketzerkönig Echnaton‹, der gut eineinhalb Jahrtausende früher (um 1350 v. Chr.) den Sonnengott Aton zum alleinigen Gott ausrief.

In die Geschichte ging Elagabal ein als exotischer Fremdling, transsexueller Wüstling, animalischer Psychopath und religiöser Eiferer – als Sonder-, oder besser gesagt, als Betriebsunfall im römischen Kaisertum. Manch einer sah in ihm den Vorkämpfer einer Orientalisierung Roms (von Domaszewski), einen gescheiterten Reformator des römischen Kaisertums (Pietrzykowski), den »weibergegängelten Knaben« seiner ehrgeizigen Verwandtschaft (Lambertz) oder den »infantilen Teenagerkaiser von pueriler Grausamkeit« (Latte). Und Artaud nannte ihn in seiner psychoanalytisch angelegten Charakterskizze einen »gekrönten Anarchisten« und stilisierte den Teenagerkaiser gar zum pathologischen Fall von religiösem Fanatismus.

Erneut stehen wir wie einst Tacitus vor der Frage, ob die antiken Geschichtsschreiber auch hier wieder die historische Wahrheit aus »mangelndem Verständnis« oder aus »Haß auf die Machthaber«, in unserem Falle auf Elagabal, entstellt haben. Wenn, wie gesehen, diese literarischen Motive bereits im Falle der Römer Caligula und Nero vorherrschend waren, um wieviel mehr mußten diese dann bei dem Orientalen Elagabal Bestand haben, dessen Andersartigkeit als Staatsoberhaupt ja geradezu zu Kritik, Haß und Abscheu einlud?

Sein religiöses Erneuerungsprogramm, manifestiert in der Vorrangstellung seines Gottes, war in den Augen der Römer keine reine Provokation mehr, sondern ein einziger Kulturschock, der wie ein
politischer Tsunami über ihre rational geordnete Machthierarchie
hereinbrach und die römische Götterlandschaft kräftig durcheinanderwirbelte, ja die Identität des Römertums überhaupt in Frage
stellte.

## Die Herren der Meinungshoheit

Elagabals Bild in der Geschichte ist eindimensional, d. h. römisch.
Ähnlich wie im Falle Karthagos, wo die Quellen ›der anderen Seite‹ –
nämlich der punischen – im Papierkorb der Geschichte gelandet
sind, sind die Nachrichten über Elagabal bis auf den Syrer Herodian
stark tendenziös, strahlen somit durch ein römisches literarisches
Prisma. Erschwerend kommt hinzu, daß die drei Hauptquellen zu
Elagabal nicht über jeden Zweifel erhaben sind. Die unsicherste
Quelle ist die *Vita Heliogabali* in der *Historia Augusta*, eine Samm-
lung von dreißig Kaiserbiographien von Hadrian bis Numerianus
(117–284 n. Chr.), die laut Überlieferung von sechs Autoren verfaßt
wurde, in Wirklichkeit aber aus der Feder eines einzigen Fälschers
stammt, der sein Kompilat in der zweiten Hälfte des 4. Jahrhunderts
n. Chr. verfaßt hat. Das wenig zuverlässige und tendenziöse Werk ist
daher mit großer Vorsicht zu genießen, da die Lebensbeschreibung
des Elagabal als Gegenbild zu der des Severus Alexander, seines Vetters und Nachfolgers auf dem Kaiserthron, geschrieben ist. Dies gibt
der anonyme Autor auch unumwunden zu, wenn er offen ausspricht, daß vieles über Elagabal erdichtet worden sei, um ihn
zugunsten seines Vetters in ein schlechtes Licht zu rücken. Er selbst
hat daran großen Anteil. Seine Biographie über den Kaiser ist mit
allerlei pikanten Anekdoten gewürzt, die mehr oder weniger alle auf
zeitgenössischen Gerüchten und Vermutungen beruhen. Manches in
der Lebensbeschreibung des Priesterkaisers wirkt derart dick aufgetragen, daß man von absichtsvollen Entstellungen ausgehen kann.
   Die zweite Quelle ist die *Historia Romana* des gemeinhin unter Alt-
historikern große Hochachtung genießenden römischen Historikers
Cassius Dio (163–230 n. Chr.), der manch pikante Anekdote über

Elagabal zu berichten weiß. Aber auch bei ihm muß man einige Einschränkungen hinsichtlich der Glaubwürdigkeit machen, wenngleich nicht in dem Maße wie bei der *Historia Augusta*. Dios Erzählung ist stark emotional gefärbt, Empörung und Haß über den frevelhaften Aberglauben und die schamlose Lasterhaftigkeit des syrischen Priesterkaisers sprechen nahezu aus jeder Zeile. Objektivität vermißt man in seinem Bericht, da er als römischer Senator von Anfang an dem fremden Treiben Elagabals mit Abneigung begegnete. Obwohl Zeitgenosse des Kaisers, hat Cassius Dio diesen höchstwahrscheinlich niemals zu Gesicht bekommen. Denn während Elagabal in Rom den Götterhimmel kräftig durcheinanderwirbelte, weilte der Geschichtsschreiber im Osten des Reiches. Vor allem aber beendete er sein Geschichtswerk zu Lebzeiten seines Gönners Severus Alexander, dem an einer objektiven Darstellung seines verhaßten Vetters wenig gelegen war. Hinzu kommt, daß Dios Bericht über Elagabal nur sehr lückenhaft ist und in vielen Passagen nur durch byzantinische Geschichtsschreiber aus dem 10. und 11. Jahrhundert ergänzt wird.

Bleibt der dritte im Bunde, der aus Syrien stammende Herodian (3. Jh. n. Chr.). Er vollendete sein achtbändiges Werk »Kaisergeschichten nach Marcus«, das den Zeitraum zwischen dem Tod Marc Aurels und der Thronbesteigung Gordians III. (180–238 n. Chr.) umfaßte, nach dem Tod des Severus Alexander – mußte demnach keine politischen Rücksichten nehmen, wie Cassius Dio. Als Syrer galt Herodian als ausgewiesener Kenner der Welt des Orients, quasi ein Peter Scholl-Latour der Antike. Er, der aufgrund seiner Herkunft den Kontrast zwischen der griechisch-römischen und der orientalischen Welt mit anderen Augen sah, betrachtete die religiöse Mission Elagabals weitaus nüchterner und unbefangener als seine römischen Berufskollegen. Herodian löst gewissermaßen seinen Landsmann aus der normativen Gemeinschaft Roms heraus und hebt das Fremde und Andersartige an ihm hervor. Einziger Nachteil: Als ›Externer‹ besaß der Syrer Herodian keine tieferen Einblicke in die Vorgänge in Rom, wodurch seine Aussagen zu genuin römischen Angelegenheiten nicht immer vertrauenswürdig sind.

Trotz ihrer unterschiedlichen Darstellungen und Darstellungsabsichten waren sich alle drei Schriftsteller darin einig, daß Elagabal eines der größten Scheusale auf dem römischen Kaiserthron gewesen war. Sie stellten ihn in eine Reihe mit anderen Herrschern dieser Gattung, mit Caligula, Nero und Commodus, ja ihrer Ansicht nach übertraf er diese gar noch an Monstrositäten. So wie andere Kollegen der schreibenden Zunft machte ihn der aus Spanien stammende römische Historiker Orosius in seinem im 5. Jahrhundert n. Chr. verfaßten Werk »Geschichte gegen die Heiden« gar zum imperialen Oberschurken, zur haarsträubenden Negation eines Kaisers, der »in jeder Hinsicht nur schimpfliche Erinnerung an Schändungen, Schandtaten und Unanständigkeit hinterlassen« habe.

## Die Welt des Baal

Emesa, die Heimat des jungen Baalpriesters, lag unweit des Flusses Orontes am Rande der syrischen Wüstensteppe. Der Ort, am Kreuzungspunkt wichtiger vorderasiatischer Verkehrswege gelegen, besaß seit alters her gute Beziehungen zu den Häfen Phönikiens. Kulturkontakte bestanden aber auch zu der weiter östlich befindlichen Staatenwelt Innerarabiens. Intensiviert wurden diese Beziehungen Ende des 1. Jahrhunderts v. Chr. durch eine neue Karawanenstraße, die von den levantinischen Häfen über Emesa und Palmyra durch das Euphrattal hin zum Persischen Golf führte. Über diesen Verkehrsweg gelangten nicht nur Waren aus dem Orient nach Emesa, sondern auch geistige Strömungen, Ideen und religiöse Vorstellungen, welche die Reisenden in ihren Köpfen trugen. Von daher verwundert es nicht, daß sich am westlichen Endpunkt dieser Kulturachse, in Emesa, zahlreiche kulturelle Einflüsse miteinander vermischten. Dieses orientalische Kulturamalgam kennzeichnet auch den prominentesten ›Bürger‹ der Stadt, den Gott Elagabal.

Der Name Elagabal bedeutet »der Gott Berg«, und das erklärt seine symbolische Darstellung als Baetyl. Als solcher ist er auf einem achtzig Kilometer östlich von Emesa gefundenen Stelenrelief aus dem 1. Jahrhundert n. Chr. abgebildet. Es zeigt den Gott als einen von einem Adler gekrönten Berg zusammen mit dem Militärgott Arsu. Als König der Lüfte, der sich auf Bergeshöhen niederließ, war der Adler aufs engste verbunden mit Elagabal. Er findet sich deshalb vollplastisch ausgeführt vor oder auf dem Baetyl stehend abgebildet. Die in palmyrenischen Lettern eingemeißelte Beischrift bezeichnet

Elagabal als *ilahâ gabal* »Gott Berg«. Zum Sonnengott wurde er erst im 2. Jahrhundert v. Chr., als arabische Nomadenstämme in der Region um Emesa seßhaft wurden und von der Stadt Besitz ergriffen. Unter ihrem Einfluß kam es zu einer Verschmelzung der nomadischen Sonnengottheit Šamaš mit dem lokalen Berggott El-Gabal, aus der dann der Sonnengott Elagabal hervorging. Den Kult und den Baetyl des früher in Emesa angebeteten Gottes übernahmen die Beduinen und verliehen ihm in Einklang mit ihren religiösen Vorstellungen den Charakter eines Sonnengottes. Die Sonne war den Wüstennomaden besonders heilig, den einen als weibliche Gottheit Šamš, den anderen als männlicher Sonnengott Šamaš. Beide geschlechtlichen Manifestationen der Sonnengottheit versinnbildlichten gleichermaßen das unbesiegbare Leben, das jeden Morgen mit der Sonne neu entstand. Eine Gottheit also, die alles Leben garantierte und damit auch Züge eines Fruchtbarkeitsgottes in sich vereinigte.

## Die Sonnenkönige von Emesa

Der Tempel des Sonnengottes Elagabal, nach Aussage des römischen Dichters Avienus (4. Jh. n. Chr.) einer der größten und prächtigsten des gesamten Orients, befand sich auf dem Zitadellenhügel über der Stadt. Das Kultbild des Sonnengottes ruhte im Allerheiligsten des Tempels auf einem prunkvollen Podest, flankiert von Sonnenschirmen. Das Heiligtum besaß als Wallfahrtsort überregionale Bedeutung. Laut Herodian hatten die benachbarten Stadtfürsten alljährlich geradezu darum gewetteifert, dem Gott kostbare Weihgaben zu senden, so daß Emesa »das Jerusalem des Sonnengottes« wurde (Delbrueck). Von dieser Anziehungskraft des Gottes mit Emesa als religiösem Zentrum der Sonnenverehrung profitierte die Stadt ungemein, insbesondere aber ihre Stadtfürsten, die parallel zum Wirkungskreis ihres Gottes ihren

Abb. 22:  Tempel des Gottes Elagabal in Emesa auf einer vor Ort geprägten Bronzemünze

politischen Einfluß über die Stadtgrenzen Emesas hinaus ausdehnen konnten.

Begünstigt durch den Verfallsprozeß des aus dem Alexander–Reich hervorgegangenen Seleukidenreiches waren im 2. Jahrhundert v. Chr. in das Machtvakuum Syriens Nomaden aus der Arabischen Wüste vorgedrungen, die an der Grenze zwischen Fruchtland und Wüste seßhaft wurden. Diese *skenitai* genannten »Zeltbewohner«, anfangs noch halbnomadische Araberstämme, hatten, nach erfolgter Landnahme, gleichwohl bereits frühstaatliche Organisationen nach hellenistischem Vorbild ausgebildet. So auch in Emesa, wo sich ehemalige Nomadenscheichs zu lokalen Dynasten aufgeschwungen hatten. Fortan hatten sie über mehrere Generationen hinweg geistliche und weltliche Macht inne, waren Könige und Hohepriester des Sonnengottes Elagabal in Personalunion. Als im 1. Jahrhundert v. Chr. mit Rom eine neue Ordnungsmacht im Vorderen Orient auf den Plan trat und der nachmalige Triumvir Pompeius Magnus Syrien als Provinz dem Imperium angliederte, gab es dort bereits eine Reihe dieser arabo-hellenistischer Stammesstaaten, u. a. die Emesener in Emesa. Die neue Hegemonialmacht Rom respektierte zunächst die autonome Herrschaft dieser Stammesscheichtümer. Als befreundete Klientelfürsten waren sie für Rom von großem Nutzen, vor allem bei der Grenzsicherung gegenüber der östlichen Großmacht, den Parthern. Ihre Territorien bildeten einen militarisierten *cordon sanitaire* zum Partherreich, und auch ihre *manpower* war gefragt. Emesenische Bogenschützen standen beim römischen Militär hoch im Kurs. König Iamblichus, den bereits Cicero als »Freund der Römer« gepriesen hatte, schickte 47 v. Chr. eben diese Waffengattung dem im ägyptischen Alexandria eingeschlossenen Caesar zu Hilfe. Erst unter der Regierung des Kaisers Vespasian (69–79 n. Chr.), als Rom seine Herrschaft weiter nach Osten bis zum Euphrat ausdehnte und die Pufferfunktion der autonomen Herrschaftssprengel obsolet geworden war, hörten die Klientelfürstentümer auf zu existieren. So auch das von Emesa, dessen Dynasten ihre politische Selbständigkeit verloren. Fortan verlegten sie ihr Wirken ausschließlich auf das sakrale Amt des Hohepriesters des Sonnengottes Elagabal, das sie wie vormals das Königtum von Generation zu Generation weitervererbten. Einer der Nachfahren dieser einflußreichen Priesterkaste war der spätere Kaiser Elagabal.

Das war die Welt, in der Elagabal groß wurde, sein geistig-kultureller Bezugspunkt. Ein Kulturkreis, in dem sich syrische, arabische, babylonische, parthische und griechisch-römische Einflüsse vermengten. Er bildet den religionspolitischen Hintergrund, vor dem sein Handeln als römischer Kaiser erst erklär- und verstehbar wird.

### Die Emesa-Connection

Varius Avitus, so hieß der spätere Kaiser Elagabal mit ›bürgerlichem‹ Namen, wäre niemals auf den Caesarenthron gelangt, wenn nicht sein Großonkel, der römische Kaiser Caracalla (211–217 n. Chr.), mitten in der Aufmarschphase des Partherfeldzugs, im nordmesopotamischen Carrhae von einem seiner Soldaten ermordet worden wäre – heimtückisch, wie Herodian befand. Denn der Mörder schlug zu, als seine kaiserliche Hoheit, »durch ein Bedürfnis des Unterleibs bedrängt«, ein stilles Örtchen aufsuchte. Drahtzieher des Mordkomplotts war der ebenfalls im römischen Expeditionsheer befindliche Prätorianerpräfekt Marcus Opellius Macrinus, der nun seinerseits den Purpur anlegte.

Damit ging eine Ära zu Ende, die sechsundzwanzig Jahre zuvor, genauer gesagt am 9. April 193 n. Chr., im oberpannonischen Carnuntum ihren Anfang genommen hatte. Damals war der dortige Statthalter, Lucius Septimius Severus, von seinen Truppen zum Kaiser ausgerufen worden; er war der Begründer des severischen Kaiserhauses. Dieser aus dem nordafrikanischen Leptis Magna in der Landschaft *Tripolitania* stammende Sohn aus einer Verbindung zwischen italischen Einwanderern mütterlicherseits und der lokalen phönizischen Führungsschicht väterlicherseits war ein typischer Vertreter der im 1. und 2. Jahrhundert n. Chr. aufstrebenden Munizipialaristokratie, jener

Abb. 23: Septimius Severus (145–211 n. Chr.), der erste ›Afrikaner‹ auf dem Kaiserthron

Schicht von provinzialen Eliten, die sich im Zuge der fortschreitenden Romanisierung mit der Sache Roms identifizierten. Als privilegierte Nutznießer des Imperiums gehörten sie zu dessen wichtigsten Stützen, und ihr Arrangement mit der politischen Ordnungsmacht eröffnete ihnen ungeahnte Karrieremöglichkeiten. Angehörige der einheimischen Eliten stiegen oft in den Ritterstand und in wichtige militärische Positionen auf, manche schafften den Sprung in den Senat, einige sogar auf den Kaiserthron. Während seiner gallischen Statthalterschaft heiratete Septimius Severus 187 n. Chr.

die Syrerin Iulia Domna. Für den römischen Statthalter eine höchst verheißungsvolle Partie, da in deren Horoskop die Prophezeiung enthalten war, sie werde einen Herrscher zum Gatten erhalten. Böse Zungen behaupteten schon damals, daß dieser Vorzug den Ausschlag für die Eheschließung gegeben habe. Denn Septimius Severus – fast ein antiker wesentlichen Entscheidungen seines Lebens mehr den Sternen als dem Intellekt.

Abb. 24: Iulia Domna (170–217 n. Chr.), ›First Lady‹ aus Syrien

Iulia Domna – der Familienname ist semitischen Ursprungs und leitet sich von *Dimna*, »schwarz«, ab – entstammte jenem o. g. einflußreichen Geschlecht von Sonnenpriestern in Emesa, die ihr sakrales Amt im Dienste des Gottes Elagabal von Generation zu Generation weitergаben. Ein Jahr nach ihrer Heirat gebar sie in Lugdunum, dem heutigen Lyon, einen Sohn, den späteren Kaiser Caracalla. Fünf Jahre später war sie Kaiserin. Die Quellen schildern sie uns als eine hochgebildete Frau mit einer ausgesprochenen Neigung für Fragen der Philosophie und Religion. Mit Iulia Domna wuchs auch der Einfluß ihrer syrischen Verwandtschaft am Kaiserhof, der nach dem Tod des Septimius Severus (211 n. Chr.) stetig zunahm und nach der Ermordung Caracallas (8. April 217 n. Chr.) einen Höhepunkt erreichte. Jetzt schlug die Stunde der syrischen Kaiserfrauen, deren Einfluß am Hofe vielen Römern ein Dorn im Auge war. Die patriarchalische Männerwelt Roms

Abb. 25: ›Familienalbum in Kleinformat‹: Die Severer-Familie um 200 n. Chr. Vorne links der jüngste Sohn Geta, der später von seinem Bruder Caracalla wegretuschiert wurde

Abb. 26: Goldmünze um 202 n. Chr.: Iulia Domna mit ihren Söhnen

stand Kopf, das Wort vom »Weiberregiment und Frauensenat« machte die Runde. Und manch ein Neuzeithistoriker sah die »Nacht der Barbarei« (von Domaszewski) über die griechisch-römische Welt hereinbrechen.

### Zurück in die Wüste

Abb. 27: Iulia Maesa, die Großmutter Elagabals

Vor diesem Hintergrund kam einigen Römern der Machtwechsel des Jahres 217 n. Chr. gar nicht so ungelegen. Denn der neue Kaiser Macrinus ließ die syrischen Frauen samt ihrer Verwandtschaft vom Hof entfernen und schickte sie in die Wüste, zurück nach Emesa. Eine dieser einflußreichen Syrerinnen war Iulia Maesa. Lange Jahre hatte diese energische Orientalin am Hofe ihrer älteren Schwester Iulia Domna gelebt, zusammen mit ihren beiden Töchtern, Iulia Soaemias und Iulia Mamaea – letztere die Mutter des Severus Alexander (222–235 n. Chr.), erstere die Mutter Elagabals (217–222 n. Chr.). Jetzt mußten sie alle die Heimreise antreten, bis auf Iulia Domna, die nach der Ermordung ihres Sohnes Caracalla Selbstmord begangen hatte. Macrinus hatte damit in Rom einen wichtigen politischen Gegner ausgeschaltet. Doch den neuen Kaiser drückten noch ganz andere Sor-

Abb. 28: Iulia Soaemias, die Mutter des Priesterkaisers

gen. Denn innenpolitisch war seine Position aufgrund seiner niederen Herkunft als Mann aus dem Ritterstand noch nicht hinreichend gefestigt. Waren doch bislang die römischen Kaiser allesamt Senatoren gewesen, und in deren Augen galt Macrinus als Parvenü. Um innenpolitisch seine Stellung gegenüber dem Senat in Rom zu festigen, benötigte er dringend einen schnellen außenpolitischen Erfolg. Diesen glaubte er im Herbst 217 n. Chr. durch einen mit den Parthern geschlossenen Kompromißfrieden errungen zu haben. Doch als ruchbar wurde, daß der Kaiser den Frieden durch Reparationszahlungen in Höhe von 200 Millionen Sesterzen erkauft hatte, zog er sich den Unmut seiner Soldaten zu. Besonders erzürnt waren diese, als ihnen zu Ohren kam, daß Macrinus den Schmachfrieden durch Mittel finanziert hat, die ihre eigenen Privilegien beschnitten.

## Orientalische Ränkespiele

Iulia Maesa war die schlechte Stimmung im Heer nicht verborgen geblieben. zudem wußte sie um die große Wertschätzung, die ihr Neffe Caracalla im römischen Heer genossen hatte und immer noch genoß. In kameradschaftlicher Weise hatte der ›Soldatenkaiser‹ das harte Lagerleben mit seinen Legionären geteilt, zusammen mit ihnen am abendlichen Lagerfeuer gesessen und die einfache Soldatenkost eingenommen. Selbst für Schanz- und Pionierarbeiten war er sich nicht zu schade gewesen und hatte wie ein gemeiner Soldat aktiv

Abb. 29: Caracalla (186–217 n. Chr.),
›Liebling‹ der Soldaten mit Strahlenkrone

Hand angelegt, wenn es darum ging, Gräben auszuheben oder Palisaden zu errichten. Sympathien hatte er sich ferner dadurch erworben, daß er seine Truppen mit großzügigen Geldspenden bedachte und den Soldaten alle nur erdenkliche Fürsorge zukommen ließ. Geschickt machte sich Iulia Maesa die Sympathien für ihren Neffen einerseits und die Unzufriedenheit im Heer andererseits zunutze, um von Emesa aus gegen den im Felde erfolglosen Usurpator Macrinus zu agitieren. Sie sah darin eine gute Chance, den Machtverlust ihrer Familie wieder wettzumachen und das Kaisertum für die severische Dynastie zurückzugewinnen.

Ebenfalls nicht verborgen geblieben waren der mit allen Wassern gewaschenen Maesa die Sympathien, die die Soldaten der im benachbarten Raphanea stationierten dritten gallischen Legion ihrem Enkel, dem erst vierzehnjährigen Varius Avitus Bassianus, entgegenbrachten. Aufgewachsen im syrischen Emesa, war er von Kindheit an für das Amt des Oberpriesters des Sonnengottes Elagabal erzogen worden, das in seiner Familie erblich war. Der erste aus der Familie, der das Priesteramt des Gottes bekleidet hatte, war sein Urgroßvater Bassianus gewesen, und der vierzehnjährige Varius Avitus war nun in dessen Fußstapfen getreten. Das einnehmende Äußere des anmutigen Knaben, seine feminine Schönheit und die unbekümmerte Art, wie er bei den Opferhandlungen zu Ehren seines Gottes unter lieblichsten Klängen geschmeidig um den Altar tanzte, machten Eindruck auf die Soldaten. Fasziniert von seiner priesterlichen Aura verfolgten sie die Zeremonien, die der jugendschöne Sonnenpriester tagtäglich vor dem Tempel seines Gottes auf dem Zitadellenberg von Emesa vollzog. Mit seiner rauschhaft-dionysischen Ausgelassenheit, die er dabei an den Tag legte, zog er die Legionäre in seinen Bann, für die seine Darbietungen eine willkommene Abwechslung zum eintönigen Dienstbetrieb des militärischen Lagerlebens bedeuteten.

Das Zusehen bei derartigen ausgelassenen Ritualen hatte dennoch einen tieferen Grund: Viele Legionäre, durch ihren langen Aufenthalt im Osten mit den Umgangsformen des Orients vertraut, langweilte nur noch die römische Staatsreligion. Ständig waren sie auf der Suche nach neuen, geheimnisvollen religiösen Riten und Mysterien. Vor allem die östlichen Mysterienkulte mit ihrer zwanglosen Unmittelbarkeit zwischen den Gläubigen und ihrem Gott und ihren jenseitsgerichteten Heilserwartungen übten auf die Soldaten eine große Anziehungskraft aus. Viele fanden darin eine religiöse Heimat, um ihre tiefe Sehnsucht nach einer intensiveren Mensch-Gott-Beziehung befriedigen zu können, die ihnen die nüchterne römische Religion mit ihren stereotypen Ritualen und der olympischen Unnahbarkeit ihrer Götter nicht zu bieten vermochte. Die vieldeutigen Isis-Riten, die hingebungsvollen Zeremonien der Kybele-Priester und die Stierblutschauer, die die Mithras-Anhänger von ihren Sünden reinigten – all diese östlichen Kulte griffen schnell um sich.

Elagabal, der Sonnenanbeter aus Emesa, strahlte viel Geheimnisvolles aus, und er war zugleich noch Mitglied des römischen Kaiserhauses, was den Reiz des Tempelbesuchs noch erhöhte. Bald wurde der tanzende Jüngling zum Zuschauermagnet, zum Liebling der Soldaten, die in Heerscharen nach Emesa strömten.

Die Nähe der Legion eröffnete Iulia Maesa ungeahnte Möglichkeiten, um ihre Pläne zu verwirklichen. Zielstrebig betrieb sie von Emesa aus den Umsturz, wagte die Konfrontation mit dem amtierenden Kaiser. Denn laut Herodian »zog sie es vor, sich lieber in jede Gefahr zu stürzen als ins Privatleben gestürzt zu werden«. Konsequent spielte sie beim Heer den Sympathie-Bonus des Caracalla aus und zog mit ihrem liebreizenden Enkel eine weitere politische Trumpfkarte aus dem Ärmel. Der junge Baal-Priester wurde als Thronprätendent in Position gebracht. Hierzu griff die gewiefte und intrigante Großmutter zu einer List. Sie ließ das Gerücht streuen, daß ihr ältester Enkel in Wahrheit ein unehelicher Sohn Caracallas sei, den dieser mit seiner Cousine Iulia Soaemias gezeugt habe. Bedenken, daß sie damit ihre eigene Tochter dem Vorwurf ehebrecherischer und inzestuöser Vergehen aussetzte, mußten hinter staatspolitische Notwendigkeiten zurücktreten. Denn die Wiedererlangung der Macht hatte für die ehrgeizige Syrerin absolute Priorität. Das Gerücht machte schnell die Runde, verbreitete sich unter den Soldaten wie ein Lauffeuer. Letzte noch bestehende Zweifel an dieser Version wurden durch großzügige Geldgeschenke ausgeräumt. Denn die erfahrene Maesa wußte nur allzu gut, daß das Wohlwollen der Legionäre unmittelbar vom Kontostand ihrer Regenten abhing. Dieser geballten Propaganda- und Spendenkampagne hatte der ritterliche Parvenü Macrinus nur wenig entgegenzusetzen. Das Wuchern mit ›severischen Pfunden‹ zeitigte alsbald Erfolg.

## Der Putsch in Raphanea

In den späten Abendstunden des 15. Mai 218 n. Chr. verließ eine kleine Schar vermummter Gestalten klammheimlich Emesa. Ihr Ziel war das fünfundzwanzig Kilometer nordwestlich gelegene Raphanea am Fuße des nordsyrischen Alawitengebirges, genauer gesagt, das Legionslager der dritten gallischen Legion, die im Zuge des Partherkrieges dort vorübergehend stationiert war. Dort wurden die Ankömmlinge, Iulia Maesa, ihre beiden Töchter Iulia Soaemias und Iulia Mamaea sowie deren beider Söhne, der vierzehnjährige Varius Avitus Bassianus und der zehnjährige Gessius Alexianus Bassianus, bereits erwartet. Alles war arrangiert, als der Lagerkommandant den Varius Avitus vor seinen Soldaten als Sohn des Caracalla begrüßte, worauf diese ihn zum Kaiser ausriefen. Der frisch akklamierte Baalpriester nannte sich nunmehr nach seinem vermeintlichen Vater Marcus Aurelius Antoninus, der fortan auch in der offiziellen Kaisertitulatur als sein leiblicher Vater erscheint. Denn der neue Kaiser hieß jetzt IMPERATOR CAESAR MARCUS AURELIUS ANTONINUS, mit dem Zusatz DIVI MAGNI ANTONINI FILIUS, »Sohn des vergöttlichten, großen Antoninus«. Der Name »Antoninus« war so etwas wie eine dynastische Klammer. Schon Septimius Severus hatte seinen Sohn Caracalla so genannt, um die Verbindung seiner Dynastie, der severischen, mit den Adoptivkaisern, den sogenannten Antoninen, herzustellen. In den Quellen heißt es, daß dieser Name in den Menschenherzen wie der des Augustus haftete.

Die Nachricht von der Kaisererhebung des ›neuen Caracalla‹ machte schnell die Runde. Es dauerte nicht lange, bis die Kunde auch ins fünfzig Kilometer weiter nördlich gelegene Apameia gelangte, wo eine weitere römische Einheit, die zweite parthische Legion, in Garnison lag. Diese Einheit war vom severischen Dynastiegründer Septimius Severus einst als eine Art strategische Reserve aufgestellt worden. Normalerweise in Rom stationiert, begleitete die Legion des öfteren den Kaiser auf dessen Feldzügen. Zahlreiche Grabsteine dieser Truppeneinheit finden sich noch heute im Innenhof des Museums von Afamiya, wie der Ort heute heißt. Bald zog der von Iulia Maesa initiierte Militärputsch immer weitere Kreise. Was anfänglich als Verschwörung einer kleinen Gruppe hinter den Palisaden des Heerlagers von Raphanea begonnen hatte, wuchs sich in Windeseile zu einer landesweiten Oppositionsbewegung aus, der sich immer mehr Einheiten anschlossen. Die dritte gallische und die zweite parthische Legion hatten sich bereits auf die Seite des jungen Kaisers geschlagen.

## Dynastische Aura

Macrinus, der sich zu dieser Zeit in Antiochia, der Hauptstadt Syriens, aufhielt, schenkte dem Treiben zunächst wenig Beachtung. Als er jedoch von den Verbrüderungsszenen der Heere erfuhr, entsandte er seinen Prätorianerpräfekten Ulpius Iulianus ins Legionslager von Raphanea. Dort standen er und seine Soldaten vor verschlossenen Toren. Bei der darauffolgenden Belagerung kam es dann zu dem bei Herodian nachzulesenden Vorfall, der zeigt, welche dynastische Aura den ›neuen Caracalla‹ umgab und welche Faszination von diesem Namen ausging. Als nämlich die Belagerer von ihrem Tun nicht abließen, stiegen die Verteidiger auf die Wehrtürme und präsentierten den Angreifern den jungen Kaiser, den sie lauthals als Sohn des Antoninus priesen. Daraufhin legten die meisten der Angreifer ihre Waffen nieder und wurden freudig im Lager aufgenommen. Ulpius Iulianus hingegen schlugen sie den Kopf ab und schickten denselben Macrinus.

Die Entscheidung zugunsten der severischen Partei fiel schließlich am 8. Juni 218 n. Chr. bei der östlich von Antiochia gelegenen Ortschaft Immae, wo nach wechselvollem Kampf die Truppen Elagabals dank des couragierten Eingreifens der severischen Frauen obsiegten

– so zumindest Cassius Dio. Nach seinem Bericht hatte Macrinus den Sieg schon in der Tasche; die Reihen der Rebellen begannen bereits zu wanken, als Iulia Maesa und Iulia Soemias die fliehenden Soldaten zum Weiterkämpfen anhielten. Und etwas Wundersames geschah: Man sah, wie der viel belächelte weibische Jüngling selbst das Schwert ergriff und sich an die Spitze seines zaudernden Heeres setzte, so als wollte er sich auf die Feinde stürzen. Als Macrinus sah, daß die gegnerischen Truppen kehrtmachten, ergriff er die Flucht. Diese fand im kleinasiatischen Bithynien ihr Ende, als Macrinus von den Anhängern des Elagabal aufgegriffen und getötet wurde.

## Der Stein kommt ins Rollen

Damit war für Elagabal der Weg nach Rom frei. Der »Falsche Antoninus«, wie Cassius Dio den jungen Kaiser abschätzig nannte, zog noch am gleichen Tag in Antiochia, der Hauptstadt der römischen Provinz *Syria*, ein. Die eigentliche Macht lag in den Händen seiner Großmutter, der Grauen Eminenz Iulia Maesa, die hinter den Kulissen die Fäden zog und für ihren Enkel die Staatsgeschäfte übernahm. Bald kehrte der frischgebackene Priesterkaiser seiner Heimat den Rücken und brach mit großem Gefolge nach Rom auf, mit ihm sein schwarzer Meteorstein, der auf einem Wagen mit vier Pferden gezogen wurde. Eine in Antiochia geprägte Münze zeigt den Kaiser bei seinem Aufbruch. Auf ihrer Rückseite mit der Umschrift Sancto Deo Soli, »dem heiligen Sonnengott«, ist der Kultstein des Gottes Elagabal mit der Quadriga dargestellt, an der vier Schirme befestigt sind, die den Stein vor der Sonne schützen sollten; der wurde mit wohlriechenden Ölen gesalbt und in kostbare Stoffe gehüllt. Auf der Vorderseite des Denars erscheint die jugendliche Büste des Kaisers.

Wohl noch von Antiochia aus schickte der junge Kaiser einen Brief an den Senat von Rom, in dem er dem altehrwürdigen Gremium traditionsgemäß seine Kaisererhebung anzeigte. Darin erging er sich in vielen Schmähungen gegen Macrinus, tadelte dessen niedrige Herkunft und nannte ihn einen heimtückischen Kaisermörder und illegitimen Usurpator. Sich selbst stellte er dagegen im besten Licht dar, als Kaiser und Caesar, Sohn des Antoninus und Enkel des Severus, und gelobte feierlich, Augustus und Marcus Aurelius nachzueifern – ein Versuch, sich in die Tradition ›guter Kaiser‹ zu stellen. Diese ›Inthronisationsurkunde‹ trägt die Handschrift der Iulia Maesa, die mit den diplomatischen Gepflogenheiten und Umgangsformen in Rom bestens vertraut war. Nicht eine einzige Zeile stammte aus der Feder des jungen Antoninus, der von den Staatsgeschäften keinerlei Ahnung hatte und daran auch nicht das geringste Interesse zeigte. Allenthalben seine Unterschrift dürfte er unter das Dokument gesetzt haben.

## Kaiser aus der Not heraus geboren

Anders als Caligula oder Nero, die auf ihre spätere Rolle als Kaiser vorbereitet worden waren, wurde der erst vierzehnjährige Elagabal von den Ereignissen des Jahres 217 n. Chr. förmlich überrollt. Völlig unverhofft mußte er in eine Rolle schlüpfen, die er weder ausfüllen wollte noch konnte. Dynastische Zwänge und familienpolitische Notwendigkeiten warfen den Baalspriester ins kalte Wasser der ›Großen Politik‹. Dabei wäre er viel lieber in der angestammten Heimat geblieben, um seinem Gott zu dienen, als dessen Hohepriester er ja gerade erzogen worden war. Per *ordre de grand-mère* seiner vertrauten sinnlich-orientalischen Umwelt und mystischen Berufung entrissen, verschlug es ihn ins marmorkalte Rom mit seiner emotionslosen Nüchternheit. Der niederländische Schriftsteller Louis Couperus hat in seinem historischen Roman *Berg van Licht* (dt.: »Heliogabal, der Sonnenkaiser«) diesen geographischen und kulturellen Tapetenwechsel in eine florale Metapher gekleidet, die von der frühreifen orientalischen Blume Flagabal: »Er [der großväterliche Obermagier Hydaspes] sah es, mit einem einzigen, durchdringenden Blick, daß dieses Kind – diese Blumenseele, aufblühend in der Luft, die ihr eigen war, ein Reiz sein konnte, so groß, daß er selbst die gröbsten Sinne traf, [ … ] daß sie, verpflanzt und emporschießend unter anderen Himmeln, sich in wilder Wirrnis verbreiten würde und daß die Ausdünstungen ihrer Wohlgerüche einen Hauch voller Gift entstehen ließe«. Weit weniger lyrisch kommentierte der französische Dekadenzforscher Jean Lombard in seinem 1888 erschienenen Roman *L'Agonie* die Ost-West-Verpflanzung. Seiner Ansicht nach habe sich mit Elagabals Einzug in Rom die Ewige Stadt in die Hure Babylon verwandelt.

Unabhängig von derartigen lyrischen und moralischen Wertungen bleibt die Tatsache, daß Elagabal, der sich seit seiner Kindheit ganz und gar seinem Gott verschrieben hatte, ein Kandidat mangels Alternative war. Ein Kaiser, der nur deswegen auf den Caesarenthron gehievt wurde, weil männliche Nachkommen der Severerfamilie im regierungsfähigen Alter nicht zur Verfügung standen. So war der jugendschöne Sonnenpriester aus Emesa letztlich nur ein Spielball im großen Spiel der Macht. Und darin kannte sich seine ehrgeizige Großmutter Iulia Maesa bestens aus.

## Der Kaiser in Öl – das sogenannte Vorstellungsgemälde

Im bithynischen Nikomedia, wo Elagabal 218/219 n. Chr. den Winter verbrachte, zeigte der junge Priesterkaiser, wes Geistes Kind er war. Anstatt sich auf seine künftige Rolle als Kaiser von Rom vorzubereiten, stürzte sich der frühreife Teenager in ein orgiastisches Leben und in die Tollheiten des Priestertums, worin er erzogen worden war. Auch mit seiner Kleidung kehrte er den Orientalen hervor, nach Herodian eine exzentrische Mischung aus »phönikischer Priestergewandung und medischer Weichlichkeit«. Aus Furcht, ihr Enkel könnte durch seine fremdartige Ausstaffierung die Römer vor den Kopf stoßen, ersuchte die mit römischen Sitten vertraute Iulia Maesa ihn, beim Einzug in Rom römische Tracht anzulegen, »gezieme sich doch seine Kostümierung nicht für Männer, sondern für Frauen«, sagt Herodian weiter. Doch der störrische Knabe schlug die Mahnungen seiner Großmutter in den Wind. Auf keinen Fall wollte er sein Äußeres verleugnen und schon gar nicht aus Rücksicht auf irgendwelche Bedenken seitens der Römer. Hier offenbarte sich erstmals die kindliche Naivität und die Engstirnigkeit des Jungkaisers.

Und als dann Gannys, Elagabals Erzieher und enger Vertrauter der Iulia Maesa, noch einmal mäßigend auf den unverbesserlichen Hitzkopf einzuwirken versuchte, kostete ihn dies den Kopf; er war das erste Opfer von Elagabals unversöhnlichem Starrsinn. Andersdenkende konnten keinerlei Toleranz erhoffen. Entgegen allen Bedenken entschloß sich der Kaiser zu einem außergewöhnlichen Schritt: Um das Volk von Rom an seinen Anblick zu gewöhnen, ließ er ein Kolossalgemälde von sich beim Kultvollzug anfertigen und nach Rom schicken. Dort sollte es an prominenter Stelle in der Kurie, der Versammlungsstätte des Senats, gleich über dem Haupt der Victoria aufgehängt werden. Jeder der Senatoren brachte beim Betreten der Kurie der römischen Siegesgöttin eine Weihrauch- und Weinspende dar, und bei dieser Gelegenheit konnte er sich auch des neuen Kaisers und seines Gottes vergegenwärtigen. Über das Aussehen des in der Forschung als »Vorstellungsgemälde« bezeichneten Bildwerks sind wir wiederum durch Münzen unterrichtet. Ein wohl kurz vor der Ankunft in Rom dort geprägter Antoninian (eine ca. fünf Gramm schwere, von Caracalla 215 n. Chr. eingeführte Silbermünze) zeigt auf der Rückseite den stehenden Kaiser vor einem Altar beim Ausgießen einer Opfergabe. Hinter der Opferszene befindet sich, auf einer Quadriga ruhend, der Kultstein, auf dem sich ein Adler niedergelassen hat. Die Umschrift bezeichnet den syrischen Gott als CONSERVATOR AUGUSTI, als »Bewahrer des Kaiserhauses«. Auf der Vorderseite ist der Kaiser mit der für das Münznominal der Antoniniane so typischen Strahlenkrone abgebildet.

## Einzug des Sonnenkaisers

Im Juli des Jahres 219 n. Chr., dreizehn Monate nach seiner Machtübernahme, erreichte der junge Imperator zusammen mit seinem solaren Baalsgott Rom und führte diesen sogleich mit orientalischem Pomp ein. Zahlreiche Tänzer bewegten sich in geschmeidig verzückenden Verrenkungen die *via Appia* entlang, in ihrer Mitte der von vier Schimmeln gezogene Prunkwagen mit dem schwarzen Kultstein von Emesa. Derartige Steine, sogenannte Baetyle (arabisch: *bet-El*, d. h. »das Haus des Gottes«), in denen man die Kraft des Gottes gegenwärtig glaubte, wurden in der Welt der Orients mehrfach kultisch verehrt. Einer dieser göttlich beseelten Steinfetische himmlischer Herkunft ist etwa der schwarze Stein (*Hadschar al-Aswad*) der Ka'aba, der im vorislamischen Mekka als Manifestation Allahs besondere Verehrung genießt. Eine Aura des Heiligen umgab auch den schwarzen, bienenkorbförmigen Meteorstein des Gottes Elagabal, der einst vom Himmel gefallen war und in Emesa als Abbild der Sonne verehrt wurde.

Ohrenbetäubende Musik aus fremdartigen Instrumenten drang

in die Ohren der Römer, Weihrauch, im Orient auch »Schweiß der Götter« genannt, umwehte ihre Nasen. Vor dem Prunkwagen der Gottheit schritt der junge Kaiser, gehüllt in farbenprächtige, mit Gold und Purpur durchwirkte Seidenstoffe, behangen mit zahlreichen Halsketten und Armbändern. Über seinem grell geschminkten Gesicht trug er eine aus Gold und Edelsteinen gefertigte Tiara. Ebenso kostbar waren seine aus feinstem Leinen gefertigten und mit geschliffenen Edelsteinen besetzten Schuhe. Ungewöhnlich wie sein gesamtes Äußeres war die Art und Weise, wie der gott-

Abb. 30: Einzug des Sonnengottes in Rom. Auf der Quadriga der schwarze Kultstein

schöne Priesterkaiser in Rom einzog – er lief rückwärts!, die Pferde des Gespanns am Zaum führend und die Augen unablässig auf seinen Gott gerichtet. Und damit er nicht ins Stolpern kam, war der Weg reichlich mit Goldsand ausgelegt.

Mit gemischten Gefühlen verfolgten die Römer das farbenprächtige Spektakel, das einfache Volk mit Begeisterung für das Exotische, weniger angetan und mit begründeter Skepsis die konservativ geprägte römische Oberschicht. Und manch einem aufmerksamen Beobachter unter den Zuschauern beschlich bereits bei diesem Anblick ein ungutes Gefühl: Den römischen Göttern den Rücken zugewandt, die Augen nur auf seinen Gott fixiert – ließ diese vielsagende Geste nicht schon auf die zukünftige Gewichtung und Rollenverteilung zwischen den römischen Göttern und dem orientalischen Sonnengott schließen, und steckte dahinter nicht ein religionspolitisches Programm? Andererseits dürften diese Skepsis nicht alle Bewohner geteilt haben, waren die Römer mit Kultimporten aus dem Orient bislang doch ganz gut gefahren. Denn schon einmal, im Jahr 205 v. Chr., war ein schwarzer Stein aus dem Osten nach Rom gelangt. Damals jedoch war die Initiative von den Römern ausgegangen. Auf Anraten der Sibyllinischen Bücher wurde die phrygische Göttin Kybele nach Rom geholt. Nur mit ihrer Hilfe, so die Prophezeiung, könne der Krieg gegen Karthago siegreich beendet werden. Der Kultimport und dessen Integration in das römische Pantheon machte sich bezahlt: Rom ging aus dem Zweiten Punischen Krieg als Sieger hervor. Als Dank für ihre Verdienste errichteten die Römer im Jahre 191 v. Chr. der Kybele einen Tempel auf dem Palatin und richteten ihr zu Ehren szenische Spiele ein.

Das Beispiel der *Mater magna* hat gezeigt, daß die Römer eine erstaunliche Toleranz gegenüber fremden Kulten an den Tag legten, nicht starr an ihren religiösen Traditionen festhielten, sondern durchaus Bereitschaft erkennen ließen, fremde Kulte der eigenen Religion einzugliedern, sie zu assimilieren. In einem Punkt allerdings stieß die römische Duldsamkeit an ihre Grenzen: Der neue Gott mußte sich in das System des Imperiums einfügen und durfte sich nicht über dieses erheben.

### Die Ruhe vor dem Sturm

Iulia Maesas Befürchtung, daß ihr Enkel mit seinem exzentrischen Auftritt in Rom einen Eklat hervorrufen würde, war zunächst unbegründet. Das mag zum einen daran gelegen haben, daß sich der junge Kaiser fürs erste – so gut es ging – zurücknahm. Zum anderen aber auch daran, daß die weltoffenen Römer einiges gewöhnt waren, was fremdartige Sitten und Gebräuche betrifft. Die Kapitale des Reiches, in der Kaiserzeit ein Schmelztiegel der Kulturen, war voll von Menschen

Abb. 31: Elagabal in klassischem Kaiserporträt

aus aller Herren Länder. ›Multi-Kulti‹ wurde also bereits vor zweitausend Jahren in Rom praktiziert. Und die Herren des Imperiums zeigten sich gegenüber Mitbürgern mit Migrationshintergrund erstaunlich tolerant, wobei der Umstand, daß sich nun ausgerechnet einer dieser Exoten ihr Kaiser nannte, die Duldsamkeit der Römer auf eine harte Probe stellen sollte. Gewöhnungsbedürftig war er schon, dieser Paradiesvogel aus dem Osten, mit seinem stark geschminkten Gesicht und seiner knallig bunten Kleidung aus chinesischer Seide. Der römische Kaiser im Kleid des Baal-Priesters von Emesa, für die traditionsbewußten Römer war diese Maskerade entwürdigend, für den gläubigen Syrer ein Gebot der rituellen Reinheit. Elagabals Abneigung, sich in römische Wollgewänder zu kleiden, rührte offenbar aus einem im Osten weit verbreiteten Verbot, wonach das Tragen von Kleidern tierischer Herkunft als unrein angesehen wurde. Allein schon die Vorstellung, daß die Togen im Alten Rom mit Urin gebleicht wurden – vielleicht auch noch mit dem von Schweinen –, mußte bei dem frommen Sonnenanbeter tiefe Abscheu hervorrufen. In die gleiche Richtung zielt eine Bemerkung bei Herodian, daß das Schuhwerk der später an den Opferfeiern zu Ehren des Gottes Elagabal teilnehmenden römischen Würdenträger aus Leinen und nicht aus Leder bestand.

Der erste Kontakt geriet nicht zur Katastrophe, und auch die ersten Tage und Wochen des Teenagerkaisers nahmen sich ausgesprochen unkompliziert aus. Beide Seiten beschnupperten sich mit distanzierter Neugier, ohne jedoch dem Gegenüber mit Ablehnung zu begegnen. Daß der Start des neuen Regiments relativ reibungslos über die Bühne ging, war größtenteils dem Umstand geschuldet, daß Iulia Maesa und ein kleines Gremium von Favoriten die Regierungsgeschäfte ausübten und dabei jede Provokation tunlichst zu vermeiden suchten. Für ein behutsames Vorgehen spricht auch der numismatische Befund: Für das Jahr 219 n. Chr. liegen keine Hinweise für eine Münzdarstellung des Gottes Elagabal vor. Und auch bis weit in das Jahr 220 n. Chr. dominieren auf ihren Bildflächen klassische römische Götterdarstellungen. Es ist kaum vorstellbar, daß ein so bedeutender Akt, wie die Proklamation des Elagabal zum obersten Gott, nicht auf den Münzen, den »Tageszeitungen der Antike«, propagiert worden wäre. Also hat Elagabal seinen Gott nicht sogleich an die Spitze des römischen Pantheon gestellt, wie vielfach behauptet.

Maesas moderater Kurs schien aufzugehen, das severische Erbe gesichert. Während sie die Staatsgeschäfte führte, konnte sich der Kaiser ganz seinem Gott widmen. Politisches Porzellan, so dachte man wenigstens im Kreise der Maesa, könne er dort nicht zerschlagen. Ein folgenschwerer Irrtum, wie sich bald herausstellen sollte.

## Revolution am römischen Götterhimmel

Bald nachdem Elagabal seinen Gott in Rom eingeführt hatte, gab er den Bau zweier Tempel in Auftrag: Einen ließ er auf dem Palatin errichten und einen am Stadtrand, in der Nähe eines heute nicht mehr genau lokalisierbaren Tempels des Unterweltsgottes Orcus gelegen, im Südosten Roms. Bis zur Fertigstellung des Gotteshauses auf dem Palatin fand der schwarze Kultstein eine provisorische Unterkunft in den kaiserlichen Palastbauten auf dem Palatin.

Nach einer knapp eineinhalbjährigen Eingewöhnungsphase entschloß sich der junge Kaiser zu einem folgenschweren Schritt. Irgendwann gegen Ende des Jahres 220 n. Chr. befahl er, daß sämtliche Magistrate und überhaupt jeder, der eine Opferhandlung beging, den Gott Elagabal vor allen anderen Göttern anzurufen habe. Warum tat der Kaiser das? Nun, schon in Emesa war Elagabal das Oberhaupt der Götterfamilie, und alle anderen Götter waren ihm untergeordnet. Wie in Rom, wo mit Iuppiter – Iuno – Minerva eine Göttertrias dem römischen Olymp vorstand, gab es auch an der Spitze des emesenischen Pantheons eine göttliche Trinität: Elagabal – Allath – Astarte. Als Gemahlin des Sonnengottes Elagabal fungierte die phönizische Fruchtsbarkeitsgöttin Astarte, die man in der griechisch-römischen Welt mit Aphrodite/Venus gleichsetzte. Allath war eine der Hauptgottheiten der vorislamischen Araber, die bei fast allen Stämmen Verehrung fand – besonders wegen ihrer Eigenschaft als Kriegsgöttin. Stets bewaffnet dargestellt, wurde sie unter griechischem Einfluß mit Athene identifiziert. Elagabals ›Opfer-Edikt‹ bildete den Auftakt zur Reformierung des römischen Pantheons, das die Grundlage der neuen Staatsreligion bilden sollte. Gleichzeitig proklamierte der Kaiser seinen Gott zum obersten Reichsgott und setzte ihn an die Stelle Iuppiters. Sich selbst ließ er per Senatsbeschluß zu dessen Oberpriester bestellen, nannte sich nun »Erlauchtester Priester des unbesiegbaren Sonnengottes Elagabal«. Und zum Zeichen der Unterordnung Iuppiters unter den Sonnengott wurde nun auch des Kaisers neuer Priestertitel in der offiziellen Kaisertitulatur dem des Pontifex Maximus vorangestellt.

Jetzt wurde auch der Tempel des neuen Sonnengottes auf dem Palatin feierlich eingeweiht und der schwarze Stein dorthin überführt. In diesem Zusammenhang ließ Elagabal die römischen Götterbilder und die heiligsten Symbole der römischen Religion aus ihren angestammten Heiligtümern entfernen und in den Tempel des neuen obersten Reichsgottes Elagabal überführen. Der Tempel des Elagabal war zu einem religiösen Museum geworden. Der Autor der *Historia Augusta* bemerkte hierzu: »Der Kaiser erklärte, sämtliche Götter seien Diener seines Gottes, wobei er die einen als dessen Kammerdiener, die anderen als Sklaven, wieder andere als Handlanger für verschiedene Dienstleistungen bezeichnete.« Das Heiligtum des Baal von Emesa wurde zum neuen Mittelpunkt staatlicher Götterverehrung in Rom, und der oberste Gott galt als Herrscher über die anderen Götter, die gleichsam seinen Hofstaat bildeten. Nicht Monotheismus, wie vielfach behauptet, sondern Henotheismus spricht aus Elagabals Religionskonzept, eine Gottesauffassung, die von einem obersten Gott ausgeht, dem alle anderen Götter in einer bestimmten Hierarchie untergeordnet sind.

Derartige Konzepte der Hierarchisierung und Zentralisierung der Götterwelt wurzeln in orientalischen Traditionen. Wir begegnen ihnen im alten Babylon und bei den Assyrern, aber auch im hundertfünfzig Kilometer östlich von Emesa gelegenen Palmyra, wo der Tempel des Bel, Zentrum des religiösen Lebens in der Oasenstadt, als das »Haus der Götter« bezeichnet wurde. Nahezu jeder Stadtstaat des Orients, so auch Emesa, hatte sein eigenes Pantheon, mit einem Gott an der Spitze, dem andere Gottheiten in streng hierarchischer Stufung untergeordnet waren. Indem er alle römischen Götter dem Sonnengott Elagabal unterstellte, hatte dessen gleichnamiger Priester also lediglich orientalische Gottesvorstellungen nach Rom transferiert. Neu an dem Religionskonzept des Kaisers war allerdings der Universalismus, mit dem die lokale Variante der emesenischen Götterwelt reichsweit institutionalisiert werden sollte.

Für die traditionsbewußten Römer war die Revolution in ihrem Götterhimmel das schändlichste Verbrechen, was man sich nur vorstellen konnte, vor allem, weil ein fremder Gott, nämlich Elagabal, Iuppiter übergeordnet wurde. Doch der Kaiser setzte noch eins drauf.

## Die Heilige Hochzeit des Gottes

Elagabal wollte seinen Gott ›verheiraten‹, d. h. er suchte für diesen eine *paredros* genannte Kultpartnerin. Er fand sie in der karthagischen Himmelsgöttin Urania (von den Römern »Himmlische Göttin«, *Dea Caelestis*, von den Karthagern Tanit genannt), deren Kultstatue er von Karthago nach Rom bringen ließ. Tanit war eine typisch östliche Göttin, die vegetative und astrale Aspekte in einer Person verband. Über ihren Kult sind wir durch einen aufschlußreichen Bericht des aus Sizilien stammenden römischen Schriftstellers und Hobbyastrologen Iulius Firmicus Maternus unterrichtet, der im 4. Jahrhundert n. Chr. schrieb: »Die Priesterschaft dient ihr mit effeminierter Stimme, mit verweiblichten Gesichtern, mit glattgemachter Haut, das männliche Geschlecht durch weiblichen Schmuck verunzierend. Man sieht in ihren Tempeln ganz offen die fürchterlichste Unzucht: Männer litten, was nur Weiber leiden dürfen, und sie zeigen, gleichsam mit stolzer Verherrlichung dieser Schande, ihre unreinen und schamlosen Körper.« Von unzüchtigem Treiben im Kult der *Dea Caelestis* weiß auch der Kirchenvater Augustinus in seiner Schrift »Vom Gottesstaat« zu berichten. Dabei seien derartige Schamlosigkeiten verübt worden, »daß selbst verheiratete Frauen aus dem Tempel neues Wissen nach Hause brachten«.

Wahrscheinlich fand die Hochzeit zwischen dem obersten Reichsgott Elagabal und seiner göttlichen Gemahlin *Dea Caelestis* am 18. November 220 n. Chr. statt, dem Neujahrstag nach dem Kalender von Tyrus, der in der Kaiserzeit in der ganzen Provinz Syrien offiziell gebräuchlich war. Das Neujahrsfest – in Syrien traditionell im Herbst gefeiert – gehört im Orient seit alters her zu den wichtigsten Festen des Jahres. Beging man doch damit das Wiedererwachen der Natur, und die Erneuerung der Fruchtbarkeit von Flora und Fauna wurde offenbar schon früh mit der Vorstellung von sogenannten »Heiligen Hochzeiten« verbunden. Solche Götterhochzeiten, die vom König und der Königin symbolisch nachvollzogen wurden, waren fester Bestandteil des Neujahrsfestes. Sie begegnen uns im sumerischen Ur ebenso wie im babylonischen Lagasch oder in anderen mesopotamischen Metropolen. Wiederum griff Elagabal auf

Traditionen aus dem östlichen Kulturkreis zurück. Folgerichtig aus seiner Sicht war demnach auch sein nächster Schritt.

## Rein muß sie sein

Kurz nach seiner Ankunft in Rom hatte Elagabal die vornehme Römerin Iulia Cornelia Paula geheiratet, eine Verbindung, die sicherlich von Iulia Maesa eingefädelt wurde. ›Auswärtigen‹ Kaisern aus den Provinzen, wie etwa den ›Spaniern‹ Trajan (98–117 n. Chr.) und Hadrian (117–138 n. Chr.), stand es aus Gründen der Herrschaftslegitimation immer gut zu Gesicht, eine waschechte Römerin aus edlem Geblüt zur Frau zu nehmen. Ende 220 n. Chr. trennte sich der androgyne Kind-

Abb. 32: Iulia Cornelia Paula, die erste Gemahlin Elagabals

kaiser aber von seiner Gemahlin und heiratete die Oberpriesterin der Vesta, Aquilia Severa. Ganz Rom war empört über diese Verbindung, galt doch die Verletzung der Jungfräulichkeit der Vestalinnen als ein äußerst fluchwürdiges Verbrechen. Denn nach geltendem Sakralrecht war die Reinheit der Vestalischen Jungfrauen Garant für den Bestand des römischen Gemeinwesens. Für Cassius Dio war dies ein unverzeihliches Sakrileg, ferner ein unzweideutiges Indiz für die Launenhaftigkeit des triebhaften Lüstlings. In die gleiche Kerbe schlägt der Autor der *Historia Augusta*, der darin nur ein weiteres Beispiel für den unstillbaren sexuellen Appetit des Kaisers sieht. Ganz anders hingegen interpretierte der Syrer Herodian das kaiserliche Verhalten, das seiner Ansicht nach kultisch begründet war. Er sah in der Eheschließung zwischen dem Kaiser und der Vestalin Aquilia Severa ein irdisches Abbild zur Götterhochzeit des Gottes Elagabal mit der karthagischen *Dea Caelestis*. Ferner berichtet er von einem Brief des Kaisers an den Senat, in dem dieser sein Verhalten zu rechtfertigen suchte. Es sei doch »etwas sehr Angemessenes und Heiliges, wenn ein Priester eine Priesterin heirate«, heißt es dort. Und

180

bei Cassius Dio wird Elagabal mit den Worten zitiert: »Ich habe diesen Schritt getan, damit göttliche Kinder hervorgehen aus mir, dem obersten Priester, und aus ihr, der obersten Priesterin.« Doch Cassius Dio berichtet noch ein weiteres interessantes Detail. Der Kaiser habe sich von Cornelia Paula getrennt, weil sie »angeblich einen Makel an ihrem Körper hatte«. Nun war körperliche Makellosigkeit neben der rituellen Reinheit eine Forderung, die in allen semitischen Religionen an die Priester gestellt wurde. Seltsam erscheint nur, daß der Kaiser erst nach mehr als einem Jahr der Ehe diesen Anspruch an seine Frau stellte. Die Lösung des Problems liefert die oben geschilderte Götterhochzeit zwischen dem Gott Elagabal und der karthagischen *Dea Caelestis*, die der Kaiser, alter Tradition gemäß, symbolisch nachzuvollziehen hatte. Und für diese Zeremonie, bei der die Kaiserin eine bestimmte Rolle zu übernehmen hatte, wurde Iulia Paula als nicht rein genug angesehen.

## Blut für Elagabal

Nach der Erhebung seines Sonnengottes zum obersten Reichsgott und der Heirat mit der Vestalin Aquilia Severa hatte der junge Priesterkaiser alle Hemmungen abgelegt und den Römern sein wahres Gesicht gezeigt. Jetzt brach sich in aller Deutlichkeit die orientalische Lebensauffassung im nüchternen Rom Bahn und mit ihr bisher nicht gekannte Riten und Gebräuche, Farben und Klänge, betörende Sinnlichkeit und berauschende Ausschweifung. Die Welt schien aus der Sicht der Römer aus den Fugen geraten zu sein. Nicht die Kultstatue des Iuppiter war mehr das Maß aller Dinge, sondern ein kruder schwarzer Steinfetisch. Prozessionen zogen nicht mehr auf das Kapitol, den römischen Götterberg, sondern hinauf zum Palatin, wo der neue oberste Reichsgott seinen Tempel hatte. Dorthin begab sich allmorgendlich der kaiserliche Steinanbeter und beging dort die mit großem Aufwand vollzogenen religiösen Zeremonien. Es wurden Hunderte von Stieren und Schafen geschlachtet und mit vielfältigem Räucherwerk auf den Opferaltären abgelegt, die um den Tempel des Sonnengottes herum gruppiert waren. Assistiert von höchsten staatlichen Würdenträgern, die gleichsam als Ministranten fungierten, goß der Kaiser Trankopfer aus Wein und Blut vor den Altären aus,

»so daß Ströme von Wein und Blut vermischt dahin flossen«, wie Herodian berichtet. Nicht etwa irgendwelche Opferdiener oder Menschen geringen Standes schleppten die Eingeweide der Opfertiere, sondern die Kommandanten der Prätorianer und die Männer in den höchsten Ämtern. Gekleidet waren sie in syrischer Tracht, in ärmellangen und bis zu den Füßen reichenden Gewändern. Sie trugen Schuhwerk aus Leinen wie die Priesterkaste in jenen Gegenden. Richtig wohl in ihrer Haut dürften sich Roms Repräsentanten dabei nicht gefühlt haben, einem fremden Gott in fremder Kleidung ihre ›Aufwartung‹ zu machen. Der Kaiser allerdings, so Herodian, glaubte denen die höchste Ehre zu erweisen, die er an seinen Opferriten teilnehmen ließ.

Neben dem Bericht Herodians sind wir über die Kultriten auch durch die offizielle Münzprägung des Kaisers unterrichtet. In den Jahren 220 bis 222 n. Chr. wurden sowohl in Rom als auch in östlichen Prägestätten Münzen geschlagen, deren Rückseiten den Kaiser als Priester des syrischen Gottes darstellen. Sie zeigen den opfernden Kaiser im syrischen Priestergewand, wie er aus einer Opferschale ein Trankopfer über einen entflammten Räucheraltar gießt. Oberhalb seiner ausgestreckten Rechten ist der Sonnenstern zu sehen, den die Münzstätte Rom ab 220 n. Chr. als Beizeichen benutzte – ein weiteres Indiz dafür, daß das Zentrum des Reiches auch zum Mittelpunkt des neuen Sonnenkultes wurde. In Dreiviertelansicht abgebildet, trägt der Kaiser ein weites Beinkleid sowie ein langärmeliges Gewand, das um die Hüften mit einem Band gegürtet ist, welches vor dem Bauch einen Knoten bildet und in einer Schärpe ausläuft. In der Armbeuge seiner leicht angewinkelten Linken hält er ein Bündel grüner Zweige, ein typisches, bei rituellen Handlungen orientalischer Priester verwendetes Attribut, das an die Fruchtbarkeit spendende Kraft der verehrten Gottheit erinnern sollte.

Abb. 33: Der Kaiser als oberster Priester beim Opfer für seinen Gott

## Der um den Stein tanzt

Nach dem eigentlichen Opferakt führte der Kaiser in Anwesenheit seiner Mutter und seiner Großmutter zum Rhythmus orientalischer Klänge schwindelerregende Kulttänze auf. Was war das nun wieder, mußten sich die eher nüchternen Römer fragen. Jetzt betätigte sich ihr Kaiser auch noch als tanzender Derwisch. Langgezogene Schreie ausstoßend, die begleitet wurden von dem durchdringenden Ton der Flöten, den dumpfen Schlägen der Tamburine, dem Klappern der Kastagnetten und dem Dröhnen der metallenen Zimbeln, tanzte der Kaiser wie ein Trunkener in leidenschaftlicher Ekstase um den schwarzen Baetyl seines Gottes und um die reichhaltig mit Opfergaben bestückten Altäre. »Ringsum standen der gesamte Senat und die Ritter als Zuschauer wie im Theater«, schrieb Herodian, und beobachteten die kultischen Aufführungen der energiegeladenen ›kaiserlichen Diva‹. Dabei warf er immer wieder wie ein rasender Derwisch wild gestikulierend seinen Kopf hin und her. Derart unkoordinierte Verrenkungen kannten die Römer bislang nur von den Kultanhängern der Kybele oder der Atargatis, die sich in religiöser Ekstase eigenhändig ihrer Männlichkeit beraubten, um sie der Göttin zu weihen. Daß nun aber der Kaiser selbst als oberster Priester ähnliche rauschhafte Tänze aufführte, war den Römern ebenso fremd wie dessen eigenartiger Kopfschmuck.

## Der phallusgekrönte Kaiser

Anfang 221 n. Chr. tauchte auf den Münzen ein seltsamer Gegenstand auf. Über der Stirn des Kaisers erschien ein langliches, nach vorne gebogenes Gebilde, das in der Forschung gelegentlich als »Hühnerzehe«, bisweilen als »abgeknickter Finger« gedeutet wurde. Dieses auch unter der Bezeichnung »Horn des Elagabal« benannte Attribut wurde kürzlich unter Heranziehung veterinär-anatomischer Untersuchungen

Abb. 34: Elagabal als Priester mit dem Stierpenis

als Stierpenis identifiziert (Krengel). Diese Interpretation scheint trotz zum Teil vehementer Einwände so abwegig nicht zu sein, besaßen doch Genitalien in den Kulten des antiken Orients generell hohen religiösen Symbolcharakter. So gehörte das Opfern von Geschlechtsteilen, auch menschlicher, zu den gängigen Kultpraktiken dieses Kulturkreises. So gab es etwa im Kult der phrygischen Kybele und der syrischen Atargatis Geißelungen religiös fanatisierter Diener der Göttin, bei denen sich junge Männer in rauschhafter Verzückung die Kleider vom Leib rissen und sich unter schrecklichem Geschrei entmannten. Bei den alljährlich im Frühjahr veranstalteten Feierlichkeiten zu Ehren der Kybele warfen die enthusiasmierten Novizen ihre abgeschnittenen Genitalien an das Kultbild der Göttin, während die Kultjünger der Atargatis ihr abgetrenntes Glied durch die Stadt trugen und es dann in irgendein Haus warfen, dessen Bewohner den neuen *galloi* Frauenkleider und Schmuck liefern mußten.

Im persischen Mithraskult haben beim Stieropfer die Geschlechtsteile der Stiere den wesentlichen Teil des Opfers ausgemacht. Und bei den Hethitern wurde dem König während des Berggott-Vegetationsfestes der abgetrennte Penis eines Opfertieres gereicht, um seine Kraft zu stärken.

Lukian von Samosata beschreibt in seinem Werk »Über die syrische Göttin«, wie Priester zweimal im Jahr für sieben Tage auf die im Tempelhof der Atargatis stehenden phallusförmigen Steinfetische stiegen, um zu weissagen. Deutet man diesen Akt als geistige göttliche Befruchtung, dann könnte dies noch deutlicher mit dem am Kopf des Priesters Elagabal befestigten Phallus zum Ausdruck gebracht worden sein. Göttliche Inspiration durch das Zeugungssymbol des Stieres, kraft dessen sich die göttliche Macht des »unbesiegbaren Sonnengottes Elagabal« – der nicht nur solare, sondern auch vegetative Aspekte verkörperte – auf seinen kaiserlichen Oberpriester übertrug.

Der phallische Kopfschmuck auf den Münzen des Elagabal entsprang also nicht irgendwelchen krankhaft perversen Neigungen eines obszönen Wüstlings, sondern hat eindeutig religiös-kultische Bezüge. Dies geht auch daraus hervor, daß dieses ungewöhnliche Attribut nur auf ganz bestimmten Münzen erscheint, nämlich bei

Prägungen mit Opferszenen. Der Kaiser trug den Stierpenis folglich nur bei religiösen Zeremonien auf der Stirn. Vorbilder gab es im arabischen und ostafrikanischen Raum, etwa im syrischen Heliopolis (Baalbek) oder im nubischen Meroe. Mehrere Bronzestatuetten des syrischen *Iuppiter Heliopolitanus* weisen einen phallischen Stirnschmuck auf, und noch im 20. Jahrhundert trugen bei zahlreichen Stämmen Südäthiopiens Hohepriester einen phallischen Kopfschmuck, ein sog. Kalatscha.

Abb. 35: Bronzener Phallus-Kopf aus Avignon

### ›Anschaffen‹ für die Gottheit

Zu all den aus römischer Sicht begangenen Tabubrüchen Elagabals gesellte sich noch eine Reihe fremdartiger Kultpraktiken, die den Römern in höchstem Maße verabscheuungswürdig waren. Bei Cassius Dio findet man die Nachricht, daß Elagabal beschnitten war, sich als laszive Tempelhure prostituierte und mit dem Gedanken gespielt habe, sich zu entmannen. Ja selbst eine Geschlechtsumwandlung habe er erwogen. Für einen Römer war dies schlichtweg abartig. Sieht man jedoch die von Cassius Dio kolportierten Anstößigkeiten vor dem Hintergrund von Religion und Gebräuchen in der syrischen Heimat des Kaisers, dann verliert mancher Vorwurf den Ruch des Verwerflichen.

Religiöse Prostitution von Personen beiderlei Geschlechts war im Vorderen Orient als Kultritus bei Fruchtbarkeitsgöttinnen bekannt. Sie begegnet uns im Alten Testament, in ugaritischen, babylonischen und assyrischen Texten. Dort war es Brauch, daß sich junge Frauen vor der Ehe einem Fremden hingaben und den Liebeslohn der Göttin weihten. Daneben gab es aber auch männliche Prostituierte, die sich auf Dauer in einem Heiligtum betätigten und den Liebeslohn ebenfalls der Göttin zukommen ließen. Ebenso orientalischen

Ursprungs war die Sitte der Beschneidung. Der griechische Historiker Herodot (5. Jh. v. Chr.) bezeugt sie explizit für den syrisch-palästinischen Raum. In manchen Kulturen handelte es sich u. a. um einen Initiationsritus beim Eintritt in die Geschlechtsreife, bei den Juden war sie ein Bundeszeichen.

## Zwei Geschlechter in einem Körper

Auch die kultische Transsexualität hatte in den vorderasiatischen Stadtkulturen eine lange Tradition. Sie ist gekennzeichnet durch den Wunsch der Betroffenen, die weibliche Verhaltensrolle speziell auf religiösem Gebiet einzunehmen. Bei den Babyloniern galt die Göttin Ischtar als doppelgeschlechtlich und dem himmlischen Venusstern geweiht: abends weiblich, morgens männlich. Sie wurde oft dargestellt mit einer linken weiblichen und einer rechten männlichen Hälfte. Typisch für diesen Kult waren die weibmännlichen Kultprister, deren ›Männlichkeit‹ Ischtar in ›Weiblichkeit‹ verwandelt hatte. Androgynie, d. h. die Vereinigung männlicher und weiblicher Körpermerkmale und Wesenszüge in einer Person, war auch den Assyrern bekannt, welche die Luft als Venus verehrten und sich dieses Element als doppelgeschlechtlich vorstellten (zwischen dem männlichen Himmel und dem weiblichen Meer). Und schließlich wandelte auch Dionysos, der Gott des Rausches und des Weines, zwischen den Geschlechtern, erschien den Frauen als Mann und den Männern als Frau und frönte lustvoll der zweigeschlechtlichen Ekstase.

Die Doppelgeschlechtlichkeit des Hohepriesters Elagabal entsprang also nicht einer biologischen Geschlechtsidentitätsstörung, sondern wurzelt in kultischen Traditionen des Vorderen Orients. Möglicherweise verkörperte er als Frau die weibliche (Šamš) und als Mann die männliche (Šamaš) Erscheinungsform der Sonne. Beide Manifestationen der Sonnengottheit wurden von den arabischen Nomadenstämmen der syrisch-mesopotamischen Wüstensteppe verehrt (vgl. S. 160).

## Kastration – ein ganz persönliches Opfer

Ebenfalls in den kulturellen Kontext des Orients gehört die kultische Selbstentmannung der Diener einer Gottheit. Es handelt sich dabei um einen sehr alten Brauch, der möglicherweise bis in sumerische Zeit zurückgeht. Er begegnet uns im Kult der babylonischen Göttin Ischtar, der phyrygischen Kybele, der kappadokischen Mâ und der syrischen Göttermutter Atargatis. Selbst in abgelegeneren Regionen, wie in den Bergen des Libanon, war die rituelle Kastration weit verbreitet. Dort befand sich ein Tempel der Aphrodite, über den der griechische Historiker Eusebius (265–339 n. Chr.), Verfasser der ersten Kirchengeschichte, folgendes zu berichten weiß: »Eine Schule der Liederlichkeit, für alle obszönen Männer, die ihren Körper durch Zuchtlosigkeit beschmutzen. Einige Effeminierte, die eher Weiber als Männer genannt werden können, da sie die Würde ihres Geschlechts ablegten und litten, was Weibern zusteht, verehrten so die Gottheit.«

Vor diesem Hintergrund sind die ganz in orientalischen Traditionen verhafteten Formen der Religionsausübung des Kaisers zu sehen. Von den pragmatisch nüchternen zurückhaltenden Römern, allen voran dem konservativen politischen Establishment, als abstoßend empfunden, waren sie für den Orientalen Elagabal das Natürlichste auf der Welt. Die Riten, die Elagabal vollzog, waren jahrhundertealtes Erbe eines östlichen Kulturkreises. Nicht anders verhielt es sich mit Menschenopfern.

## Menschenopfer für Elagabal

Von all den Vorwürfen, die die antiken Autoren gegen Elagabal vorgebracht hatten, waren sie die abscheulichsten. Laut Cassius Dio wurden während geheimer magischer Kulthandlungen auch Knaben getötet. Und die *Historia Augusta* berichtet von Menschenopfern, von vornehmen und schmucken Knaben, die dem Gott Elagabal dargebracht wurden und aus deren Eingeweide die kaiserlichen Magier die Zukunft lasen. Bei Herodian, unserem dritten Gewährsmann für den puerilen Priesterkaiser, wird dergleichen hingegen nicht erwähnt. Nicht wenige Historiker der Moderne schenken der Version Cassius Dios Glauben, indem sie sich auf die alten kanaanäischen Riten berufen, die unter anderem im Alten Testament bezeugt sind. Ferner wird dabei immer auch auf Lukian von Samosata verwiesen, der in seiner Schrift »Über die Syrische Göttin« von Kinderopfern im Kult der Atargatis berichtet, die im 2. Jahrhundert n. Chr. im hundertfünfzig Kilometer nordöstlich von Emesa gelegenen Hierapolis Bambyke dargebracht worden sein sollen.

Elagabal stammt also aus einem Kulturkreis, für den in früherer Zeit Kinderopfer in vielen Kulten bezeugt sind. So sollen die Israeliten ihrem Gott Jahwe ebenso Kinder geopfert haben wie der moabitische König Mesa (um 840 v. Chr.), die Phönizier und die Karthager. Letztere griffen hauptsächlich in Notsituationen auf Opfer von »erstgeborenen Kindern« zurück. Sie taten es anläßlich der Belagerung von Tyrus durch Alexander den Großen im Jahr 332 v. Chr. und zweiundzwanzig Jahre später im Zusammenhang mit der Belagerung von Karthago durch den sizilischen Tyrannen Agathokles. Hinter all den in den Quellen bezeugten semitischen Kinderopfern steht die Vorstellung, daß die Gottheit durch das Opfer gestärkt würde, so daß sie den Staat aus großen Gefahren retten könne. Im Zusammenhang mit magischen Praktiken, wie in der *Historia Augusta* erwähnt, tauchen Kinderopfer im semitischen Raum allerdings an keiner Stelle auf.

Dagegen verbanden die Römer Menschenopfer meistens mit Zauberei. Kinderopfer zum Zwecke der Weissagung werden dem griechischen Wanderphilosophen Apollonius von Tyana nachgesagt. Er wurde unter Kaiser Domitian (81–96 n. Chr.) angeklagt, einen Knaben geschlachtet zu haben, um aus seinen Eingeweiden die Zukunft zu lesen. Und Iuvenal, Roms Lästermaul Nummer eins, weiß von einem armenischen Wahrsager zu berichten, der neben den Innereien von Küken und Welpen bisweilen auch die von kleinen Kindern durchforschte. Während der Regierung des Kaisers Valens (364–378 n. Chr.) soll ein Tribun einer Frau bei lebendigem Leibe den Bauch aufgeschnitten und die noch nicht voll entwickelte Leibesfrucht herausgenommen haben, um unter Beschwörung »unterirdischer Geister« die Zukunft zu schauen.

Wie die Quellen zeigen, war in der Allgemeinheit durchaus die Bereitschaft vorhanden, an rituelle Kindermorde und an deren magische Wirksamkeit zu glauben. Dieses geistige Klima bereitete zuweilen den Nährboden für Anschuldigungen aller Art, gerade weil Menschenopfer bei den Römern als schweres Verbrechen galten. Schnell war man mit Vorwürfen bei der Hand. Und mehr als einmal wurde aus der sprichwörtlichen Mücke ein literarischer Elefant. So etwa im Falle des römischen Adligen Catilina, der von seinen Standesgenossen aus der Gemeinschaft der Senatsaristokratie ausgegrenzt und zu einem Betriebsunfall im System der römischen Adelsrepublik erklärt wurde. Dieser zum Paria abgestempelte *nobilis* soll im 1. Jahrhundert v. Chr. bei einem Eidesopfer menschliches Blut vergossen haben. Während Sallust (86–35 v. Chr.) die Episode ausdrücklich als unverbürgtes Gerücht bezeichnet, erscheint der gleiche Vorgang hundert Jahre später bei Plutarch (49–121 n. Chr.) bereits als Tatsache, und Cassius Dio (163–230 n. Chr.) spricht dann im 3. Jahrhundert n. Chr. von einem Kinderopfer, bei dem die Eingeweide verspeist worden seien.

Angesichts der Verselbständigung der Fakten im Falle Catilinas – wie Elagabal ein Fremdkörper im System – sind an der Richtigkeit der Anschuldigungen gegen den Priesterkaiser erhebliche Zweifel angebracht. Ein weiterer Punkt mahnt zur Vorsicht: Aus dem Textzusammenhang geht eindeutig hervor, daß die Menschenopfer Elagabals magischen Zielen dienen sollten, was mit den östlichen Vorstellungen unvereinbar ist. Der magische Zweck und die Methode des Beschauens der Eingeweide, ein römischer Brauch, der von den Etruskern stammt, waren demnach der Elagabalsreligion völlig fremd. Cassius Dio und der unbekannte Autor der *Historia Augusta* ließen in ihre negativen Betrachtungen über den Kaiser noch andere Überlegungen einfließen, die durch eine Verknüpfung des Elagabals-Kultes mit Karthago, der Heimat der Gemahlin des Sonnengottes, zusätzliche Brisanz gewinnen sollten. Sie kramten aus der historischen Mottenkiste altbewahrte Diffamierungsstrategien hervor, mit denen bereits ihre Schreiberkollegen mehr als vierhundert Jahre zuvor gegen das verhaßte Karthago zu Felde gezogen waren: mit einem Krieg der Worte, den die Karthager nicht gewinnen konnten, da oft Sieger Geschichte schreiben. Die Römer machten davon weidlich Gebrauch, indem sie in die Welt hinausposaunten, daß die Karthager am Tophet, dem »Platz der Verbrennung«, massenweise Kinder dem Gott Baal Hammon und dessen Stellvertreterin, der Fruchtbarkeitsgöttin Tanit, zu opfern pflegten.

Stutzig machen muß in diesem Zusammenhang auch die Tatsache, daß man auch Bekenner anderer östlicher Mysterienreligionen bezichtigte, Menschen zu opfern – von den Glaubensanhängern des Bacchus im 2. Jahrhundert v. Chr. bis zu den Christen im 1. und 2. Jahrhundert n. Chr.

## Die Prozession des Gottes

Wie bereits gesehen, wurde der Gott Elagabal in Rom nach orientalischer Sitte mit großem Pomp verehrt. Der wichtigste Feiertag zu Ehren Elagabals wurde alljährlich zur Zeit der Sommersonnenwende im Juni begangen. Umfangreiche Opfer, Schauspiele, Wagenrennen und andere Volksbelustigungen begleiteten die Zeremonien. Höhepunkt der Feierlichkeiten war eine festliche Prozession, bei der laut Herodian unter Führung des kaiserlichen Priesters der Heilige Stein auf einem Wagen vom Haupttempel auf dem Palatin in den Nebentempel am Stadtrand gebracht wurde. Wie schon bei seinem Einzug in Rom 219 n. Chr. schritt der Kaiser, grell geschminkt und in orientalischen Kleidern, rückwärts vor dem mit sechs Schimmeln gezogenen Wagen einher, stets seinen Gott im Blick. Dem Sonnengott voran schritten die Ritter und das gesamte Heer der Stadt mitsamt den Bildern aller Gottheiten und ihren ehrwürdigen Weihegeschenken, allen Kaiserinsignien sowie kostbaren Kleinodien. Nachdem der Festzug am Vorstadttempel angekommen war und der Gott in seinem ›Zweitwohnsitz‹ Platz genommen hatte, stieg der Kaiser auf einen hohen Turm, von wo aus er verschiedene Kostbarkeiten und lebendige Tiere in die versammelte Menge hinabwarf. Der Brauch, daß der Kaiser dem Volk Geschenke zuwarf, war in Rom populär. Wenn dies jedoch aus großer Höhe mit lebendigen Tieren geschah, erinnert das an die ungewöhnliche Form der Darbringung von Opfern in Hierapolis Bambyke, von der der bereits mehrfach zitierte Lukian von Samosata berichtete.

Nach den Feierlichkeiten verblieb der schwarze Stein in seiner Kultfiliale am Stadtrand, bis er dann im Dezember zur Wintersonnenwende in einer ebenso pompösen Rückführaktion wieder in den Haupttempel im Stadtzentrum gebracht wurde. Das analog zu Emesa stattfindende Pendeln des Kultsteins zwischen zwei Wohnsitzen weist frappierende Parallelen zum babylonischen Neujahrsfest auf, bei dem Marduk in einer feierlichen Prozession auf einem mit Gold und Edelsteinen geschmückten Wagen in Begleitung aller anderen Götterbilder aus seinem Haupttempel im Zentrum von Babylon zu einem außerhalb der Stadt gelegenen, *akitu* genannten Festhaus gefahren wurde. Dort brachte der König ebenfalls üppige Opfer und Geschenke dar. Am darauffolgenden Tag kehrte der Gott dann wieder in seinen städtischen Tempel zurück, um die Heilige Hochzeit mit der Göttin Sarpanitu zu begehen.

Elagabals Leben war ganz auf seine Religion ausgerichtet, sein Tagesablauf von kultischen Zeremonien bestimmt. Für Staatsgeschäfte blieb da wenig Zeit, zumal der Kaiser noch ganz anderen, ebenfalls zeitraubenden Beschäftigungen nachging: Gemeint sind die schier unglaublichen Skandalgeschichten am Hofe, von denen die antiken Geschichtsschreiber berichteten.

## Der Kaiser ganz privat

Den Römern wurde das Ganze allmählich zu bunt. Immer abstruser, immer abgedrehter und barbarischer benahm sich in ihren Augen der oberste Herr des Reiches. Erst die Entmachtung Iuppiters, dann die Hochzeit mit einer Vestalin und jetzt drangen auch noch die verrücktesten Dinge aus dem Kaiserpalast. Cassius Dio und der Autor der *Historia Augusta* berichteten ausgiebig darüber. Sie, die wie so viele ihrer römischen Landsleute den Orientalen auf dem Kaiserthron ohnehin nicht verstanden, trauten diesem liederlichen Menschen mittlerweile alles zu. Ein Wort genügte, und schon begann die Gerüchteküche zu brodeln, zumal bei einem Kaiser, der den Römern höchst suspekt war. Und besonders im kaiserzeitlichen Rom, wo Klatsch und Tratsch eine besondere Eigendynamik entwickelten. Neros Freund Petronius hat dazu einmal folgendes gesagt: »Eher würden die Leute eine brennende Kerze verschlucken als ein Geheimnis für sich behalten, das auch nur im geringsten nach Skandal riecht. Das leiseste Flüstern im Palast ist wie ein Blitz auf der Straße und zupft die Passanten am Ärmel. Und nicht genug damit, daß es die ganze Nation erfährt – jeder erfährt es mit neuer Ausschmückung und Zutat.« Und wie das nun einmal mit Gerüchten so

ist, sind sie schnell in die Welt gesetzt, ungleich schwieriger allerdings wieder aus der Welt zu schaffen. Das war im kaiserzeitlichen
Rom nicht anders als heute. Und wenn Cassius Dio offen ausspricht,
daß in Rom »allerhand Gerüchte über Dinge kursieren, die sich gar
nicht zugetragen haben«, dann sollte einem das zu denken geben.

## Grenzgänger zwischen den Geschlechtern

Heute, nach knapp zweitausend Jahren, lesen sich ihre Lebens-
geschichten über den Kaiser wie ein einziger Porno. In grellsten Farben schilderten sie sein Lasterleben und ließen dabei keine sexuelle
Spielart aus: Ungezügelte Promiskuität, entfesselte Bi-, Homo- und
Transsexualität sowie lustvoll ausgelebter Sado-Masochismus. Ämter
besetzte der »kokettierende Lustknabe« (von Domaszewski) nach
dem sexuellen Leistungsprinzip. Lendenstarke Gefährten seiner
Nächte stiegen in hohe Positionen auf: Zum Prätorianerpräfekten
bestellte er einen Tänzer, zum Präfekten der Wache einen Wagenlen-
ker und zum Vorsteher des Getreideamtes einen Barbier. Und andere
Ehrenposten erhielten Leute, die sich ihm durch die ungewöhnliche
Größe ihres Glieds empfahlen. In der Umgebung des Herrschers am
Hofe regierte eine Kamarilla von halbseidenen Gestalten, laut Aurelius
Victor »obszönste Menschen des Erdkreises«, die auf diesen einen
unkontrollierbaren Einfluß ausübten.

Für die antiken Zeitgenossen war der Fall also klar: Elagabal war
ein krankhafter sexueller Widerling, der sein unstillbares Verlangen
nach grenzenloser Lust hemmungslos auslebte. Laut Cassius Dio,
dessen Bericht an dieser Stelle nur in der Fassung des byzantinischen
Mönches Xiphilinos vorliegt, »gebrauchte er seinen Körper, um
damit viel unerhörte Dinge zu vollführen oder mit sich geschehen zu
lassen.« Und für den unbekannten Autor der *Historia Augusta* war er
der »lasterhafteste Mensch überhaupt«. Etwas moderater und mit
der gebotenenen quellenkritischen Distanz eines Historikers urteilte
der britische Geschichtswissenschaftler Antony Birley (1976), für
den Elagabal der »extravaganteste und außergewöhnlichste Hedo-
nist [war], den die Welt je gesehen hat«. Im Zeitalter der Spaßgesell-
schaft und der rechtlichen Gleichstellung von hetero- und gleich-
geschlechtlichen Lebenspartnerschaften fällt das Urteil milder aus:

»Aus dieser Gruppe finsterer Gestalten [Caligula, Nero und Commodus u. a.] leuchtet Heliogabal heraus wie ein phosphoreszieren-
des Pop-Art-Gemälde, bunt, schrill, überspannt, eher Figuren aus
einer modernen Schwulensatire ähnelnd denn einem mörderischen
Tyrannen. Nie ist er zurückhaltend, nie trocken, immer heiter, ein-
fallsreich und raffiniert, ein Partylöwe und Männerschwarm, ein
schöner und schlanker Halbwüchsiger, der in einer schwulen Dis-
kothek Berlins oder Kölns unserer Tage begehrliche Blicke auf sich
ziehen würde« (Walz, 2002).

Elagabal vereinigte nahezu alle Extreme der Geschlechterrollen:
androgyner Tänzer, effeminierter Priester und laszive transsexuelle
Hure. Sein betont weibisches Wesen hat zu vielen Spekulationen
Anlaß gegeben. Für die einen war der Kaiser ein Transvestit, der in
die Rolle des weiblichen Geschlechts schlüpfte, ohne das eigene auf-
zugeben, einer, den das Tragen der Kleider des anderen Geschlechts
sexuell erregte. Andere wiederum sahen in ihm den Transsexuellen,
in dessen Körper die Seele einer Frau wohnte, die sich deshalb einen
weiblichen Körper ersehnte. Glauben wir Cassius Dio, so war Elagabal von einem unstillbaren Verlangen erfüllt, sich einer operativen
Geschlechtsumwandlung zu unterziehen.

## Im Reich der Triebe

Das beherrschende Thema in der *Historia Augusta* ist Elagabals
angebliche animalische Libido: »Wer vermöchte einen Herrscher zu
ertragen, der sich durch alle Öffnungen seines Körpers Lust verschaffte?« Und einige Kapitel später legt der unbekannte Verfasser
noch einmal nach und stilisiert den kaiserlichen Zeremonienmeister
als erotisches Ungeheuer, das mit seinen anstößigen Ausschweifungen die Exzesse eines Caligula, Nero oder Commodus bei weitem
übertroffen habe. Im Gegensatz zu Cassius Dio und Herodian, die in
Elagabals anstößigen religiösen Praktiken den Grund für die Opposition gegen den Kaiser sehen, sind es für den Verfasser der *Historia
Augusta* dessen sexuelle Exzesse – und nur diese. So habe dessen einziger Lebenszweck darin bestanden, »neue Vergnügungen zu erfor-
schen«, und dabei eine erstaunliche sexuelle Phantasie an den Tag
gelegt. Manches aus Elagabals Sündenregister ist anekdotenhaft aus-

geschmückt oder reißerisch aufgemacht, manches wiederum frei erfunden, wie etwa die Mär vom Frauensenat. Elagabal ist ein fleischgewordenes Sodom und Gomorrha, ein Ausbund an Laster- und Zügellosigkeit, ein dionysischer Lüstling, als männliche Messalina auf der Suche nach schnellem Sex bei nächtlichen One-Night-Stands, als männliche Venus in einer eigenwilligen Vorführung der Paris-Geschichte oder als demutsvolle ›Gattin‹ seines dominanten ›Gemahls‹ Hierokles.

## Je größer, desto besser: phallische Impressionen

Ein besonderes Faible hatte Elagabal für das eigene Geschlecht, worin die Römer zunächst nichts Anstößiges sahen, solange der sozial Höherstehende in dieser homosexuellen Zweierbeziehung den aktiven Part übernahm. Doch Elagabal, der höchste Repräsentant des Römerreichs, erwärmte sich vornehmlich für die rezeptive Rolle und ließ sich von den Niedersten der römischen Sozialpyramide, von ehemaligen Sklaven, penetrieren. Eines dieser »verdorbenen Subjekte« war Aurelius Zoticus, Sohn eines Kochs aus dem kleinasiatischen Smyrna, dessen athletischer Körper den Kaiser in den Bann zog. Bezeichnend ist Cassius Dios Bericht über ihre erste Begegnung: Als Zoticus (dem wir das Wort Zote verdanken) den Palast betrat, »sprang Elagabal mit rhythmischen Bewegungen auf, und als ihn Zoticus in üblicher Weise mit ›Mein kaiserlicher Herr, heil!‹ anredete, gab er seinem Nacken eine bestrickend weibliche Haltung, heftete seine Augen auf ihn mit einem schmelzenden Glanz und antwortete, ohne zu zögern: ›Sage nicht Herr zu mir, bin ich doch eine Herrin!‹ Dann ging der Kaiser sogleich mit Zoticus zusammen ins Bad, und nachdem dieser sich entkleidet hatte, fand ihn Elagabal so, wie ihm berichtet worden war, entbrannte daher in widernatürlicher Leidenschaft und legte sich an seiner Brust nieder, um dann in seinem Schoß wie eine Geliebte das Mahl einzunehmen«. Neben seinem schöngewachsenen Körper hatte Zoticus noch einen ganz besonderen Vorzug, »er übertraf alle anderen weitaus durch die Größe seiner Genitalien«. Der androgyne Jüngling ›stand‹ offensichtlich auf gutbestückte Mannsbilder, ein Faible, das heutzutage in einschlägigen Schwulenkreisen sogenannten *size queens* zugeschrieben wird. Aus des Kaisers

Lebensbeschreibung in der *Historia Augusta* erfahren wir, daß Elagabal Männer, welche die Natur mit diesen Vorzügen gesegnet hatte, »Kerle mit starkem Glied«, durch spezielle Talentsucher, sog. »Agenten seiner Gelüste«, überall in Rom und im gesamten Reich ausfindig machen und an den Hof bringen ließ, »um sich an ihren Vorzügen zu erfreuen«. »Eselsschwänze« nannte man solche Männer. Und Zoticus besaß offenbar ein solch überdimensioniertes Gemächt, weshalb der Kaiser ihn zu seinem Kammerdiener machte.

Ähnliche sexuelle Präferenzen wurden auch den in Frauenkleidern auftretenden *Galloi*-Priestern nachgesagt, jenen entmannten Kultdienern der phrygischen Kybele und der syrischen Atargatis, die man wegen ihrer selbstlosen Hingabe an die Gottheit auch die »Gottbesessenen« nannte.

## »Halbmänner« in Frauenkleidern

Die *galloi* genossen allgemein keinen guten Ruf. Sie galten als verdorben, hemmungslos und extrem wollüstig. *Semiviri*, nannte man sie, »Halbmänner« in Frauenkleidern, die mit ihren grell geschminkten Gesichtern und betont affektiert weibischen Bewegungen die römische Männerwelt schockierten. Martial, der Hohepriester des derben Humors, nahm in seinen Spottepigrammen immer wieder die weibischen Kastraten der Atargatis aufs Korn.

Abb. 36: Porträt eines Gallen mit Zimbeln, Flöten, Tamburin und einem Geißelwerkzeug aus scharfkantigen Knochen

Männliche Huren schalt man sie, die sich wie Dirnen feilboten und sich zur Befriedigung einen Esel oder einen starken Hausburschen hielten. Ähnlich dem Erscheinungsbild der Hare-Krishna-Jünger im heutigen Straßenbild, tingelten die weib-männlichen Priester durch die Lande, ständig im Dienst für ihre Gottheit. Der im 2. Jahrhundert n. Chr. lebende römische Sophist und Schriftsteller Apuleius hat diese »Halbmänner« in seinen »Metamorphosen«

beschrieben. Es handelt sich dabei um einen phantastischen Roman nach einer Vorlage von Lukians Wundererzählung »Lukios oder der Esel.« Der in Ich-Perspektive gehaltene Roman erzählt die Geschichte eines gewissen Lukios von Korinth, der auf einer Reise nach Thessalien durch Zauberei in einen Esel verwandelt, anschließend geraubt und verkauft sowie durch viele Abenteuer und Leiden geführt wird, bis er nach verschlungenen Wegen zurückverwandelt wird. Der Erzähler, der in einen Esel verwandelte Lukios, entführt uns auf den Marktplatz einer Stadt, wo er auf einer Auktion gegen seinen Willen verkauft werden soll. Dort erstand ihn ein alter Priester der Atargatis, der die Errungenschaft anschließend stolz seinen Kollegen präsentierte: »Schaut mal her, Mädels«, posaunte er, »was die Tante euch Turteltäubchen für einen wunderschönen Diener mitgebracht hat!« Die ›Mädchen‹, ein Chor von Lustknaben, brachen beim Anblick des neuen ›Spielgefährten‹ in gellendes Freudengeheul aus. Er sollte ja nicht meinen, feixten sie, daß er diesen ›kapitalen Burschen‹ nur für sich allein in Beschlag nehmen könnte. Auch sie wollten in den Genuß der Vorzüge dieses stattlichen Ganymed kommen. Ihre Vorfreude war groß, nicht minder aber auch diejenige des bisherigen Beischläfers dieser lüsternen Runde, eines ziemlich drallen Burschen: »Endlich bist du da, um mich in der elendigen Arbeit abzulösen!« flüsterte er sichtlich erleichtert seiner Ablösung zu. »Sieh zu«, meinte er sorgenvoll, »daß du lange am Leben bleibst, den Herrschaften zusagst und meinen allmählich erschöpften Lenden einen Gefallen tust.«

Die Episode über die Begegnung des in einen Esel verwandelten Lukios mit den Wanderpriestern der Atargatis gehört wie so viele andere der an wundersamen Erzählungen so reichen »Eselsgeschichte« ins Reich der Fabel. Dennoch wirft sie ein bezeichnendes Schlaglicht auf die *Galloi*-Priester *per se*, da sie ein allgemeines Stimmungsbild über diese »Halbmänner« wiedergibt. Ob der Autor der *Historia Augusta* dieses Bild bei seinen Ausführungen über die sexuellen Neigungen Elagabals vor Augen gehabt hat, als er seine *chronique scandaleuse* niederschrieb? Auszuschließen ist das nicht, entstammten doch sowohl der junge Priesterkaiser als auch die als wollüstig und verdorben verschrienen Kastraten-Priester der Atargatis dem gleichen kulturellen Milieu. Eine Parallele, ob politisch korrekt oder nicht, war da schnell gezogen. Hierzu paßt auch eine Bemerkung bei Cassius Dio, wonach der Kaiser menschliche Geschlechtsteile in den Tempel seines Gottes geworfen habe, ein Verhalten, das wir bereits im Kult der Atargatis kennengelernt haben. Doch damit nicht genug! – beide wußten über den frivolen Kindgott im Purpur noch ganz andere Ungeheuerlichkeiten zu berichten.

## Kaiserliche Felatrice

Das Tête-á-Tête zwischen Elagabal und Zotikus rief des Kaisers Lieblingsgatten Hierokles auf den Plan, jenen blonden karischen Wagenlenker, den Elagabal einst vom Zirkus weg direkt in den Palast geholt und zu seinem Geliebten gemacht hatte. Dieser höchst potente Mann, der laut Cassius Dio den Kaiser »durch seine nächtlichen Leistungen« derart zu fesseln vermochte, daß er zu außerordentlicher Macht aufgestiegen war, fürchtete nun seine Stellung an den Nebenbuhler zu verlieren. Daher veranlaßte er die kaiserlichen Mundschenken, dem Zotikus ein Mittel zu verabreichen, das seine Manneskraft schwächte. Und so brachte der zuvor wegen seiner ›Standhaftigkeit‹ so Vielgelobte nachts darauf keine Erektion mehr zustande, wurde deshalb sämtlicher Auszeichnungen, die er erhalten hatte, für verlustig erklärt und aus dem Palast verbannt.

Die Spitze des Eisbergs war jedoch des Kaisers Liebesbeziehung mit seinem »Lieblingsgatten« Hierokles, die durch immer ausgefallenere sexuelle Rollenspiele angereichert wurde. So ließ Elagabal eines Tages im Palast die Paris-Geschichte aufführen, wobei er selbst die Rolle der Venus übernahm und plötzlich das Gewand auf die Füße herabgleiten ließ. »Nackt, die eine Hand an der Brust, die andere an der Scham«, heißt es in der *Historia Augusta*, »ging er in die Knie und streckte seinen emporgereckten Hintern dem Liebhaber entgegen, dem er sich hingab.« In diesen blonden Jüngling soll Elagabal dermaßen verliebt gewesen sein, »daß er ihm das Glied küßte«. Wieder stehen bei Elagabals sexuellen Neigungen die entmannten Kybelepriester Pate. Diese durch und durch verdorbenen Gesellen nahmen sich von einem Badbesuch einen stämmigen Bauernburschen als Tischgenossen mit nach Hause, »der betriebsame Lenden hatte und unten am Bauch gut imstande war«. Getafelt wurde allerdings recht wenig, da die Gastgeber einen ganz anderen Heißhunger stillen wollten. Man kam gerade einmal bis zur Vorspeise, als diese »schamlosen Schmutzfinken in perverser Lust und abscheulicher Geilheit mit den schlimmsten Schweinereien loslegten, indem sie den jungen Mann nackt auszogen und auf den Rücken legten, sich dann ringsherum herbeidrängten und ihn mit ihren verfluchten Mäulern beanspruchten«.

## Sado-masochistische Spielereien

Doch damit ist die Palette aus Elagabals Welt des *Hardcore* immer noch nicht erschöpfend behandelt. Denn immer wenn man glaubt, die Spitze des moralischen Eisbergs erklommen zu haben, setzt der Autor der *Historia Augusta* noch eins drauf. Scheinbar unerschöpflich ist sein literarisches Repertoire, fast grenzenlos seine Phantasie, was den sexuellen Einfallsreichtum des Kaisers anlangt. So weiß er zu berichten, daß sich die Beziehung zwischen Elagabal und Hierokles nicht nur auf zärtliche Spielarten des Sex beschränkte. Vom Kaiser heißt es, er habe sich von Hierokles auch penetrieren und anschließend auspeitschen lassen. Den römischen Lesern werden intimste Einblicke in das Privatleben des Kaisers gewährt, der offenbar beim Sex auch die härtere Gangart liebte. Durch die Schlüssellochperspektive eines voyeuristischen Enthüllungsjournalisten erfahren sie, daß Elagabal Hierokles zuliebe auch außerhalb der kaiserlichen Schlafgemächer als Dame des Hauses auftrat. Und der besondere Kick bei diesem ›außerehelichen‹ Geschlechtsverkehr bestand laut Cassius Dio darin, daß sich Elagabal als ›Gattin‹ auf frischer Tat beim Seitensprung mit anderen Männern erwischen und sich danach von seinem ›Gatten‹ Hierokles mit masochistischem Genuß züchtigen ließ. Züchtigungen, für die der Kaiser seinen blonden Dominator um so inniger liebte.

## Wilder Partylöwe

Seinen fleischlichen Gelüsten frönte Elagabal in angemessenem Ambiente. Legendär waren die sündhaft teuren und ausgefallenen Orgien, die der Kaiser fast allabendlich in seinem Palast feierte. Nichts war dem Großmeister des Obszönen und Provokanten schrill genug, immer verrückter, immer abgedrehter mußte es sein – und alles nur zu einem Zweck: um seine dionysische Zügellosigkeit ungeniert auszuleben. Selbst die Extravaganzen eines Petronius, eindrucksvoll dargelegt in der *cena Trimalchionis* (vgl. S. 99–100), erfuhren durch ihn eine ins Groteske überhöhte, wahnwitzige Steigerung. Speisen wurden aufgetragen, deren Erlesenheit oder Irrsinn alles bisher Dagewesene in den Schatten stellten.

Elagabal gibt Ludwig Feuerbachs Aussage, »Der Mensch ist, was er ißt«, einen neuen Sinn. Mit Eßgewohnheiten, die so exotisch sind, daß sie die legendären »Sizilischen Feste« der sagenhaften Tyrannen wie standardisiertes *Fast Food* aussehen lassen. Wein wird mit exotischen Zutaten versetzt, um den Luxus zu neuen Höhen zu führen. Immer auf der Suche nach neuen Genüssen, gab sich der junge Kaiser als außergewöhnlich innovativer Gastgeber. Genußsüchtig, schwelgerisch und maßlos exzessiv, machte er die Verschwendung zu einer Tugend, ließ seinen Gästen die edelsten Speisen auftragen: Kamelfersen und Hahnenkämme, die man dem lebenden Federvieh abgeschnitten hatte, sowie Zungen von Nachtigallen und Pfauen. Erbsen wurden mit Goldstücken gemischt, Linsen mit Onyx, Bohnen mit Bernstein, Reis mit Perlen. Juwelen waren mit Äpfeln und Blumen vermischt, Fische mit Perlen anstatt mit Pfeffer bestreut. Elagabal war es auch, der als erster Gehacktes aus Fischen, aus verschiedenen Austernarten und anderen derartigen Seemuscheln, aus Heuschreckenkrebsen, Hummern und Meerzwiebeln zubereiten ließ. Fische aß er stets in einer bläulichen Tunke, gleich als wären sie in Meerwasser unter Konservierung ihrer natürlichen Farbe gekocht. Gänseleber verfütterte er an Hunde, syrische Trauben an Pferde und Papageien und Fasane an Löwen. Seinem Palastpersonal servierte er einen ekelerregenden Cocktail aus Eingeweiden von Meeresbarben, Flamingohirnen, Rebhuhneiern und Köpfen von Papageien, Fasanen und Pfauen, und seine Gäste überraschte er, als er mitten im Sommer einen Schneeberg in seinem Palast aufschütten ließ.

## Bunter Paradiesvogel

Elagabals Tafelgeschirr war vom Feinsten, und selbst für seinen Stuhlgang bediente er sich goldener Gefäße; sein Wasser schlug er in solche aus Flußspat und Onyx ab. Stets lag er bei Tisch in einem bunten Blumenflor oder in einer Wolke kostbarer Wohlgerüche. Elagabal trieb es nicht nur, sondern liebte es auch bunt. Besonders legendär waren seine prächtig kolorierten Feste, ein jedes in einer anderen Farbe gehalten. Im Sommer richtete er seine Tafel nach Farben ein, gab also an einem Tag eine laubgrüne, dann eine meergrüne, am nächsten Tag eine blaue Tafel und so weiter, indem er von Tag zu Tag den ganzen Sommer hindurch variierte. Blumen in allen Formen und Farben gaben dieser ›Welt in Multi-Color‹ ein besonderes Kolorit. Speisezimmer, Speisesofas und Galerien ließ er mit Rosen bestreuen; ein gleiches geschah mit allen möglichen Blumensorten, Lilien, Veilchen, Hyazinthen, Chrysanthemen und Narzissen.

Die Speisezimmer, ein Œuvre aus Tausend und einer Nacht, waren erfüllt vom Duft orientalischen Räucherwerks. Wahre Wolkenbrüche von Parfums gingen auf die Gäste nieder, versprüht aus feinen Düsen, die in der Decke eingelassen waren. Duftöle, eines betörender als das andere, entfalteten ihre sinnbetäubende Wirkung und mischten sich mit dem lieblichen Duft aromatischer Essenzen, der über den parfümierten Schwimmbassins aufstieg. Inmitten dieses Fluidums lagerte der Kaiser, auf Speisesofas, die mit Hasenhaar oder mit Rebhuhndaunen gepolstert waren. Um ihn herum plaziert waren seine Buhlknaben, an deren Griffen und Berührungen er sich ergötzte. Und wer auf den Parties seiner Majestät die Aufmerksamkeit derselben zu erregen vermochte, fand sich noch am selben Abend in den duftschwangeren Privatgemächern des Kaisers wieder, durfte ihn mit Rosenöl massieren oder lieben.

## Kaiserlicher Spaßvogel

Elagabal liebte es, sich auf Kosten seiner Partygäste lustig zu machen. Ehrwürdige Senatorengattinnen ließ er bei Tische auf Kissen legen, denen mit plötzlichem Knall die Luft ausging. Mitunter machte er sich einen Spaß daraus, seinen Tischgästen kulinarische Attrappen vorzusetzen, Gerichte aus Wachs, Holz, Ton, Glas oder Marmor, während er vor ihren Augen die köstlichen Originale verspeiste. Beabsichtigter Nebeneffekt dieses Spielchens: Die hungrigen Mäuler mußten sich derweil aufs Trinken beschränken und wurden durch übermäßigen Alkoholgenuß ihrer Sinne beraubt. Manchmal machte er seinen Gästen die Nasen auch dadurch lang, indem er ihnen Tafelgemälde mit den köstlichsten Speisen vorlegte, so daß ihnen bei deren Anblick das Wasser im Munde zusammenlief. Anderntags ließ er seinen Gästen dann sechshundert Straußenköpfe vorsetzen, von denen sie das Hirn verzehren mußten. Einen ganz besonderen ›Party-Gag‹ ließ er sich zwischen den einzelnen Gängen einfallen, als er urplötzlich zahme Löwen, Bären, Panther und Leoparden unter die Zechenden mischte und sich über deren Schrecken köstlich amüsierte. Daneben gab es an der Tafel des Kaisers eine Reihe vergnüglicher Gesellschaftsspielchen, wobei stets die Erheiterung des Kaisers im Vordergrund stand. Dieser liebte es, seinen Gästen Aufgaben zu stellen: Einmal mußten sie neue Tunken als Speisewürze erfinden. Wer mit seinem Rezept Beifall errang, erhielt vom Kaiser kostbare Geschenke; wenn aber ein Vorschlag wenig Resonanz fand, mußte der Erfinder sein Produkt so lange selbst genießen, bis er etwas Besseres kreierte. Seiner Erheiterung dienten auch Lotteriespiele, bei denen man ein fertig eingerichtetes Haus, aber auch eine Schachtel mit einem Schwarm Fliegen gewinnen konnte.

## Anrüchiges Rahmenprogramm

Für das Wohl seiner Gäste scheute Elagabal weder Kosten noch Mühen, und zwar nicht nur für das leibliche. Einmal ließ er eine ganze Legion von Huren, rekrutiert aus allen Tavernen und Bordellen der Stadt, in den Saal einmarschieren und stimmte diese in einer feurigen Ansprache auf die bevorstehende ›Schlacht‹ mit den Gästen ein. Meist pflegte der Kaiser zwischen den Gängen, einmal sollen es zweiundzwanzig gewesen sein, mit seinen Gästen zu baden und sich dabei mit den liederlichsten Frauen zu vergnügen. Dort behandelte er die Frauen selbst an den intimsten Stellen mit Enthaarungssalbe oder rasierte seinen Liebhabern, kunstvoll das Messer führend, die Schamhaare ab. Ein Wasserspiel der ganz anderen Art war das gewaltsame Untertauchen seiner Tischgenossen: Gelegentlich, wenn ihm danach war, ließ er einige von ihnen an ein Wasserrad binden, so daß sie mit dessen Drehung unter das Wasser tauchten und dann wieder an die Oberfläche kamen, eine spielerische Variante der späteren seemännischen Strafe des Kielholens. Kamen die Betroffenen bei dieser Art des Schabernacks noch einigermaßen glimpflich davon, konnten andere Späße des Kaiser tödliche Folgen haben: Mordsspaß hatte er daran, Myriaden von Blumen aus den beweglichen Decken über seinem Speisezimmer auf die Tischgäste regnen zu lassen und diese unter dem farbigen Blütenmeer zu begraben; was zur Folge hatte, daß einige, die sich nicht mehr emporarbeiten konnten, erstickten.

Immer wieder ließ Elagabal seine wahnwitzige Phantasie Wirklichkeit werden, ließ die kaiserliche Loge im Amphitheater zu einer privaten ›VIP-Lounge‹ ausbauen, oder in seinem Palast eine begehbare Säule mit der Statue seines Gottes aufstellen, zu der man über eine Wendeltreppe im Innern der Säule gelangte. Nachzulesen in der *Historia Augusta*, deren Autor an Einfallsreichtum demjenigen seines Protagonisten in nichts nachsteht. So versäumt er es nicht, seine Ausführungen mit einem literarischen Sahnehäubchen zu krönen: Elagabal, so berichtet er, habe sogar Frauen vor einen Wagen gespannt, den er selbst kutschierte, und zwar ebenso nackt wie seine menschlichen Pferde.

Abb. 37: Freikörperkultur à la Elagabal

## Der sinkende Stern des Sonnengottes

All die privaten Lustbarkeiten, seine Ausflüge als Stricher in den Großstadtdschungel Roms, seine Vorliebe für gutgebaute Mannsbilder sowie seine transsexuellen Neigungen führten dazu, daß Elagabals Sympathiewerte sanken, langsam aber stetig. Ablehnung, am Ende gar Haß, schlug ihm entgegen.

Der kulturelle Graben zwischen den Römern und ihrem Kaiser wurde von Tag zu Tag tiefer, ausgehoben von einem religiösen Fanatiker, der das tradierte Werte- und Normensystem, eine Art ›römische Leitkultur‹, mit Füßen trat. Was man anfänglich noch wohlwollend mit einem gewissen Reiz für das unbekannte Neue, als exotisches Spektakel eines bizarren jungen Mannes betrachtete, an dem allenfalls konservative Gemüter Anstoß genommen hatten, war nun zu einer nicht mehr länger hinnehmbaren Anstößigkeit geworden. Die römische Welt war aus den Fugen geraten, durcheinandergewirbelt durch einen Kaiser, der mit seinen religionspolitischen Neuerungen an den Grundfesten des römischen Staates rüttelte. Selbst abgebrühteste Naturen wandten sich nun mit Entsetzen ab, so auch das Volk, auf dessen Sympathien der ›junge Wilde‹ anfänglich noch hatte zählen können.

Vor allem aber bei den Soldaten, die ihn einst auf den Schild gehoben hatte, hatte Elagabal den Bogen überspannt. Er, der ›neue Caracalla‹, auf den die Legionen so große Hoffnungen gesetzt hatten, scherte sich einen Dreck um ihre Belange, verschrieb sich statt dessen einzig und allein seinem Gott. Anstoß nahmen die Soldaten aber vor allem an seinem betont affektierten, übertrieben femininen Verhalten, wodurch er alle Vorurteile über die ›weibischen Orientalen‹ bestätigte. Damit grenzte er sich selbst aus der römischen Männerwelt aus. Wie sollte ein tuntiger Weichling, der sich schminkte, bewegte und kleidete wie eine Frau, ja beim Geschlechtsakt den weiblichen Part übernahm, die römischen Truppen befehligen, wenn es ihm an *virtus* mangelte, der männlichen Tugend schlechthin?

## Interner Machtkampf

Iulia Maesa verfolgte den Ansehensverlust ihres Enkels mit Sorge. Von allen Seiten blies ihr der politische Wind ins Gesicht. Kopfzerbrechen bereitete ihr vor allem die schlechte Stimmung im Heer. Daß Elagabal die Senatoren gegen sich aufgebracht hatte, die er abfällig als »Sklavenpack in der Toga« bezeichnete, wog schon schwer genug, daß jetzt aber auch noch mit den Soldaten die letzte Stütze der Dynastie vom Kaiser abrückte, war alarmierend. Der Bestand des Kaiserhauses war gefährdet. Um den drohenden Machtverlust der severischen Dynastie zu verhindern, präsentierte Iulia Maesa eine Alternative zu Elagabal: Dessen Vetter Gessius Bassianus Alexianus, Sohn ihrer jüngeren Tochter Iulia Mamaea. Eine reine Vorsichtsmaßnahme für den Fall der Fälle, denn bei einem nicht mehr auszuschließenden Sturz Elagabals sollte das Kaisertum wenigstens in der Familie bleiben. Wenn schon der Geist nicht mehr in die Flasche zurückzubekommen war, dann mußte er wenigstens kontrolliert werden, in Form eines Gegengewichts. Alexianus war im Heer sehr beliebt. Seine Mutter, Iulia Mamaea, hatte ihm eine betont römische Erziehung mit griechischem Bildungsideal angedeihen lassen, wie sie einst Kaiser Marcus Aurelius aus dem Herrschergeschlecht der Antonine, an das die Dynastie der Severer ideologisch anknüpfte, genossen hatte. Nun wurde auch Alexianus als illegitimer Sohn des bei den Soldaten überaus beliebten Caracalla ausgegeben. Und da dieser ein besonderes Faible für den makedonischen Welteroberer Alexander den Großen gehabt hatte, wurde sein vermeintlicher Sohn in Alexander umbenannt. Fortan hieß er Marcus Aurelius Severus Alexander.

Iulia Maesa hatte zunächst einen Sieg davon getragen. Mit dem Argument, er könnte sich mit Alexianus an seiner Seite noch intensiver seinem Gott widmen, war es der listigen Alten gelungen, den Kaiser davon zu überzeugen, seinen um zwei Jahre jüngeren Vetter zu adoptieren und ihn zum Caesar zu erheben. Im *Feriale Duranum*, einem im syrischen Dura Europus gefundenen Festkalender der dort stationierten zwanzigsten Palmyrenerkohorte, ist dieses Ereignis unter dem 26. Juni 221 n. Chr. verzeichnet. Elagabal, der diesen Maßnahmen sicherlich nicht aus freien Stücken zugestimmt hatte, gab vorerst klein bei. Um sein Gesicht zu wahren, ließ er die ihm aufgenötigten Zugeständnisse als Befehl seines Gottes ausgeben.

## Zickenkrieg am Kaiserhof

Die Protegierung des Alexander Severus blieb nicht ohne Folgen. Hinter den Mauern des Palatin entbrannte ein erbitterter Machtkampf um die Ausgestaltung seiner Position am Hofe. Der Konflikt ergriff nun auch die Mütter der beiden Kontrahenten, Iulia Soaemias und Iulia Mamaea, die sich aktiv in die innerfamiliäre Auseinandersetzung einschalteten. Der kulturelle Konflikt verlief nun mitten durch die Reihen der kaiserlichen Familie, zwischen dem Orientalen Elagabal einerseits und dem Römer Alexander Severus andererseits. Die Machtstellung des Alexander muß die eines *Caesar*, also des designierten Nachfolgers des amtierenden kaiserlichen *Augustus*, übertroffen haben. Eine am 29. November 221 n. Chr. in der römischen Provinz Syrien ausgestellte Entlassungsurkunde römischer Soldaten nennt Alexander Severus Caesar Imperii, ein Titel, der auf eine Teilhabe an der Herrschaft hindeutet.

Offensichtlich erkannte Elagabal den Ernst der Lage und das ihm drohende Ungemach. Um sein ramponiertes Image aufzupolieren, trennte er sich von Aquilia Severa und heiratete Annia Faustina, eine Enkelin des Kaisers Marcus Aurelius (162–180 n. Chr.). Eine Verbindung aus konkret politischen Motiven. Offenbar nahm sich Elagabal nun auch bei seinen öffentlichen Auftritten etwas zurück, da er seit diesem Zeitpunkt auf den Münzen nicht mehr mit dem Penis auf der Stirn erscheint (siehe S. 183)

### Showdown im Prätorianerlager

Doch der Kompromiß vom Sommer 221 n. Chr. war nur von kurzer Dauer. Elagabal, der zwar verblendet, aber nicht ohne Intelligenz war, merkte schnell, daß er von seiner Großmutter überrumpelt worden war. Fortan war er nicht mehr gewillt, sich sein Handeln von anderen diktieren zu lassen. Bald trennte er sich von Annia Faustina und heiratete erneut die Vestalin Aquilia Severa. Und auch die Adoption des Alexander Severus versuchte er rückgängig zu machen. Nachdem sich sowohl die Senatoren als auch die Prätorianer seinem Befehl, Alexander den *Caesar*-Titel abzuerkennen, widersetzt hatten, begann er Mordpläne gegen seinen Vetter zu schmieden. Zunächst ließ er dessen Standbilder im Prätorianerlager mit Kot beschmieren, was bei den Gardetruppen Empörung auslöste. Dann begab er sich zusammen mit den beiden Prätorianerpräfekten in die Gärten der *Spes Veteris* im Ostteil der Stadt, der Göttin der Hoffnung, und sandte Mörder gegen Alexander aus, den er samt Mutter und Großmutter im Palast zurückgelassen hatte. Doch die Göttin ließ die Hoffnung, welcher der Kaiser mit seinem Besuch in ihren Gärten Ausdruck verleihen wollte, nicht in Erfüllung gehen. Als die Attentatspläne ruchbar wurden, lösten sie bei den Prätorianern einen Aufstand aus. Ein Teil eilte zum Palast auf dem Palatin, um Alexander zu schützen, und geleitete ihn, Iulia Mamaea und Iulia Maesa ins Prätorianerlager auf dem Viminal. Ein anderer Teil begab sich in die Gärten der *Spes Veteris*, wo Elagabal auf die Todesnachricht seines Vetters wartete. Beim Herannahen der Prätorianer versteckte er sich und sandte den einen Präfekten ins Prätorianerlager, den anderen dem in die Gärten eingedrungenen Trupp entgegen, um die Soldaten zu beschwichtigen, was ihnen mit Mühe und Not auch gelang. Doch die aufgebrachten Prätorianer stellten Bedingungen: Das gesamte liederliche Gesindel in seiner Umgebung solle unverzüglich vom Kaiserhof entfernt werden. Außerdem verlangten sie Sicherheitsgarantien für Alexander Severus, den die Präfekten in ihre Obhut nehmen sollten, um ihn vor weiterer Nachstellungen des Kaisers zu schützen. Offenbar legten es die Prätorianer nicht auf einen Machtkampf innerhalb des Kaiserhauses an, sondern wollten die Dynastie einig sehen.

Diese Einigkeit sollte am 1. Januar des Jahres 222 n. Chr. öffentlich demonstriert werden, als beide, Elagabal und Alexander Severus, gemeinsam das Konsulat antraten. Wiederum zeigte sich Elagabal uneinsichtig und weigerte sich zunächst, zusammen mit seinem Vetter vor die Öffentlichkeit zu treten. Nur durch die Drohung seiner Mutter und Großmutter, die Garde würde ihn töten, wenn sie die beiden Vettern nicht einträchtig nebeneinander sähen, ließ sich Elagabal bewegen, im Senat zu erscheinen. Zur Anlegung der *toga praetexta*, des römischen Amtskleids der städtischen Magistrate, ließ er sich noch überreden. Das im Anschluß daran obligatorische Opfer für Iuppiter auf dem Kapitol und das für den glücklichen Verlauf seiner Amtsperiode üblicherweise abzulegende Gelübde ließ er allerdings durch den Stadtprätor vornehmen.

Die Lage blieb angespannt. Keine drei Monate später brachen die Rivalitäten erneut auf. Ein zweiter Mordanschlag auf Alexander mündete schließlich in der Katastrophe. Aufs äußerste erregt, brachten die Prätorianer ihren Unmut über den erneuten Anschlag zum Ausdruck. Daraufhin erschienen Elagabal und Alexander Severus zusammen mit ihren Müttern im Prätorianerlager. Angeheizt durch den verbalen Schlagabtausch, den sich die beiden Frauen laut Cassius Dio lieferten, eskalierte die Situation. Jetzt kannten die Prätorianer kein Pardon mehr. Der ganze Haß gegen das Regime des Sonnenkaisers entlud sich in einer Orgie der Gewalt. In Todesangst versteckte sich Elagabal in den Latrinengruben der Prätorianer, wo diese ihn aufspürten, bestialisch massakrierten, durch Rom schleiften und den blut- und kottriefenden Torso in einem Abwasserkanal ›entsorgten‹, der in den Tiber mündete, weshalb er den Spitznamen Tiberinus erhielt.

## Elagabal – Religiöser Hitzkopf oder zukunftsweisender Visionär?

Elagabal war der erste römische Kaiser, der versuchte, seine Herrschaft radikal an einen importierten Gott zu binden. Der Grund für sein Tun liegt bis heute im Dunkeln. Schon die antiken Zeitgenossen konnten sich darauf keinen Reim machen, außer daß man den bizarren Sonderling in Unkenntnis seiner kulturellen Sozialisation für komplett verrückt erklärte. Es war die widersprüchliche Mischung aus römischem Herrscher und orientalischem Fanatiker, die bei den Römern Irritationen auslöste, die Verschmelzung von Orient und Okzident in einer Person, der des Kaisers. Eines römischen Kaisers, dessen kulturelle und geistige Bezugspunkte in Syrien lagen, und der auch keine Anstalten machte, sich in die ›westliche Welt‹ zu integrieren. Die Römer wußten mit diesem weibischen Orientalen einfach nichts anzufangen, verstanden ihn nicht. Für sie war er zeitlebens ein Fremder, wiewohl Imperator des römischen Reiches. Und wozu Fremdheit und Unkenntnis gegenüber dem jeweils Anderen führen kann, das hat die Geschichte zur Genüge gezeigt: Ablehnung, Diffamierung, Ausgrenzung und im schlimmsten Falle Liquidierung.

Elagabal ging in die Geschichte ein als ein durch und durch verdorbener, wie auch verbohrter religiöser Fanatiker. Roms Meinungsführer, die Senatoren, beschrieben ihn als einen eiskalten Überzeugungstäter, der für seinen Gott über Leichen ging. Ein »gekrönter Anarchist«, wie ihn Artaud einmal taufte, dem nichts heilig war, außer seinem Gott. Das Wahnwitzige, schier für unmöglich Gehal-

tene und daher von den Römern rational nicht Nachvollziehbare
seines Tuns stempelte ihn zum Außenseiter, den Rest erledigten die
antiken Geschichtsschreiber. Doch steckte hinter dem Versuch, den
Gott Elagabal an die Stelle Iuppiters zu setzen, ein tieferer Sinn, gar
ein politisches Programm? Ein Programm, das darauf abzielte, den
Prinzipat ideologisch auf neue Grundlagen zu stellen? Der Sonnenanbeter aus Emesa war der erste, aber nicht der letzte römische Kaiser, der zur Stabilisierung seiner Herrschaft eine enge Verbindung zu
einer fremden Gottheit herstellte.

Fünfzig Jahre nachdem die Römer den geschändeten Leichnam des
Priesterkaisers im Tiber ›entsorgt‹ und seinen Gott zurück in die
Wüste geschickt hatten, tauchte auf römischen Münzen, dem offiziellen Medium der römischen Kaiser, die Sonne wieder auf, diesmal
nicht in Form eines schwarzen Steines, sondern in Gestalt einer männlichen Gottheit. Es handelt sich um Sol Invictus, den »Unbesiegbaren Sonnengott«, der auf Prägungen des Kaisers Aurelian (270–275
n. Chr.) erscheint: »Sol, Herr des Römischen Reiches«, lautete die
Münzlegende. Darunter abgebildet war der Sonnengott, der seinem
kaiserlichen Schützling eine Weltkugel als Symbol hegemonialer
Herrschaft aushändigte. Nicht mehr nur Iuppiter Optimus Maximus allein, sondern auch Sol Invictus war Garant für die römische
Weltherrschaft und Schutzherr des römischen Reiches: die Strahlkraft
des Sonnengottes war offenbar trotz des gescheiterten Experiments
durch Elagabal ungebrochen, seine Anziehungskraft auf die Menschen unvermindert groß. Bereits im 2. Jahrhundert n. Chr. hatten
Roms Cäsaren eine besondere Affinität zum Sonnengott erkennen
lassen, indem sie sich auf den Münzen mit der Strahlenkrone als
universeller Chiffre der römischen Weltherrschaft abbilden ließen.
Und nicht zu vergessen, auch Nero verlieh seinem Weltherrschafts-
anspruch solare Züge, als er der vor der *Domus Aurea* aufgestellten
Kolossalstatue des Sonnengottes seine Gesichtszüge verpassen ließ.

Worin bestand nun aber der Unterschied zwischen Elagabals Religionspolitik und derjenigen Aurelians? Es war die Art und Weise, wie
man den fremden Gott in Rom etablierte. Elagabal wählte die bra-
chiale Variante. Die Radikalität, mit der er sich der Propagierung
und der Mission des Sonnenkults im Reich verschrieb, löste bei den
Römern helle Empörung aus. Die religionspolitischen Neuerungen,

die er forderte, waren in ihren Augen nichts anderes als eine einzige Anstößigkeit. Zu unterschiedlich waren die Welten, die da aufeinanderprallten, zu gering die gegenseitige Bereitschaft, der jeweils anderen Kultur die nötige Toleranz entgegenzubringen. Ganz in orientalischen Denkkategorien verhaftet, unreif, unsensibel und in höchstem Maße intolerant, scherte sich Elagabal sichtlich wenig um römische Empfindsamkeiten; zu ungestüm, zu revolutionär war sein Vorgehen. Elagabals Experiment, einen orientalischen Gottesstaat mit solarem Universalitätsanspruch in Rom zu etablieren, scheiterte kläglich. Es scheiterte vor allem daran, weil es der pubertäre religiöse Dogmatiker nicht verstand, die Römer von seinem Tun zu überzeugen.

Ganz anders dagegen Aurelian, ein gestandener Realpolitiker, der mit beiden Beinen im Leben stand. Nicht mit der Brechstange, sondern mit diplomatischem Fingerspitzengefühl und äußerst subtil ging der »Wiedereroberer des Orients«, wie er sich nach dem Sieg über die palmyrenische Wüstenkönigin Zenobia nannte, zu Werke. Er verlieh zwar seinem neuen Gott eine privilegierte Stellung, integrierte ihn aber in die bestehende Struktur der römischen Religion. Dadurch, daß er seine theologische Neuerung in ein konventionelles Gewand kleidete, war sein Vorgehen letztlich auch für Rom akzeptabel. Aurelian propagierte sich selbst als Empfänger göttlicher Gnade, der des »Unbesiegbaren Sonnengottes«, und brach dadurch einer Entwicklung Bahn, die weit über die Antike hinaus Bedeutung erlangte. Er verlieh seiner Herrschaft eine charismatische, sakral überhöhte Komponente, ein Gottesgnadentum, das den Kern für das christliche Kaisertum seit Konstantin bildete.

Und Elagabal? Welche Rolle kommt ihm in diesem Prozeß zu? Hat er auf der Suche nach neuen Formen monarchischer Legitimation eine Entwicklung angestoßen, die zukunftsweisend war? War er, der Orientale, am Ende gar der Wegbereiter einer theokratischen Legitimierung von Herrschaft, die in der abendländischen Kultur zum System erhoben wurde, oder war er letztlich doch nur der verbohrte Spinner, als den ihn uns die antiken Quellen schildern? Darüber ist das letzte Wort noch nicht gesprochen.

# ZUSAMMENFASSUNG: GUTE KAISER, SCHLECHTE KAISER

Im Jahr 27 v. Chr. war in Rom eine neue Zeit angebrochen. An die Stelle einer oligarchisch geprägten Adelsrepublik war die Herrschaft eines Einzelnen getreten, eine Staatsform, die man seit Theodor Mommsen als Prinzipat bezeichnet. Der Repräsentant dieses neuen politischen Systems: *princeps*, d. h. Erster unter Gleichen, genannt, hatte zwar die republikanische Elite in jahrzehntelangen Bürgerkriegen sukzessive entmachtet, konnte aber auf diese im Umgang mit der Macht erfahrene Gruppe nicht verzichten. Augustus, *de facto* Alleinherrscher, fand einen politischen Kompromiß: Er ›verkaufte‹ seine monarchische Herrschaft als Wiederherstellung der aristokratischen Republik und machte dadurch den realen Machtverlust für die senatorische Aristokratie erträglich. Dies sicherte ihm einen Platz als ›guter Kaiser‹ in den Geschichtsbüchern.

Mit dem ›Burgfrieden‹ im politischen Gemäuer des Prinzipats war es bald dahin, spätestens als die Nachfolger des Augustus daran gingen, die Rolle des Kaisers neu zu definieren und die kollektive Lüge, die das Verhältnis von Kaiser und Aristokratie erträglich gemacht hatte, zu zerstören. Caligula war der erste in der langen Reihe der römischen Kaiser, der gegen die Spielregeln des augusteischen Systems verstieß, indem er durch seine Überhöhung als Gottkaiser den ›republikanischen‹ Rahmen des Prinzipats sprengte. Dies verziehen ihm seine aristokratischen Standesgenossen nicht, machten ihn nach seinem Tod zum ›schlechten Kaiser‹.

Wie die beiden Beispiele zu zeigen vermögen, besaßen die Senatoren in der Kaiserzeit *de facto* keine Macht mehr, zumindest nicht zu Lebzeiten des regierenden Herrschers. Die erste Geige im Staat spielte der Kaiser, und die Senatoren pfiffen artig nach seiner Pfeife. Diese devote Haltung – manche nennen es auch realpolitische Einsicht – konnte sich jedoch schnell ändern, spätestens dann, wenn der all so Hochgelobte nicht mehr unter den Lebenden weilte. Jetzt hatten die entmachteten Eliten ein äußerst wirksames Druckmittel in der Hand. In ihren Reihen, also im Senat, fiel postum die Entscheidung, ob der tote Kaiser zum Gott erhoben wurde oder ewiger Verdammung anheim fiel. Im lateinischen lautete die Alternative: *divus*, Aufnahme in die Götterwelt, oder *damnatio memoriae*, Verfemung des kaiserlichen Namens, d. h. Tilgung aus der Geschichte. Die Kaiser waren also, was ihr Ansehen betraf, nach ihrem Tod den Senatoren fast vollständig ausgeliefert. Letztere entschieden über das historische Image der Kaiser und erlangten dadurch die ›Lufthoheit über die Köpfe der Menschen‹, über deren Urteilsvermögen. Eine Handvoll hochrangiger Adliger, seit über fünfhundert Jahren im Besitz des Meinungsmonopols im Staate, befand also letztlich allein darüber, wer als ›guter Kaiser‹ oder als ›schlechter Kaiser‹ in die Annalen einging. Sie schrieben Geschichte – und das ganz im wörtlichen Sinn. Die Kriterien, nach denen sich ihr Urteil bemaß, orientierten sich dabei vornehmlich daran, wie sich ihr Verhältnis zum Kaiser zu dessen Lebzeiten ausgenommen hatte. Jeder Geschichtsschreiber, notierte Tacitus zu Beginn seiner »Historien«, hat seine Gründe, entweder den Kaisern übertrieben zu schmeicheln (solange sie leben) oder sie zu verabscheuen und sich bösartig über sie zu äußern (wenn sie tot sind).

*De mortuis nihil nisi bene* »über die Toten nur Gutes«, dieses auf den spartanischen Ephor Chilon zurückgehende ethisch-moralische Postulat hat sich die senatorisch dominierte Geschichtsschreibung bei ihrer postumen Beurteilung der Kaiser Caligula, Nero und Elagabal nicht zu eigen gemacht. Sie zeigte vielmehr ein reges Interesse an der dunklen Seite in ihnen, kehrte ihre menschlichen Abgründe hervor und ließ dabei keine Gelegenheit aus, die Kaiser in das denkbar schlechteste Licht zu rücken. Ihr Verdikt überdauerte die Zeiten: Caligula, Nero und Elagabal gingen als größenwahnsinnige Despoten in die Geschichte ein – moralisch verkommen, unsäglich grausam, degoutant verschwenderisch und mental gestört.

Sexuelle Perversion, Grausamkeit und Verschwendungssucht gehörten zu den traditionellen Markenzeichen der ›schlechten Kaiser‹. Vor allem der Vorwurf der Grausamkeit gegenüber den senatorischen Standesgenossen war ein primäres Kriterium für ein negatives kaiserliches Geschichtsbild – für die Senatoren wohlgemerkt. Diese hätten Caligula und Konsorten gern gleich mehrfach und für alle Zeiten in Dantes Höllentrichter schmoren lassen. Aber hätte nach diesen Maßstäben nicht auch Augustus, der bekanntlich als ›guter Kaiser‹ gilt, die Höllenqualen seiner Nachfolger teilen müssen, er, der gnadenlos gegen seine politischen Gegner vorgegangen war? Worin bestand der Unterschied zwischen der Grausamkeit des ›Friedensfürsten‹ Augustus, der 40 v. Chr. dreihundert Senatoren und Ritter am Altar des Divus Iulius wie Opfertiere abschlachten ließ, und derjenigen der ›Wahnsinnskaiser‹ Caligula oder Nero? Die Antwort liegt auf der Hand: Augustus wahrte den Grundkonsens des Prinzipats, das ungeschriebene Gesetz des respektvollen Miteinanders zwischen Kaiser und Aristokratie, während sich Caligula, Nero oder Elagabal mit ihrem unstandesgemäßen Verhalten permanent über alle gesellschaftlichen Konventionen hinwegsetzten – deshalb wurden sie für verrückt erklärt. Als Kaiser, die gegen die Grundregeln des auf Konsens zwischen Princeps und Senat gegründeten Systems des Prinzipats verstoßen hatten, wurden sie nach ihrem Tod aus der Gemeinschaft der Senatsaristokratie ausgestoßen. Parias waren sie, soziale Außenseiter, die keinen Platz in der Gesellschaft hatten – bedauerliche Betriebsunfälle in der Geschichte des augusteischen Prinzipats: Caligula als Gottkaiser, Nero als Bühnenkaiser und Elagabal als Priesterkaiser.

Ein probates Mittel, sie als Außenseiter abzustempeln, war der Vorwurf der mentalen Unzurechnungsfähigkeit. Weiß man doch aus der Geschichte, daß mißliebige Personen gern dadurch in Mißkredit gebracht werden, daß man einfach behauptet, sie seien verrückt. Und so wurden die ›schlechten Kaiser‹ von den antiken Geschichtsschreibern kurzerhand zu pathologischen Fällen im Purpur erklärt. Ihre Diagnose stützte sich jedoch nicht auf medizinische Erkenntnisse, sondern auf persönliche Ressentiments und Aversionen, aber auch auf eine abweisende Haltung gegenüber Unbekanntem und Ungewohntem. Tacitus beispielsweise erhob den Vorwurf des Wahnsinns im Zusammenhang mit Neros verschwenderischer Bautätigkeit. Flavius Josephus galt Caligula deshalb als verrückt, weil er sich durch seine göttliche Verehrung blasphemischen Verhaltens schuldig machte. Und Cassius Dio hielt Elagabal deshalb für mental gestört, weil er sich anmaßte, den römischen Olymp neu zu ordnen. ›Wahnsinn‹ drückt sich hier als Handeln gegen hergebrachte Konventionen aus, als Mißachtung der geltenden Spielregeln im gesellschaftlichen Miteinander, nicht aber im pathologischen Sinne.

Mit anderen Worten: ›Schlechten Kaisern‹ wohnte der ›Wahnsinn‹ *per se* nicht inne, er wurde von außen an sie heran getragen; sie wurden zu geistig verwirrten Personen erst gemacht: Caligula, weil er mit einer jahrelangen Heuchelei aufräumte und die tatsächlichen Machtverhältnisse im Staat ungeschminkt zurecht rückte; Nero, weil er mit seinem betont provokanten Künstlertum dem traditionellen Bild eines römischen Kaisers nicht entsprach, ja dieses am Ende gar gegen die römische Führungsschicht instrumentalisierte; und Elagabal, weil er in Rom einen orientalischen Gottesstaat errichten wollte, um sein Kaisertum auf neue Grundlagen zu stellen. Der eine sagte die Wahrheit, der andere gab sich, wie er war, und der Dritte im Bunde eckte mit seinem fremartigen Wesen bei den traditionsbewußten Römern an. Entwaffnende Offenheit bei dem einen, milieufremdes Verhalten bei dem anderen und Mut für das revolutionär Neue beim dritten, das waren in Wahrheit die Anstößigkeiten, die sie den Senatoren so verhaßt machten. In ihren Augen pervertierten die Kaiser das Natürliche ins Widernatürliche: Elagabal als Gotteslästerer, Nero als Normbrecher und Caligula als Verräter am System.

Aufgrund ihrer Andersartigkeit wurden sie von der Senatsaristokratie aus der Wertegemeinschaft der römischen Elite ausgegrenzt, aus dem Bereich der mentalen Zurechnungsfähigkeit. Doch in Wahrheit entpuppen sich die »verwirrten Geister« für uns heute als erstaunlich klar im Kopf. Aus vermeintlich irrationalen Monstern mit pathologischem Größenwahn werden rational handelnde Taktiker der Macht. Sie standen mitten im Leben einer wahnwitzigen Gesellschaft, die in ihrer Dekadenz Wahnsinn produzierte und den personifizierten Wahnsinn zum Herrscher machte. So gesehen waren Caligula, Nero und Elagabal – gemessen an ihrer Umwelt – ganz normal verrückt.

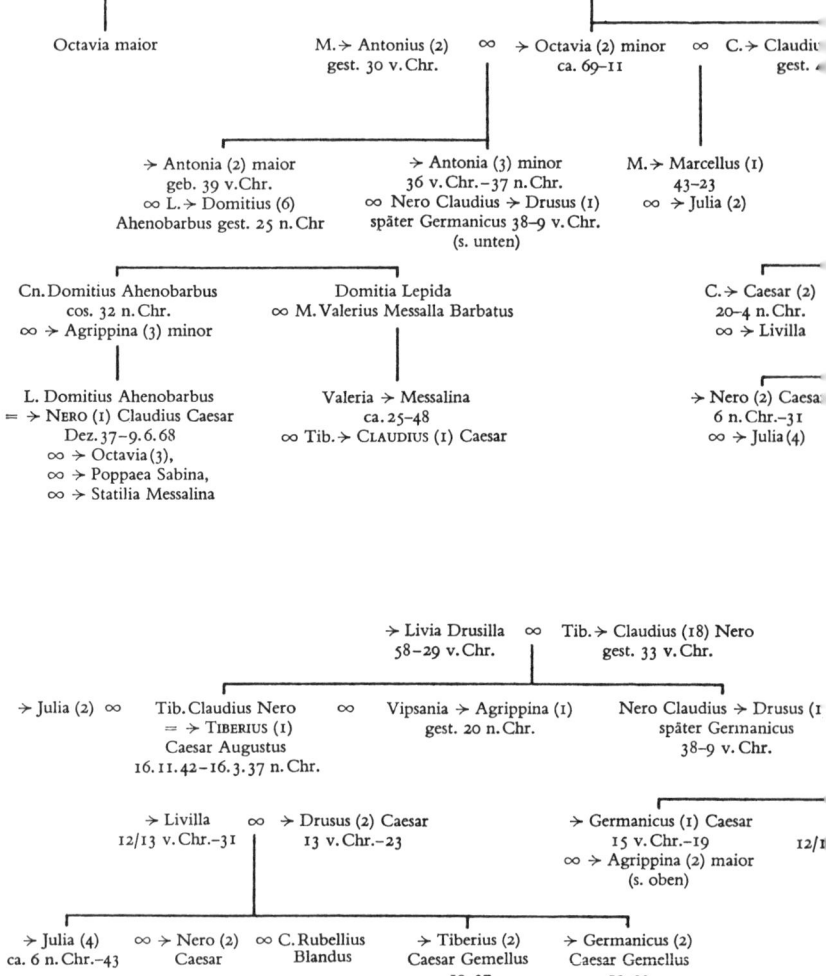

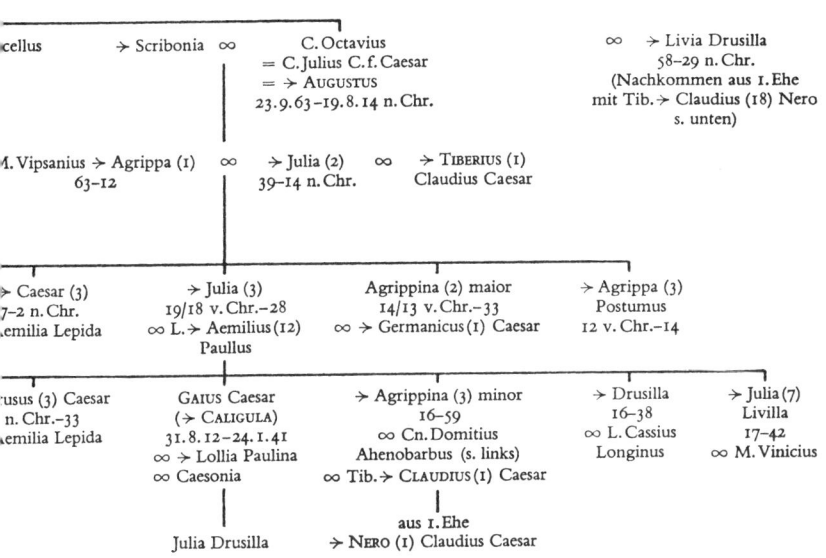

...cellus     → Scribonia ∞    C. Octavius
= C. Julius C. f. Caesar
= → AUGUSTUS
23.9.63–19.8.14 n. Chr.

∞  → Livia Drusilla
58–29 n. Chr.
(Nachkommen aus 1. Ehe
mit Tib. → Claudius (18) Nero
s. unten)

M. Vipsanius → Agrippa (1)  ∞  → Julia (2)  ∞  → TIBERIUS (1)
63–12     39–14 n. Chr.    Claudius Caesar

→ Caesar (3)
7–2 n. Chr.
Aemilia Lepida

→ Julia (3)
19/18 v. Chr.–28
∞ L. → Aemilius (12)
Paullus

Agrippina (2) maior
14/13 v. Chr.–33
∞ → Germanicus (1) Caesar

→ Agrippa (3)
Postumus
12 v. Chr.–14

...usus (3) Caesar
n. Chr.–33
Aemilia Lepida

GAIUS Caesar
(→ CALIGULA)
31.8.12–24.1.41
∞ → Lollia Paulina
∞ Caesonia

→ Agrippina (3) minor
16–59
∞ Cn. Domitius
Ahenobarbus (s. links)
∞ Tib. → CLAUDIUS (1) Caesar

→ Drusilla
16–38
∞ L. Cassius
Longinus

→ Julia (7)
Livilla
17–42
∞ M. Vinicius

Julia Drusilla

aus 1. Ehe
→ NERO (1) Claudius Caesar

Antonia (3) minor

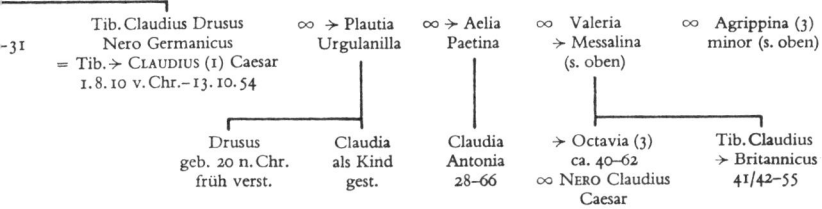

–31

Tib. Claudius Drusus
Nero Germanicus
= Tib. → CLAUDIUS (1) Caesar
1.8.10 v. Chr.–13.10.54

∞ → Plautia
Urgulanilla

∞ → Aelia
Paetina

∞ Valeria
→ Messalina
(s. oben)

∞ Agrippina (3)
minor (s. oben)

Drusus
geb. 20 n. Chr.
früh verst.

Claudia
als Kind
gest.

Claudia
Antonia
28–66

→ Octavia (3)
ca. 40–62
∞ NERO Claudius
Caesar

Tib. Claudius
→ Britannicus
41/42–55

215

# SEPTIMIUS (3) — SEPTUAGINTA

## DIE SEVERER

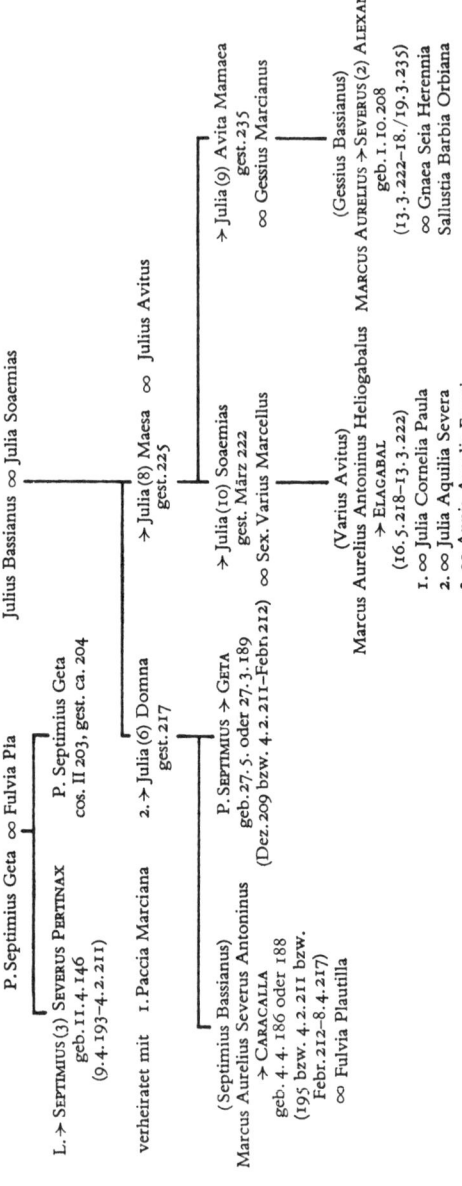

P. Septimius Geta ∞ Fulvia Pia

P. Septimius Geta
cos. II 203, gest. ca. 204

L. → SEPTIMIUS (3) SEVERUS PERTINAX
geb. 11.4.146
(9.4.193–4.2.211)

verheiratet mit  1. Paccia Marciana

2. → Julia (6) Domna
gest. 217

(Septimius Bassianus)
Marcus Aurelius Severus Antoninus
→ CARACALLA
geb. 4.4.186 oder 188
(195 bzw. 4.2.211 bzw.
Febr. 212–8.4.217)
∞ Fulvia Plautilla

P. SEPTIMIUS → GETA
geb. 27.5. oder 27.3.189
(Dez. 209 bzw. 4.2.211–Febr. 212)

Julius Bassianus ∞ Julia Soaemias

→ Julia (8) Maesa  ∞  Julius Avitus
gest. 225

→ Julia (10) Soaemias
gest. März 222
∞ Sex. Varius Marcellus

(Varius Avitus)
Marcus Aurelius Antoninus Heliogabalus
→ ELAGABAL
(16.5.218–13.3.222)
1. ∞ Julia Cornelia Paula
2. ∞ Julia Aquilia Severa
3. ∞ Annia Aurelia Faustina
Urenkelin → Mark Aurels
vgl. Stammmbaum → Antonine

→ Julia (9) Avita Mamaea
gest. 235
∞ Gessius Marcianus

(Gessius Bassianus)
MARCUS AURELIUS → SEVERUS (2) ALEXANDER
geb. 1.10.208
(13.3.222–18./19.3.235)
∞ Gnaea Seia Herennia
Sallustia Barbia Orbiana

H.T.

# LITERATURHINWEISE

ARTAUD, A.: Héliogabale ou l'anarchist couronné, Paris 1934.

AUGUET, R.: Caligula ou le pouvoir à vingt ans, Paris 1984.

BALDUS, H. R.: Das ›Vorstellungsgemälde‹ des Heliogabal. Ein bislang unbekanntes numismatisches Zeugnis, in: Chiron 19 (1989) 467–478.

DERS.: Zur Aufnahme des Sol Elagabalus-Kultes in Rom, 219 n. Chr., in: Chiron 21 (1991) 175–178.

BALL, F. L.: The Domus Aurea, London 2003.

BALSDON, J. P. V. D.: The Emperor Gaius (Caligula), Oxford 1934 [ND 1964].

BARRETT, A. A.: Caligula. The Corruption of Power, London 1989.

DERS.: Agrippina. Mother of Nero, London 1996.

BAYKAL, H.: Die geschundene Sonne, in: Abenteuer Archäologie 3 (2005) 72–74.

BERGMANN, M.: Der Koloß Neros, die Domus Aurea und der Mentalitätswandel im Rom der frühen Kaiserzeit, Mainz 1994.

BIRLEY, A.: Lives of the Later Caesars, Harmondsworth 1976.

BOETHIUS, A.: The Golden House of Nero, Ann Arbor 1960.

BRENDLE, T.: Die Religionspolitik Kaiser Elagabals im Spiegel seiner Münzen, in: Numismatisches Nachrichtenblatt 10 (2001) 411–414.

CHAMPLIN, E.: Nero, London 2003.

CHRIST, K.: Geschichte der römischen Kaiserzeit von Augustus bis zu Konstantin, München [4]2002.

CLAUSS, M.: Kaiser und Gott. Herrscherkult im römischen Reich, Stuttgart 1999.

COUPERUS, L.: Heliogabal der Sonnenkaiser, Berlin 1995.

DOMASZEWSKI, A. v.: Die politische Bedeutung der Religion von Emesa, in: Ders., Abhandlungen zur römischen Religion, Leipzig/Berlin 1909.

ECK, W.: Agrippina, die Stadtgründerin Kölns, Köln 1993.

ELSNER, J. / MASTERS, J. (HG.): Reflections on Nero. Culture, History and Representation, London 1994.

ESSER, A.: Cäsar und die iulisch-claudischen Kaiser im biologisch-ärztlichen Blickfeld, Leiden 1958.

FERRILL, A.: Caligula. Emperor of Rome, London 1991.

FINI, M.: Nero. Zweitausend Jahre Verleumdung. Die andere Biographie, München 1994.

FREY, M.: Untersuchungen zur Religion und zur Religionspolitik des Kaisers Elagabal, Stuttgart 1989.

GRANT, M.: Nero, London 1970.

GRIFFIN, M. T.: Nero. The End of a Dynasty, London 1984.

GRÜNBEIN, D.: Bericht von der Ermordung des Heliogabal durch seine Leibgarde, in: Nach den Satiren, Gedichte, Frankfurt a. M. 1999.

HABERMEHL, P.: Phaeton am Lichtberg. Der Heliogabal-Roman des Louis Couperus, in: Antike und Abendland 50 (2004) 106–123.

HAY, J., St.: The Amazing Emperor Heliogabalus, London 1911.

HOLLAND, R.: Nero, The Man Behind the Myth, Stroud 2000.

KETTENHOFEN, E.: Die syrischen Augustae in der historischen Überlieferung. Ein Beitrag zum Problem der Orientalisierung, Bonn 1979.

KIENAST, D.: Augustus. Princeps und Monarch, Darmstadt ³1999.

KISSEL, Th.: Untersuchungen zur Logistik des römischen Heeres in den Provinzen des griechischen Ostens (27 v. Chr. – 235 n. Chr.), Dissertation Mainz 1994, Stankt Katharinen 1995 (= PHAROS, Bd. VI)

DERS.: 15. Dezember 37 n. Chr. Zum *dies natalis Neronis*, in: Antike Welt 28.6 (1997) 539–540.

DERS.: Die Kaisererhebung Elagabals im syrischen Raphanea, in: Antike Welt 33.3 (2002) 349–350.

DERS.: 9. Juni 68 n. Chr. Der Tod Neros, in: Antike Welt 34.3 (2003) 307–308.

DERS.: Das Forum Romanum. Leben im Herzen Roms, Düsseldorf 2004.

DERS.: Karthago. Das antike Reich des Bösen?, in: Spektrum der Wissenschaft, Dezember 2004, 26–33.

DERS.: Krieg in der Wüste, in: Spektrum der Wissenschaft, November 2005, 24–32.

KRENGEL, E.: Das sogenannte »Horn« des Elagabal – die Spitze eines Stierpenis. Eine Umdeutung als Ergebnis fachübergreifender Forschung, in: Jahrbuch für Numismatik und Geldgeschichte 47 (1997) 53–72.

KRUMEICH, R.: Zur Repräsentation Elagabals als *sacerdos dei Solis*, in: Boreas 23/24 (2000/ 01) 107–112

LEVICK, B.: Claudius, London 1990.

MADER, G.: History as Carnival, or Method and Madness in the *Vita Heliogabali*, in: Classical Antiquity 24.1 (2005) 131–172.

MALITZ, J.: Nero, München 1999

DERS.: Nero. Der Herrscher als Künstler, in: HARTMANN, A. / NEUMANN, M. (HG.): Mythen Europas. Schlüsselfiguren der Imagination. Antike, Regensburg 2004, 145–164.

MANNING, C. E.: Acting and Nero's Conception of the Principate, in: Greece & Rome 22 (1975) 164–1975.

MEISE, E.: Untersuchungen zur Geschichte der iulisch-claudischen Dynastie, München 1969.

NONY, D.: Caligula, Paris 1986.

OPTENDRENK, Th.: Die Religionspolitik des Kaisers Elagabal im Spiegel der Historia Augusta, Bonn 1969.

PIETRZYKOWSKI, M.: Die Religionspolitik des Kaisers Elagabal, in: Aufstieg und Niedergang der Römischen Welt 16.3 (1986) 1806–1825.

PUDILL, R.: Elagabal. Ein religiöser Fanatiker auf dem Caesarenthron, in: Münzen Revue 6 (2000) 18–24.

QUIDDE, L.: Caligula. Eine Studie über römischen Cäsarenwahnsinn (1894), in: WEHLER, H.-U. (HG.), Ludwig Quidde. Caligula. Schriften über Militarismus und Pazifismus, Frankfurt a. M. 1977, 61–80.

RILINGER, R.: Seneca und Nero. Konzepte zur Legitimation kaiserlicher Herrschaft, in: Klio 78 (1996) 130–157.

RUDICH, V.: Political Dissidence under Nero. The Price of Dissimulation, London 1993.

Sachs, H.: Bubi Caligula, Wien [2]1932.

Schubert, Ch.: Studien zum Nerobild in der lateinischen Dichtung der Antike, Stuttgart 1998.

Segala, E. / Scortino, I. (Hg.): Domus Aurea, Rom 1999.

Smith, R. R. R.: Nero and the Sun-god: Divine Accessories and Political Symbols in Roman Imperial Images, in: Journal of Roman Archaeology 13 (2000) 532–542.

Sørensen, V.: Seneca. Ein Humanist an Neros Hof, München 1977.

Thirion, M.: Le Monnayage d'Elagabale, Brüssel/Amsterdam 1968.

Turcan, R.: Héliogabale et le sacre du soleil, Paris 1985.

Waldherr, G. H.: Nero. Eine Biographie, Regensburg 2005.

Walz, E.: Schwule Schurken, Hamburg 2002.

Warmington, B. H.: Nero. Reality and Legend, London [2]1981.

Weiser, W.: »Elagabal mit dem Stierpenis-Hütchen« – Animalphallokrat oder Weichteil-Wolpertinger?, in: Geldgeschichtliche Nachrichten 196 (2000) 53–56.

Winterling, A.: Caligula. Eine Biographie, München 2003

Wucherpfennig, W.: Die Einsamkeit des Westens. Moderne, Dekadenz und Identität im Heliogabal-Stoff (Lombard, Couperus, George), in: Beutner, E. / Tanzer, U. (Hg.), Literatur als Geschichte des Ich, Würzburg 2000, 154–172.

Yavetz, Z.: Plebs and Princeps, Oxford 1969.

Ders.: Caligula, Imperial Madness and Modern Historiography, in: Klio 78 (1996) 105–129.

Ders.: Tiberius. Der traurige Kaiser, München 1999.

Ziegler, R.: Der Burgberg von Anazarbos in Kilikien und der Kult des Elagabal in den Jahren 218 bis 222 n. Chr., in: Chiron 34 (2004) 59–85.

# BILDNACHWEIS

1. Kopenhagen, Ny Carlsberg Glyptothek 637 (Photo: Theodor Kissel)
2. Deutsches Archäologisches Institut, Rom (Photo: Theodor Kissel)
3. Kopenhagen, Ny Carlsberg Glyptothek 623 (Photo: Theodor Kissel)
4. Kopenhagen, Ny Carlsberg Glyptothek 633 (Photo: Theodor Kissel)
5. London, British Museum
6. Oxford, Ashmolean Museum (Photo: Theodor Kissel)
7. Oxford, Ashmolean Museum (Photo: Theodor Kissel)
8. London, British Museum
9. Berlin, Archiv für Kunst und Geschichte
10. Kopenhagen, Ny Carlsberg Glyptothek 636 (Photo: Theodor Kissel)
11. Kopenhagen, Ny Carlsberg Glyptothek 648 (Photo: Theodor Kissel)
12. Louvre, Paris (Photo: Theodor Kissel)
13. London, British Museum
14. London, British Museum
15. London, British Museum
16. Filmszene aus *Quo Vadis* (1961)
17. Filmszene aus *Quo Vadis*
18. Berlin, Staatliche Museen, Münzkabinett
19. Berlin, Staatliche Museen, Münzkabinett
20. Berlin, Staatliche Museen, Münzkabinett
21. Rom, Vatikanische Museen
22. London, British Museum
23. München, Staatliche Münzsammlung
24. Berlin, Staatliche Museen, Münzkabinett
25. Berlin Antikensammlung, Inv. 31 329
26. München, Staatliche Münzsammlung
27. London, British Museum
28. Oxford, Ashmolean Museum (Photo: Theodor Kissel)
29. London, British Museum
30. London, British Museum
31. London, British Museum
32. London, British Museum
33. London, British Museum
34. Berlin, Privatsammlung
35. Aus: Krengel, 66 Abb. 23
36. Rom, Kapitolinisches Museum
37. Babelon, Catalogue des camées de la Bibliothèque nationale, Paris 1897, Nr. 304